Kollaboratives Wissensmanagement

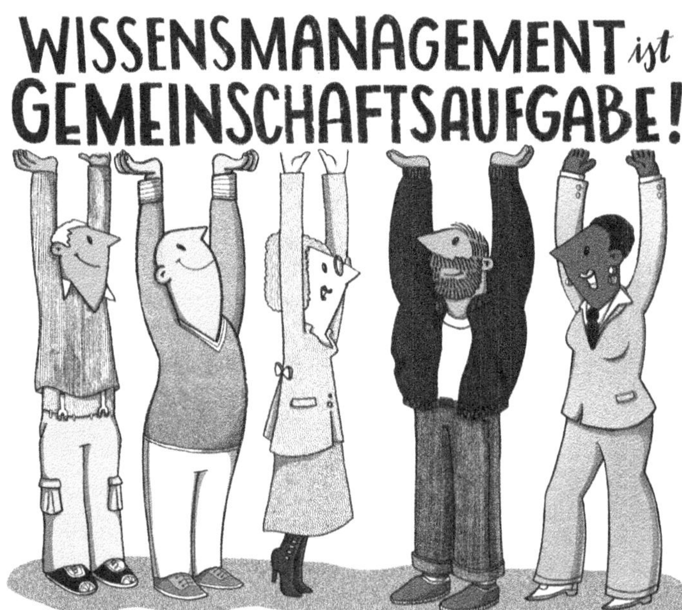
WISSENSMANAGEMENT ist
GEMEINSCHAFTSAUFGABE!

Richard Grasshoff

Kollaboratives Wissensmanagement

Grundlagen und Fallstudien

Mit Illustrationen von Christoph J Kellner

 Springer Gabler

Richard Grasshoff
Berlin, Deutschland

ISBN 978-3-658-40502-1   ISBN 978-3-658-40503-8   (eBook)
https://doi.org/10.1007/978-3-658-40503-8

Die Deutsche Nationalbibliothek verzeichnet diese Publikation in der Deutschen Nationalbibliografie; detaillierte bibliografische Daten sind im Internet über http://dnb.d-nb.de abrufbar.

Planung/Lektorat: Ann-Kristin Wiegmann
Springer Gabler ist ein Imprint der eingetragenen Gesellschaft Springer Fachmedien Wiesbaden GmbH und ist ein Teil von Springer Nature.
Die Anschrift der Gesellschaft ist: Abraham-Lincoln-Str. 46, 65189 Wiesbaden, Germany

Vorwort

Was ist Wissensmanagement? Seit vielen Jahren verfolge ich, was unter Wissensmanagement verstanden wird, indem ich die Ausschreibungen großer und kleiner Firmen, regional und international agierender Konzerne studiere. Das Ergebnis: Wissensmanagement kann fast alles sein. Nur ein kleiner Ausschnitt meiner Sammlung an genannten Aufgaben und Verantwortungsbereichen mag dies verdeutlichen.

Als unser/e zukünftige/r Wissensmanager*in

- pflegen Sie unser Intranet und versorgen unsere Mitarbeiterinnen mit wichtigen Informationen
- sind Sie für interne und externe Recherchen verantwortlich
- achten Sie auf die Einhaltung unserer IT-Sicherheitsstandards
- verfassen Sie Texte für unsere Website
- verantworten Sie die Online- und Präsenzbibliothek
- treiben Sie unsere Digitalisierungsstrategie voran
- unterstützen Sie unsere Sales-Einheiten
- sind Sie wichtiger Teil unserer Marketingabteilung
- kümmern Sie sich um reibungsfreie Abläufe innerhalb unseres Unternehmens
- sorgen Sie für einen idealen Einstieg unserer neuen Kolleg*innen in unserer Firma
- setzen Sie die Dokumentationsstandards durch
- schulen Sie alle Mitarbeiter*innen in neuen Tools und Anwendungen
- fördern Sie unsere Communities of Experts
- pflegen Sie unsere Kundendatenbank
- entfernen Sie Dubletten aus unscrcm firmeninternen Wiki
- organisieren Sie unsere dreitägigen Retreats und moderieren diese
- vereinheitlichen Sie Prozesse und Arbeitsabläufe
- führen Sie eine Wissenskultur in unserem Unternehmen ein

Die Liste ließe sich noch lange fortsetzen. Der Wissensmanager als Bibliothekar, Netzwerker, Kommunikator, Moderator, Verkäufer, Change Manager, Autor und Lektor, Organisationsentwickler und Treiber für Digitalisierung, als Researcher und

IT-Sicherheitsbeauftragter, als Qualitätsmanager und Archivar, Prozess-Experte und Vermittler.

So stellt sich die gegenwärtige Praxis im Wissensmanagement dar: breiter, bunter, vielfältiger als in den akademischen Diskursen. Dort wird – zu Recht – nach dem Kern des Wissensmanagements gefragt, dort werden Aufgabenbereiche beschrieben und Arbeitsfelder kategorisiert. Tatsächlich haben diese Kategorien, wie etwa von Probst et al. (1997)[1] schon in den späten 1990er Jahren aufgestellt, geholfen, die Arbeit des Wissensmanagers zu reflektieren, sie waren sogar Treiber, „blinde Flecken" in der Praxis aufzudecken. Doch habe ich mich in über zwanzig Jahren beruflicher Praxis im Knowledge Management von diesen Kategorien gelöst. Die Herausforderung eines Wissensmanagements in der Anwendung besteht darin, auf Gegebenheiten, Erwartungen und (teils vage definierte) Ziele Antworten zu finden. Das funktioniert in mehr oder weniger starren Schemata nur unzureichend.

Wie es funktioniert, funktionieren kann, wird in diesem Buch beschrieben und erklärt. Ich habe in meiner Anfangszeit als Wissensmanager vor über zwanzig Jahren ein tendenziell verstaubtes Wissensmanagement kennengelernt, das ich zu gewissen Graden verbessern konnte. Dann habe ich gesehen, wie Wissensmanagement gar nicht funktionieren kann, es an fehlerhaften Annahmen und Vorgaben scheitern muss. Ich habe für einen international agierenden Konzern ein Wissensmanagement aufgebaut sowie für einen führenden europäischen Thinktank für Nachhaltigkeitsfragen mit 300 klugen Köpfen das Wissensmanagement ebenfalls von Grund auf neu gestaltet. Von dieser Erfahrung – dem Aufbau eines Knowledge Managements in einem polyglotten, fortschrittlichen, projekt- und impact-orientierten Unternehmen – möchte ich in meiner ersten umfänglichen Case Study berichten. Meine zweite ausführliche Case Study erklärt die kritischen Erfolgsfaktoren des Wissensmanagements in einem komplexen Großprojekt mit mehr als zwanzig Projektmitgliedern, einer diffizilen Partnerstruktur und einer hohen Erwartungshaltung seitens der Auftraggeberin.

Das Buch „Kollaboratives Wissensmanagement" berücksichtigt Praxis und Theorie: Es präsentiert im Grundlagenkapitel eine aus der Praxis entstandene Theorie. Allzu oft geschieht es, dass eine praxisferne Theoriebildung apodiktisch gesetzt wird, der sich die Praxis im Folgenden zu unterwerfen hat – und gerade im Wissensmanagement sind die Grundthesen leicht hingeschrieben. Wir bewegen uns auf einem Feld praktischer Anwendung, auf dem die möglichen theoretischen Positionen sich aus der Praxis anscheinend leicht ableiten lassen. Doch sehen wir in den theoretischen Debatten allzu oft akademische Vorstellungen vorherrschen, die mit der gelebten Praxis kaum etwas zu tun haben. Der umgekehrte Fall ist genauso häufig anzutreffen: eine aus den Gegebenheiten entstandene Praxis, die sich nicht um die Theorie schert. Praktiker haben sich ihren Weg gebahnt, haben ein funktionierendes Wissensmanagement aufgebaut und wollen es am Laufen halten. Eine Theoriebildung halten sie für verkopft und schlicht

---

[1] Probst G., Raub S., Romhardt K.: Wissen managen. Gabler 1997.

für überflüssig: Mit der Ignoranz und dem Selbstbewusstsein des Machers wird alle Reflexion in den Wind geschlagen.

Eine aus der Praxis entwickelte Theorie lässt die Bipolarität gar nicht erst aufkommen: Hier sind Theorie und Praxis zwei Seiten einer Medaille. Es gibt kein Primat der Theorie vor der Praxis oder andersherum, es gibt auch keine Hierarchie zwischen den beiden. Erst nach gut zwanzig Berufsjahren konnte ich die Theorie eines kollaborativen Wissensmanagements formulieren, ja aus meiner praktischen Arbeit destillieren. Diese wird im Kap. Grundlagen des Buches festgeschrieben und erläutert. Die beiden folgenden Fallstudien sind die wichtigsten Ideengeber und die Inspiration der Theorie. Hier wird aufgezeigt, wie die praktische Umsetzung aussehen *kann*. Der intellektuelle Weg ist also einer von der Praxis zur Theorie – und von dort aus wieder zurück zur Praxis.

Eine Abstraktion des eigenen Handelns ist geboten, ist ein notwendiger Schritt der Reflexion. Nicht nur für den Autor ist diese Denkbewegung essentiell, auch für den Leser, die Leserin und den/die zukünftige/n Praktiker*in und Umsetzer*in. Der Theorieteil bringt wichtige, der gelebten Praxis abgerungene Erkenntnisse zum Ausdruck. Diese Grundlagen sind allgemeingültig. Die Praxisbeispiele sind reell, und sie werden Anregungen geben und mögliche Ansätze zeigen, langfristig wirkendes Wissensmanagement zu etablieren.

Mit einer einfachen (und im Wortsinn: schlichten) Übertragbarkeit ist es jedoch nicht getan. Jedes Wissensmanagement muss neu konzipiert, auf die jeweiligen Bedürfnisse und Anforderungen zugeschnitten sein. Ein 1:1-Transfer von einem hier vorgestellten Praxisbeispiel auf andere Gegebenheiten wird schwerlich gelingen, bietet aber vielseitige Anregungen – genau dafür wurden sie niedergeschrieben und veröffentlicht.

Der sprachliche Duktus des Buches ist folglich ein zweigeteilter. Die Grundlagen sind in einem sachlich-objektiven Stil verfasst. In den Fallstudien hingegen, aus denen die Grundlagen entwickelt wurden, tritt die persönliche Erfahrung stilistisch hier und da durch ein „Ich" zutage.

Berlin   Richard Grasshoff
im Dezember 2022

Danksagung

Auf meinem Weg zum kollaborativen Wissensmanagement, der für mich vor über zwei Jahrzehnten begann, hatte ich viele Begleiterinnen und Begleiter: Ihnen möchte ich danken. Helmut Geier war derjenige, der vom ersten Tag an Stabilität in meine Arbeit brachte. Stephan Dyckerhoff und Christoph Knoke offerierten mir den Weg ins Knowledge Management. Auf meine Kollegin Elke Hauf konnte ich mich jederzeit verlassen. Als ich dann Verantwortung für ein ganzes Team in Indien übernahm, war Wendessa Thakur mein wichtigster Anker in Mumbai. Durch Vermittlung von Sebastian Wanke kam Philipp Dobbert ins KM-Team – beiden sei gedankt. Ganz neue Erfahrungen machte ich in Gütersloh, wo Stefan Frank und Dieter Külker mit mir diskutierten, was Wissensmanagement im IT-Umfeld leisten kann. Zurück in Berlin, sprachen mir drei Geschäftsführer ihr Vertrauen aus: Walter Kahlenborn, Alexander Carius und Mikael Henzler danke ich dafür, dass ich neue, zeitgemäße Ansätze im Wissensmanagement planen und in ihrem Unternehmen implementieren konnte. Constanze Haug und Rainer Agster danke ich für Kohäsion und Produktivität: Nach einer intensiven Diskussion mit Euch konnte ich die strategischen Leitplanken für unser Wissensmanagement formulieren. Stellvertretend für viele Kolleginnen und Kollegen, die sich immer wieder mit guten Ideen und kritischen Anmerkungen ins Wissensmanagement eingebracht haben, danke ich Linda Hölscher, Daniel Högele, Miha Jensterle und Judith Kähler. Mein besonderer Dank gilt Dominik Ehlert, der mit mir in nur drei Jahren aus zarten Ansätzen ein robustes, mehrwertstiftendes *kollaboratives* Wissensmanagement aufgebaut hat. Ihm folgte Eva Schifkowski, die nun ebenso zuverlässig wie kritisch meine Arbeit unterstützt. Nancy Chapple hat in ihrem riesigen Netzwerk zielgenau meinen Illustrator gefunden: Ihr danke ich ebenso wie Christoph J Kellner für die klugen Illustrationen.

Mein größter Dank gilt meiner Frau Änne Söll: Sie hatte die Idee zu diesem Buch. Daher hole ich heute nach, was ich vor 23 Jahren bei meiner Dissertation versäumt habe: Änne, Dir sei das Buch gewidmet.

Inhaltsverzeichnis

Grundlagen

Welches Wissensmanagement wollen wir?

Wissensmanagement ist kein klar umrissenes Feld und somit in seiner praktischen Auslegung heterogen. Nicht nur in der konkreten Ausprägung der Aufgaben, sondern schon
in den Ansätzen unterscheiden sich (oft nur implizit formuliert) die grundlegenden Auf-
fassungen.

Die Aufgabenbereiche drehen sich oft um Zieldefinition, Identifikation, Erwerb, Entwicklung, Verteilen von Wissen sowie seiner Nutzung, Bewahrung und Bewertung.[1]

Alternative Modelle wie etwa von Hirotaka Takeuchi und Ikujirō Nonaka[2] rücken
implizites und explizites Wissen in den Vordergrund und beschäftigen sich mit dem
Kreislauf von Sozialisation, Externalisierung. Kombination und Internalisierung.[3]

Andere, weniger ausdifferenzierte Modelle sprechen von einer Bewegung, dem Ein-
und Ausatmen nicht unähnlich: Wissen wird vom Wissensmanager eingeholt (etwa durch
das Einsammeln von Projektergebnissen und -erkenntnissen) und wieder verteilt (etwa
durch konkrete Unterstützung bei Anfragen etwa nach Projektreferenzen oder durch das
Teilen wichtiger Dokumente in den dafür vorgesehenen Strukturen des Intranets und des
File Servers). Die meisten Aufgaben lassen sich durchaus so zuordnen, in der Praxis gibt

---

[1] Probst G., Raub S., Romhardt K.: Wissen managen. Gabler 1997.

[2] Nonaka I., Takeuchi H.: Die Organisation des Wissens. Wie japanische Unternehmen eine brach-
liegende Ressource nutzbar machen. Aus dem Englischen von Friedrich Maier. Campus-Verlag
1997.

[3] Dieser Vierklang ist als SECI-Modell (Socialization, Externalization, Combination,
Internalization) bekannt geworden.

© Der/die Autor(en), exklusiv lizenziert an Springer Fachmedien Wiesbaden GmbH, ein
Teil von Springer Nature 2023
R. Grasshoff, *Kollaboratives Wissensmanagement*,
https://doi.org/10.1007/978-3-658-40503-8_1

es viele Aufgaben, die an der Schnittstelle zweier Dimensionen liegen oder die tatsächlich Anteile von zwei oder mehreren Dimensionen aufweisen.

Neben dieser aufgabenorientierten Sichtweise, dem Blick auf das Was, lohnt es sich,
den Blick auf das Wie zu lenken, also auf die Art und Weise, wie diese Aufgabenbereiche
bearbeitet werden. Und auch hier zeigt sich ein großes Spektrum, das teils mit den Aufgaben zusammenhängt, teils aber davon gelöst ist. Kürzlich wurde in einer Stellenausschreibung der Fokus deutlich auf das Qualitätsmanagement einer einzigen großen
Datenbank gelegt, und dort tatsächlich im Entfernen der Dubletten und der Zusammen-
führung der Doppeleinträge. Solcherlei Arbeit lässt wenig Spielraum zur Ausgestaltung,
ist aber atypisch für die Tätigkeit einer Wissensmanagerin[4], die sich meist um ein ganzes
Bündel an Aufgaben zu kümmern hat, die in den verschiedenen Feldern der Wissensarbeit liegen.

Nehmen wir als Beispiel das *Project Knowledge Capturing,* also das Einsammeln von
auf dem Projekt entstandenen Wissen, idealerweise seiner Veredelung in Form einer Fallstudie und einer Projektreferenz, die für zukünftige Akquisetätigkeiten wichtig werden
kann. Dies kann durch routinemäßige, sogar automatisierte E-Mails geschehen, in denen
der Projektleiter gebeten wird, die Gesamtdokumentation auf dem dafür vorgesehenen
File Server abzulegen, dazu die Referenz zu schreiben, und schließlich wird er um die
Einschätzung gebeten, ob sein Projekt für eine weitere Aufbereitung in Form einer Case
Study infrage kommt. Das ist ein stark formalisierter und zu Teilen entindividualisierter
Ansatz, bei dem es fast egal ist, ob die E-Mail vom Wissensmanager geschrieben oder
von der Projektdatenbank ausgelöst wird, sobald das offizielle Projektende erreicht ist.

Ein deutlich anderer Rahmen wird gesetzt, wenn die Wissensmanagerin eine
„Knowledge Capturing Session" mit dem Projektleiter, vielleicht sogar einer weiteren
Person aus dem abgeschlossenen Projekt anberaumt. Sicher wird es dort eine Checkliste
geben, allerdings geht ein solches Arbeitstreffen weit hinaus über das reine Abhaken:
Jetzt kann durch genaues Zuhören und Nachfragen Wissen gehoben werden, das sonst
wohl unbeachtet im Archiv gelandet wäre. Die Wissensmanagerin hat die Möglichkeit,
darauf hinzuweisen, was wichtig sein könnte, da sie den Gesamtkontext kennt (welches
Wissen wird im Unternehmen gerade benötigt?) – eine solche Session hat zwar immer
einen formalen Rahmen, ist aber deutlich individueller, persönlicher, „auf Augenhöhe",
produktiver – und gegebenenfalls auch zeitaufwendiger.

Was die Ansätze im genannten Beispiel unterscheidet, ist mehr, als sich an der Oberfläche zeigt. Es geht um ein Verständnis der Aufgabe des Wissensmanagements und
des Knowledge Managers im Unternehmen und der grundsätzlichen Haltung, mit der
man sich bei der Bewältigung der Aufgaben begegnen wird. Wird Wissensmanagement

---

[4] Ich wechsle im Folgenden zwischen maskulinem und femininem Geschlecht, nicht nur beim
Wissensmanager, auch bei der Projektleiterin, dem Mitarbeiter, der Kollegin – es sind stets alle
Geschlechter gemeint.

als eine weitere dienende, dienstleistende Zentraleinheit verstanden, die relativ spät im Professionalisierungsprozess auftaucht (andere unterstützende und administrative Einheiten sind längst schon da, die IT wie das HR-Department, die Buchhaltung und das Marketing)? Oder wird das Wissensmanagement als Gemeinschaftsaufgabe erkannt, für die es einen Wissensmanager oder eine kleine Wissensmanagement-Einheit braucht die sich diesen Themen professionell annimmt?

An dieser grundsätzlichen Haltung wird bereits viel entschieden. Der in diesem Buch beschriebene und empfohlene Ansatz eines kollaborativen Wissensmanagements deutet klar in Richtung des Wissensmanagements als Gemeinschaftsaufgabe.

Die Ausprägung der derzeitigen, real existierenden Wissensmanagement-Einheiten in großen und mittelgroßen Unternehmen ist meist aus dem Geiste entstanden, Mitarbeiter*innen durch den Aufbau eines Wissensmanagements in Wissensfragen zu entlasten. Mehr als 90 % der Knowledge Managements in Deutschland werden als Support-Einheiten interpretiert, die Wissensmanager gelten als Dienstleister in Wissensfragen. Tatsächlich hat dies historische Gründe, die grob skizziert werden sollen, bevor wir uns der Theorie und den Grundlagen des kollaborativen Wissensmanagements zuwenden.

Eine kurze Geschichte des Wissensmanagements

Um es gleich vorwegzuschicken: In den folgenden Absätzen wird keine vollständige historische Rekonstruktion geliefert (tatsächlich wären sehr viele regionale Unterschiede und Branchenspezifika zu berücksichtigen). Vielmehr wird grob skizziert, wo und wann Wissensmanagement entstand und wo es zu den Fehlentwicklungen kam, die bis heute die verbreitete Sicht auf Wissensmanagement bestimmen.

In den Anfängen des modernen, in Firmen institutionalisierten Wissensmanagements und der damit einhergehenden ersten Theoriebildung in den späten 80er Jahren und vor allem in den 90er Jahren gab es eine nicht zu übersehene und zu überhörende Euphorie: Wissen, wichtigste Ressource des zwanzigsten (und einundzwanzigsten) Jahrhunderts, sollte handhabbar gemacht werden in einer Situation, in der das Wissen immer schneller anwuchs, die Firmen immer größer wurden. Nicht zum Selbstzweck, sondern um einen Wettbewerbsvorteil in wissensintensiven und hart umkämpften Branchen – vornehmlich dem Consulting Business – zu erlangen. Wenn dies gelänge, würde man produktiver, effizienter – letztlich würde man mehr Geld verdienen.

Während der Impetus durchaus nachvollziehbar war, wurde in Theorie und Praxis zu kurz gesprungen. Der theoretische Wettbewerbsvorteil verpufft schon allein wegen des abnehmenden Grenznutzens, wenn nämlich alle Wettbewerber in Wissensmanagement investieren. Praktisch hoffte man in wissensintensiven Firmen – wozu Beratungsunternehmen, die ja fast ausschließlich von Kompetenz oder zumindest von Kompetenzanmutung leben, gehören –, das Wissensmanagement ähnlich wie andere Support-Einheiten in die dafür vorgesehenen Strukturen einhegen zu können.

Die praktischen Denkfehler wurden zu Organisationsfehlern. Consultants, ihre Chefs und deren Chefs, waren neben den Investment-Bankern die Business-Men der Stunde, die auf sie zugeschnittene Support-Strukturen verlangten: Ein *Graphics Department,* das die PowerPoint-Folien zu Beginn noch nach gezeichneten und dann an eben diese *Graphics Support* Einheit gefaxten Entwürfen nach Wunsch und unter gestrenger Einhaltung des Corporate Design Standards gestalteten; ein *Research Department,* das Zahlen und Fakten zuverlässig recherchierte und die Wettbewerber und deren Veröffentlichungen beobachtete; und neuerlich ein institutionalisiertes Wissensmanagement, das intern insbesondere nach Referenzen und relevanten Dokumenten, manchmal nach Experten suchte, die dem anfragenden Berater schnellstmöglich zur Verfügung gestellt wurden. Damals wurde das *Knowledge Management Department* mit einem „Head of KM" und einigen Angestellten aus der Taufe gehoben. Wissensmanagement wurde ähnlich eingestuft wie die anderen Zentraleinheiten – ob *business-nah* oder *business-fern:* die Personal- und die Rechtsabteilung, Controlling, die IT, das Research Department und so weiter. Doch Wissensmanagement, so organisiert, hat faktisch nie zu den Erfolgen geführt, die man sich mit teils übertriebenen Hoffnungen ausmalte.

„Knowledge Management" (verstanden als firmeninterne Einheit) wird meist sehr spät im Unternehmen etabliert – IT, HR, die Finanzbuchhaltung, die Rechtsabteilung und das Controlling sind längst eingeführt. Wissensmanagement scheint eine institutionell nachgelagerte Einheit, wird – durchaus aus guten Gründen – spät, in einer zweiten oder dritten Professionalisierungswelle aus der Taufe gehoben. Lange Zeit verlässt sich das Management *in puncto* Wissen auf die Selbstorganisation, auf das Weitergeben, das Teilen von Wissen unter den Mitarbeitenden als Teil der Firmenkultur. Erst mit einer zunehmend unübersichtlichen Unternehmensgröße entscheidet man sich, den nun ineffizient sich darstellenden Wissensflüssen Einhalt zu gebieten. Wo genau die Schwelle liegt, ist stark branchen- und organisationsabhängig. Viele Firmen fangen das erste Mal an über Wissensmanagement nachzudenken, wenn die Zahl der Mitarbeitenden dreistellig geworden ist; dann braucht es in der Regel noch etwas Zeit, in der das Unternehmen weiter wächst. Grob gesprochen sind es Firmen mit rund 150–200 Angestellten, die ein Wissensmanagement erstmals einführen.

Der Wissensmanager
ein Wissensdiener?

Zu dieser zeitlichen Besonderheit gesellt sich eine zweite, organisatorische. Denn es zeigt sich, dass Wissensmanagement an den verschiedensten Stellen in einer Organisation angesiedelt sein kann – direkt am Top-Management, der Geschäftsführung, manchmal nahe der Kommunikationsabteilung, und wo diese schwach ausgeprägt ist, gegebenenfalls bei Marketing & Sales. Zur benachbarten Einheit „Research Department" gibt es eine Affinität (während Research nach externer Information sucht, hat Wissensmanagement allermeist das interne Wissen im Blick) – und ob die relevante Information intern oder extern aufgetrieben wird, ist für den Suchenden, der seinen Suchauftrag beim Wissensmanagement oder bei Research platziert, meist irrelevant: Daher kann Knowledge Management eng angebunden sein an die Research-Einheit. Auch bei der IT kann das Wissensmanagement angesiedelt sein, wenn der Fokus der Ausrichtung auf Digitalisierung und Prozess-Harmonisierung liegt.[5]

Beide Beobachtungen zusammengenommen zeigen: Erst fragt man sich recht lange, ob man Wissensmanagement überhaupt braucht, und dann weiß man nicht so recht, wohin damit.

Diese Fakten sollte man unbedingt ernst nehmen, denn diese Indizien deuten darauf hin, dass Wissensmanagement nicht wie die anderen Zentraleinheiten behandelt werden kann. Es ist sogar fraglich, ob Wissensmanagement überhaupt als „klassische" Zentraleinheit gesehen werden sollte. In der Praxis ist ein Wissensmanagement, das als Koordinationsstelle geplant wurde und als solche agiert, fast immer erfolgreicher als eine im Geiste einer Zentraleinheit geplante Wissensmanagement-Abteilung. Die große Frustration, die heute in vielen Unternehmen *in puncto* Wissensmanagement herrscht, ist auf diese strukturellen Fehler zurückzuführen. Wissensmanagement bleibt oftmals defizitär, weil es gar nicht anders kann, als an den Aufgaben und Erwartungen zu scheitern, egal wie ambitioniert, ernsthaft und redlich der/die Wissensmanager*in ihre Rolle auch ausfüllt.

Eine – unserer Meinung nach die einzige – Möglichkeit, dass ein Wissensmanagement die Erwartungen der Belegschaft und des Managements erfüllen, ja übererfüllen kann, ist der kollaborative Ansatz, der hier entwickelt und dargelegt wird. Damit tritt das vorliegende Buch an, neue Wege im Wissensmanagement zu gehen. Weder eine weitere Theoretisierung einzelner Aspekte des Wissensmanagements soll vorangetrieben werden, noch die Suche nach angeblich heilsbringenden technischen Lösungen. Das Buch setzt tiefer an, indem es einen Schritt zurücktritt und ein Konzept unterbreitet, um

---

[5] In der Praxis kommt es durchaus vor, dass die Knowledge Management-Einheit „umgesiedelt" wird, dass sie z. B. von der IT-Abteilung, wo sie zunächst vom CIO ins Leben gerufen wurde, zu der bereits bestehenden Einheit „Qualitätsmanagement" umzieht. Wo es Sinn macht und Synergien sich ergeben, ist das durchaus legitim. Es gibt allerdings auch Fälle, in denen die Gründe anders liegen und niemand sich für Wissensmanagement verantwortlich fühlen möchte: Dann kommt es meist zu Notlösungen, dann gewährt zum Beispiel eine starke Unternehmenseinheit dem Wissensmanagement Unterschlupf. Diese Lösungen sind dann selten dauerhaft tragfähig.

der Misere, in der viele Knowledge Management-Abteilungen, ja generell viele Unternehmen in Bezug auf Wissensmanagement stecken, entgegenzutreten. Es stellt einen Ausweg aus der verfahrenen Situation vor; dabei möchte es nicht nur die Symptome heilen, die schmerzhafte Indikatoren dafür sind, dass vieles auf dem Gebiet Wissensmanagement ungenügend läuft. Das Buch stellt sich der Aufgabe, die Ursachen aufzudecken und Lösungswege vorzuschlagen, um die Ursachen zu beheben. Zwangsläufig muss dafür in tiefere Strukturen vorgedrungen werden, als dies üblicherweise geschieht. Wir müssen uns über Fragen der Wissens- und Fehlerkultur eines Unternehmens Gedanken machen, über Firmenkultur und Firmenwerte sprechen, schließlich über Hierarchien und unterschiedliche Menschenbilder, über die Art und Weise, wie wir miteinander arbeiten wollen.

Kollaboratives Wissensmanagement

In diesem Buch wird der Ansatz des *kollaborativen Wissensmanagements* vorgestellt. Wir vertreten die Position: *Wissensmanagement lässt sich nicht für die Mitarbeitenden eines Unternehmens machen, sondern nur mit ihnen gemeinsam.* Der vorliegende Ansatz weicht demnach deutlich von dem ab, wie Knowledge Management bisher betrieben und was über Knowledge Management geschrieben wurde. Eben weil Wissensmanagement in der Tradition der „Support Functions", des „Enablings", der dienenden Einheiten in Unternehmensberatungen steht, sind die meisten, selbst die innovativeren Ansätze, in einer Art „Herr-und-Diener"-Logik verhaftet. Es gibt ein klares, allermeist hierarchisch zementiertes Gefälle zwischen denen, die vom Wissensmanagement profitieren sollen und denen, die es betreiben und die dienstleistend auf alle Anfragen, Bedarfe und Wünsche reagieren. Damit geht das Potenzial der fachlichen und inhaltlichen Kompetenzträger verloren: Statt ihr aktives Engagement im Wissensmanagement zu fördern, wird ihnen suggeriert, sie könnten sich vom Wissensmanagement bedienen lassen. Zugleich entsteht ein ungesundes Verhältnis, eine Lagerbildung zwischen dieser wichtigen Gruppe der Know-how-Träger und den Wissensmanagern und Wissensmanagerinnen, die ihnen (meist firmeninternes) Wissen bereitstellen sollen. Die vielfach daraus entstehenden Konflikte, die Unzufriedenheit der Belegschaft mit dem Wissensmanagement sowie die frustrierenden Erfahrungen der Wissensmanager, trotz aller Bemühungen defizitär zu arbeiten oder zumindest so wahrgenommen zu werden, lassen sich durch den Ansatz des kollaborativen Wissensmanagements vermeiden und ihre Entstehung verhindern.

Man kennt die Situation in fast allen Unternehmen und Zentraleinheiten: Eine latente Unzufriedenheit der Belegschaft mit den Admin- und Support-Einheiten hat es zumindest zeitweise wohl in jeder Firma gegeben, wenn etwa die IT einen Rechner zu spät bereitgestellt hat, die Personalabteilung einen Vertrag nicht rechtzeitig auf den Weg

brachte, in der Finanzbuchhaltung eine Fehlbuchung für einen erhöhten Zeitaufwand
sorgte. Je nachdem, wie gravierend die Unzufriedenheit ist, und je nachdem, wie das
Management mit derlei Thematiken umgeht, kann eine Einheit personell verstärkt (durch
Aufstockung) oder (durch Kündigung und Neueinstellung) verändert werden, Aufgaben
können anders verteilt oder priorisiert werden, Befugnisse entzogen oder die Abteilung
enger kontrolliert werden etc. Die Problematik ist für das Wissensmanagement sogar
verschärft. Während an der grundsätzlichen Sinnhaftigkeit einer Personal-, Controlling-
oder IT-Abteilung niemand zweifeln wird, steht das Wissensmanagement sehr schnell
als Ganzes in Frage. Das hängt mit seiner Herkunft zusammen – die Tätigkeiten des
Wissensmanagements sind diejenigen, die am längsten von der Belegschaft selbst ausgeführt wurden. Während es eine Buchhaltung und eine Kommunikationsabteilung gab,
wurde die Wissensarbeit noch immer von den Mitarbeitenden selbst geleistet. Viele, die
mit dem Wissensmanagement (wahrscheinlich sogar aus guten Gründen) nicht zufrieden
sind, zweifeln es in Gänze an und „machen es einfach selbst": Sie teilen ihr Wissen nur
mit ausgewählten Kollegen, nutzen ihr Netzwerk bei Fragen und Bedarfen, legen selbst
Ablagestrukturen an und unterminieren so die Arbeit des institutionalisierten Wissensmanagements, das ja auf die Mitarbeit und das Wissen der Belegschaft angewiesen ist.
Schnell kann institutionalisiertes Wissensmanagement dadurch in die prekäre Lage
geraten, dass seine Daseinsberechtigung von verschiedenen Seiten angezweifelt wird.

Kollaboratives Wissensmanagement: Ausprägungen und Abgrenzungen

Kollaboratives Wissensmanagement zeichnet sich dadurch aus, dass

- viele Mitarbeiterinnen und Mitarbeiter eines Unternehmens ins Wissensmanagement, insbesondere in den Wissensaustausch und die Wissensweitergabe, aktiv involviert sind.
- schon bei der Planung und Priorisierung zukünftiger Aufgabenpakete für
das Wissensmanagement nicht allein die Geschäftsleitung (gemeinsam mit
der Knowledge Managerin) entscheidet, sondern die Belegschaft in diese
planerischen und priorisierenden Überlegungen mit einbezogen wird.
- dieses Knowledge Management sich an das Unternehmen/das Projekt
„anschmiegt", dass es nicht als Fremdkörper oder gar Gegensatz oder
schlimmstenfalls Hemmschuh und Grund für Ärgernis und Mehrarbeit gesehen
wird.
- es dadurch eine breite Akzeptanz erfährt und von der Belegschaft getragen wird,
da es Bedarfe eines Großteils der Mitarbeitenden adressiert und der Mehrwert
für die meisten Kolleginnen und Kollegen klar erkennbar ist.
- dass es sich der Firmengröße quasi organisch anpasst: In statischen Phasen
bleibt es ähnlich groß, in der Wachstumsphase eines Unternehmens wächst

es von selbst mit, da 300 Mitarbeitende, die jeweils 15 min pro Woche für Wissensmanagement aktiv sind, natürlich auf 300 h im Monat kommen, 200 Mitarbeitende nur auf 200.

Es unterscheidet sich von manch überkommenem Ansatz, der

- innerhalb der Wissensmanagement-Abteilung zwischen Aufgabenbereichen stark differenziert und in Hierarchien denkt (der Leiter des Knowledge Managements ist für Strategie und Diskussion mit der Geschäftsführung zuständig, die weiteren Angestellten für jeweils gesonderte Gebiete).
- die Abteilung Wissensmanagement als starre Einheit denkt, in der wie in einer *Black Box* Anfragen hineingegeben werden und Antworten auf diese Anfragen herauskommen.
- das Wissensmanagement als notwendiges Übel begreift, als „Overhead", der vor allem Geld kostet, den man sich aber notwendigerweise leisten muss, um konkurrenzfähig zu bleiben.
- die Ausrichtung des Wissensmanagements einzig in die Hände des Managements legt und über die Köpfe der Belegschaft hinweg Aufgaben festlegt, wodurch Knowledge Management schnell als Erfüllungsgehilfe und erweiterter Arm des Führungspersonals gesehen wird, wenn es z. B. um die Einführung oder Durchsetzung neuer Standards geht.
- schließlich auf Widerstände und Akzeptanzprobleme stößt aus der Summe der oben genannten Gründe – und vor allem, weil niemand, zumindest kaum jemand, für das Unternehmen und für sich selbst ein angemessenes Kosten-Nutzen-Verhältnis sieht.

Vor allem das Verständnis dieser althergebrachten Knowledge Managements prägen nach wie vor das Bild in der Wirtschaft. Dafür gibt es Gründe, etwa: eine konservative, den Mitarbeitern tendenziell misstrauenden Führungsebene; unter bestimmten, insbesondere instabilen und unsicheren Rahmenbedingungen wenig Bereitschaft, Wissen zu teilen; die Konzeption eines Wissensmanagements, das aus rein strategischer Unternehmenssicht geplant wird, ohne die Wünsche, Bedarfe und ggf. Sorgen der Belegschaft zu berücksichtigen. Doch diese Gründe machen es nicht besser, ja sie entschuldigen nicht einmal diese Sicht- und Herangehensweisen. In der Folge führen sie dazu, dass viele Wissensmanagements schon in den Ansätzen, spätestens in der Implementierung scheitern. Wenn jedoch die Implementierung gelingt, halten diese Knowledge Managements ein permanentes Frustrationspotenzial für alle Beteiligen – Belegschaft, Management und Wissensmanager – bereit.

Kollaboratives Wissensmanagement hingegen hat das Potenzial, das Gegenteil von Frust zu erzeugen: Wenn Mitarbeitende ihr Wissen bereitwillig mit anderen teilen, wenn Entscheidungen über Prioritäten des Wissensmanagements von einer breiten Mehrheit getragen werden, wenn Wissensmanagement firmenstrategische Aspekte verfolgt und zugleich die Belegschaft entlastet, dann kann es einen für die gesamte Belegschaft, inklusive der Führungsebene, einen spürbaren, echten Wertbeitrag für das Unternehmen leisten, und zwar in Hinsicht auf *Produktivität* und auf inneren Zusammenhalt, auf *Kohäsion*.

Die Erhöhung der Produktivität ist nur die andere Seite des Abbaus von Doppelarbeit und Redundanzen. Vielfach ist das der *Trigger* für die Einführung eines Wissensmanagements: Zu oft wurde Doppelarbeit geleistet, wurde in Nachtschichten abermals erarbeitet, was schon vorlag und einfach nicht bekannt war. Vorlagen werden mehrfach erstellt, und statt einer klar umrissenen, kuratierten und aktuell gehaltenen Sammlung dieser Vorlagen nutzt jede/r diejenigen, die er/sie gerade auf dem eigenen Rechner hat – manchmal mit fatalen Folgen in der Außendarstellung.[6] Um das berühmte Rad nicht zu bemühen, geht es darum, „den tiefen Teller nicht immer wieder neu zu erfinden".

Eine Gruppe von Menschen, die zusammenarbeitet, braucht einen inneren Zusammenhalt – sonst arbeiten einzelne Personen oder Kleingruppen erst nebeneinander her, bald gegeneinander. Das Unternehmen tut gut daran, den inneren Zusammenhalt zu stärken, und das geschieht über die Kommunikation via internem Newsletter, über das Grußwort der Geschäftsleitung zum Jahreswechsel sowie, besonders beliebt oder gefürchtet, bei gemeinsamen Betriebsfeiern. Kaum aber eine Maßnahme zur Stärkung des inneren Zusammenhalts ist so stark wie gelebte Kollegialität, und auf diesem Gebiet kann Wissensmanagement entscheidend mitwirken.

Um diesen doppelten Beitrag zu leisten, der ein Grundstein für den Erfolg des Knowledge Managements ist, muss es kollaborativ sein. Ich habe verschiedene gut gemeinte Wissensmanagements gesehen, ein einziges Mal ein schlecht gemeintes Wissensmanagement. „Wir machen jetzt Wissensmanagement für Euch!", ruft das gut gemeinte Wissensmanagement, und begeistert dennoch kaum. „Wer sein Wissen nicht teilt, wer glaubt, sich mit seinem Wissensvorsprung sicher fühlen zu können, der wird gefeuert!", droht der Geschäftsführer mit seinem verlängerten Arm, dem schlecht gemeinten Wissensmanagement. *„Wenn es wirklich gut werden soll, dann kann ich*

---

[6]Mehrfach belegt ist der Fall, dass vor demselben Auditorium unterschiedliche „Company Figures" präsentiert werden. Während der erste Redner von 140 Mitarbeitenden spricht, erklärt der nächste anderntags stolz, das Unternehmen sei auf über 200 Mitarbeitende angewachsen. Kohärenz in der Außendarstellung lässt sich nur erzielen, wenn die gesamte Belegschaft die verabschiedeten Standards einhält, die aktuellen Standards nutzt.

es nur mit Euch gemeinsam machen!" – das ist das Credo des kollaborativen Wissensmanagements.

Die gut gemeinten Wissensmanagements überwiegen bei weitem. Aufmerksame oder von ihrem Wissensmanagement enttäuschte Manager erkennen, dass die Dinge nicht gut laufen und versuchen zu optimieren, doch weder mit einer Aufstockung der Ressourcen noch mit der Auswechslung des Personals noch mit einer weiteren gut gemeinten Initiative für die Belegschaft wird man sich aus dieser verfahrenden Situation herausmanövrieren. Alle Versuche, mit derlei Optimierungs- und Änderungshebeln das Wissensmanagement zum Erfolg zu führen, scheitern, denn *nicht für, nur mit der Belegschaft kann Wissensmanagement erfolgreich sein.*

Das wird oft übersehen, und so suchen manche Entscheider das rettende Ufer in einer technischen Lösung. Die kostet einmal viel Geld, spart dann aber – so die trügerische Hoffnung – langfristig eine ganze Abteilung ein. Eine Software, ein Tool, eine Maschine soll Abhilfe schaffen und das angeschlagene Wissensmanagement mit einer unzufriedenen Belegschaft, einem enttäuschten Management und frustrierten Knowledge Managern endlich in eine bessere Zukunft führen. So verständlich dieser Impetus ist in Zeiten, in denen wir täglich von neuen Errungenschaften auf dem Gebiet der Künstlichen Intelligenz und der Digitalisierung hören, so naiv und geradezu gefährlich ist der Gedanke. Niemals kann eine technische Lösung allein das Wissensmanagement „retten" – dass einige Firmen das Gegenteil behaupten und ihre Produkte entsprechend vermarkten, ist aus deren Sicht verständlich, argumentativ aber vernachlässigbar. Traut man den technischen Lösungen allein, verliert man die Belegschaft gänzlich, an der Gemeinschaftsaufgabe Wissensmanagement mitzuarbeiten; frustriert man die ohnehin gepeinigten Wissensmanager, weil man ihnen das Drohszenario einer nicht fassbaren, vielleicht überlegenen technischen Konkurrenz aufbaut; gibt man in der Führungsebene, ohne es zu bedenken, das Potenzial aus der Hand, welches im kollaborativen Wissensmanagement auch an Kohäsion, an innerem Zusammenhalt, steckt.

IT ist heute ein essenzieller Bestandteil auch von einem kollaborativen Wissensmanagement. Digitalisierung und KI sollten stets mitgedacht werden, wenn Projekte pilotiert und Entscheidungen getroffen werden. Die Wissensmanagerin tut gut daran, ein kollegiales Verhältnis zur IT-Einheit und dem CIO aufzubauen, denn es ist essenziell, über neue technische Entwicklungen und Möglichkeiten informiert zu sein. Allerdings ist es ein großer Fehler, egal ob aus Technikgläubigkeit oder Naivität oder aus Bequemlichkeit, sich einzig an eine technische Lösung zu klammern, um das komplexe Thema Wissensmanagement rein IT-basiert in den Griff zu bekommen.

Zurück zum Wissensmanagementverständnis jenseits der technologiegetriebenen Irrwege. In der Realität des Wissensmanagements gibt es nie schwarz oder weiß, sondern viele Schattierungen und bestenfalls diese nicht in Graustufen, sondern bunt! Daher gibt es sehr selten die oben beschriebenen Extrempositionen in ihren Reinformen: Auf der einen Seite das verkrustete institutionalisierte hierarchiegläubige Wissensmanagement, auf der einen Seite das einzig kollaborativ, wertschätzend und integrativ agierende Wissensmanagement. Selbst die biedersten Wissensmanagement-Abteilungen werden Elemente von Wertbeitrag in sich bergen, sonst wären sie ja abgeschafft. Selbst das innovativste und kollaborativste Knowledge Management wird hier und da nicht darum herumkommen, bei der Belegschaft wenig populäre Maßnahmen durchsetzen zu müssen. Es ist aber eine grundsätzliche Frage der Haltung, die eingenommen wird, das Grundverständnis, das entscheidend ist, um das Wissensmanagement heute und zukünftig zu gestalten.

Definitorisches

Schärfung des Begriffs: kollaboratives Wissensmanagement

Wenn ich von der engen Verflechtung von Wissensmanagement mit den verschiedenen Firmeneinheiten, allen Mitarbeiterinnen und Mitarbeitern spreche, wenn ich die kollaborativen Ansätze propagiere und im Folgenden herausarbeite, heißt „kollaborativ" nicht: Alle müssen immer alles mittragen. Es müssen nicht einmal alle von der Notwendigkeit eines Arbeitspakets oder einer Initiative, die vom Wissensmanager angestoßen wird, überzeugt sein. Es genügen oft schon kleinere Gruppen von Personen, die gewonnen werden müssen – es sollten idealerweise einige einflussreiche Kolleg*innen dabei sein, die Ansehen und Vorbildfunktion in der Belegschaft genießen. Größere Projekte und Arbeitssträng sollten einen Sponsor auf Management-Ebene haben, benötigen aber nicht die ganze Führungsebene. Wenn man viele einzelne Arbeitspakete verfolgt, die meisten parallel, manche „ongoing", manche ruhend, manche priorisiert, lohnt es sich, für jedes einzelne einen Sponsor im Management zu haben. Das ist die durchsetzungs- und meinungsstarke Person, der man das Vorhaben erklärt und von der man das *placet* erhält, daran zu arbeiten. Der Sponsor, die Sponsorin ist die Person, der man als Wissensmanager*in den Fortschritt berichtet (und manchmal über Stillstand oder unerwartete Friktionen informiert und mit der in diesen Fällen Lösungsansätze diskutiert, wie weiter zu verfahren sei) und die das Arbeitspaket am Ende „abnimmt". Mag es zu Beginn ratsam sein, ausschließlich mit einer Führungskraft zusammenzuarbeiten, die Sponsor*in für das Wissensmanagement ist, hat es sich bewährt, die Basis der Sponsor*innen zu verbreitern, also die definierten Aufgabenpakete auf mehrere Geschäftsleitende zu verteilen. Charmant ist dabei, dass die „organische Verflechtung" vorangetrieben wird, vor allem aber, dass die Geschäftsleitenden oder anderes Führungspersonal ihre Interessen und Stärken einbringen können in den Gebieten, die ihnen wichtig sind. Dieses „cherry picking" ist fürs Management dankbar, für die Wissensmanagerin aber auch, denn so kann sie von diesen Stärken profitieren, und das

Interesse an den Arbeitspaketen ist der Wissensmanagerin gewiss. Dass man als Wissens-
arbeiterin hier und da mit einer starken Meinung konfrontiert wird, dass die Planung des
Arbeitspakets kritisch hinterfragt wird, mag kurz zu einer schwierigen Situation führen,
ist aber Teil des kollaborativen Ansatzes und bringt die Inhalte deutlich weiter als ein
reines „Abnicken". Die Anregungen und Einwände des Gegenübers, das die Firma und
ihre Geschichte im Zweifel sehr viel besser kennt, müssen aus argumentativen, nicht
aus obrigkeitshörigen Gründen ernst genommen werden – dann möge das beste Argument für das Setup und die Durchführung des Arbeitspakets, der Initiative gewinnen.
Vom kollaborativen Ansatz allerdings darf der/die Wissensmanager*in nur in wirklich
begründeten Ausnahmefällen abweichen – etwa der Arbeitsanweisung, wenn es um
firmenkritische Themen geht, die innerhalb kürzester Zeit entschieden werden müssen.

> Wer aus der Belegschaft vom Wissensmanagement eingebunden werden sollte, um
> bestimmte Themen voranzutreiben, wird recht bald evident: Meist sind es einige
> besonders starke Kolleginnen und Kollegen, auf die man zurückkommt. Wenn Sie
> eine besonders IT-affine Kollegin am liebsten in gleich drei Ihrer Initiativen dabei
> hätten, wägen Sie ab, in welcher sie am wichtigsten ist. Hat ein Kollege besonders
> positiven Einfluss auf andere Mitarbeiter, holen Sie ihn mit hinzu in ein nicht ganz
> so populäres Arbeitspaket. Nie brauchen Sie zu Beginn das „Buy-In" der Mehrheit.
> Sie brauchen ein paar Personen, die mit Ihnen kooperieren. Einmal abgeschlossen
> und in der Welt, wird das Gros der Belegschaft von der Sinnhaftigkeit einer
> Initiative überzeugt werden können, und dann können Sie in einem kollegialen
> Arbeitsumfeld auf echtes Feedback zählen – auch darin zeigt sich kollaboratives
> Wissensmanagement: Wo etwas besser gemacht werden könnte, werden Sie darauf
> hingewiesen. Nutzen Sie dieses Potenzial!

Sollte allerdings der Fall eintreten, dass sich bei einer der von dem/r kollaborativen
Wissensmanager*in vorgeschlagenen Initiativen niemand bereitfindet, sie im Detail zu
planen und umzusetzen – sollte ernstlich und kritisch überlegt werden, ob die Idee für
die Initiative wirklich tragfähig ist. Selbst wenn vielleicht schon der mögliche Sponsor
über die geplante Initiative informiert wurde, noch kann ohne Probleme umpriorisiert
werden. Auch wenn die Wissensmanagerin fest an die Idee und die Sinnhaftigkeit der
Initiative glaubt, muss sie selbstkritisch sein. Denn es wird Gründe geben, warum dafür
keine Mitstreiterinnen und Mitstreiter gefunden werden. Vielleicht ist die Idee wirklich gut, es ist aber noch nicht die Zeit dafür. Niemals sollte man versuchen, die Sache
im Alleingang durchzuboxen – das wäre ein Paradebeispiel für das *nicht kollaborative
Wissensmanagement,* bei dem der Wissensmanager *für* die, aber nicht *mit* der Belegschaft
eine Verbesserung durchzusetzen versucht. Vielleicht finden sich in einem halben Jahr
Verbündete, und es müssen bis dahin ein paar Punkte umformuliert werden. Vielleicht
müssen der Mehrwert für die Mitarbeitenden sowie die Sinnhaftigkeit für die Belegschaft

klarer herausgearbeitet werden. Mit etwas zeitlichem Abstand ergibt sich automatisch ein neues Setup, denn in der Zwischenzeit haben sich Rahmenbedingungen geändert – die Firma wie das Wissensmanagement sind ja ständig im Wandel. Im günstigsten Fall haben sich die Bedingungen so entwickelt, dass der geplanten Initiative nun die Herzen zufliegen und die Personen ohne großes Bitten rekrutiert werden können – nicht des Wissensmanagements zuliebe, sondern weil ein Teil der Belegschaft an die Sache glaubt.

Wissensmanagement von der Basis aus

Kollaboratives Wissensmanagement betreibt der Wissensmanager nicht für sich, es geht nie um das Abarbeiten einer selbst geschriebenen oder fremdbestimmten *To-do*-Liste, es ist kein Selbstzweck. Kollaboratives Wissensmanagement wird von der Belegschaft bestimmt. Wenn die Mitarbeiter*innen eines Unternehmens eine Wissensmanagement-Initiative nicht mittragen oder sogar ablehnen, wird sie scheitern. Hier zeigt sich abermals der Unterschied zu klassischen Wissensmanagement-Ansätzen, in denen die Initiativen oftmals *top down* geplant und priorisiert werden. Mit viel Aufwand und gegen den Widerstand der Belegschaft werden Tools eingeführt, Prozesse festgeschrieben, Initiativen vorangetrieben – und am Ende wundert sich das Management in den Chefetagen, warum das neue Tool, der neue Prozess, die brachial umgesetzte Initiative von der Belegschaft nicht dankbar angenommen wird, warum sich Widerstand formiert, warum Ablehnung sogar in Nichtbeachtung und Sabotage umschlagen kann.

All das ist beim Ansatz eines kollaborativen Wissensmanagements von vorn herein so gut wie ausgeschlossen. Machen wir die Probe aufs Exempel und konstatieren den schlechtesten Fall: Gleich die erste größere Initiative des kollaborativen Wissensmanagers scheitert. Dann wird es Defätisten geben, die unkenrufend darauf hinweisen, was sie schon immer wussten: Wissensmanagement funktioniert nicht. Schlimm genug. Jedoch, und das ist der entscheidende Punkt, wird der pessimistischste Unkenrufer nicht sagen können: Das Wissensmanagement ist gegen uns, nur Handlanger des Top-Managements, wir wurden gegängelt, gezwungen. Diese Vorwürfe kann das kollaborative Wissensmanagement stets weit von sich weisen, weil sie nicht wahr sind. Wenn eine Initiative scheitert, liegt das mindestens zur Hälfte an denen, die sie mitplanten, mitorganisierten, mittrugen. Glücklicherweise ist das Scheitern der ersten Initiative im kollaborativen Wissensmanagement so gut wie ausgeschlossen, und sollte wirklich ein Widersacher derart opponieren, stellt er sich nicht gegen das Wissensmanagement, sondern gleich gegen einen Teil der Belegschaft.

Keine Durchsetzungskraft?

Statt mit Machtbefugnissen ausgestattet zu werden, statt die Arbeit des Wissensmanagements durch eine „Ansage von oben" zu legitimieren, vertraut der kollaborativ gesinnte Wissensmanager auf die Mitarbeitenden. Damit ist kollaboratives Wissensmanagement jedoch kein zahnloser Tiger – als zahn- und wirkungslos, zumindest wirkungsarm erweisen sich die anderen Ansätze! In politischen Dimensionen gedacht ist der kollaborative Ansatz ein Demokratischer: Nur mit dem klaren Mandat der

VIELE BESTIMMEN, NICHT EINER!

Belegschaft erfolgt die Durchsetzung des Wissensmanagements und seiner Arbeitspakete, und nur, was von einer breiten Basis getragen wird, ist auf Dauer erfolgreich.
Mit hierarchischer Macht und gegen den Willen der Belegschaft durchgesetztes, aufoktroyiertes Wissensmanagement bleibt hingegen ein Fremdkörper, der bei der erst-
besten Gelegenheit abgestoßen wird.

Kooperativ und kollaborativ

Kollaboration   bedeutet   im   üblichen   Sprachgebrauch   „zusammenarbeitend",
„gemeinsam". Sie setzt Kooperation, also die Bereitschaft zur Zusammenarbeit, voraus;
kooperativ ist diejenige, die bereitwillig mit anderen zusammenarbeitet. Diese Situation
muss gegeben sein oder geschaffen werden, wenn kollaboratives Wissensmanagement
Fuß fassen soll. Doch genau das ist in vielen Fällen schwer, gerade, wenn über Jahre
der/die Wissensmanager*in als Dienstleiter*in eingeführt und angesehen war. Von

einem althergebrachten auf ein kollaboratives Wissensmanagement umzustellen, ist eine schwierige Aufgabe, aber sie ist möglich. Überzeugungsarbeit im Kleinen und ein uneingeschränkt unterstützendes Management sind dafür allerdings unerlässlich. Bei Neueinführungen kann es deutlich leichter sein, insbesondere, wenn die Firmenkultur vertrauensvoll und kollegial statt misstrauend und kompetitiv geprägt ist.

Wir betreten ein Feld, das später weiter ausgebreitet wird: Wissens- und Firmenkultur sind entscheidend dafür, dass kooperative und kollaborative Arbeit möglich ist. Wenn Wissensmanagement auf der „grünen Wiese" ausgebreitet werden soll, stehen die Chancen gut, mit kollaborativen Ansätzen zu starten. Auf verbrannter Erde eines vorherigen Wissensmanagements wird es schwer, aber nicht unmöglich sein – doch die vergangenen, negativen Erfahrungen in Bezug auf Wissensarbeit zu tilgen und eine echte Alternative dagegenzusetzen ist ungleich schwerer, als mit einer unvoreingenommenen Belegschaft das neue kollaborative Wissensmanagement zu entwerfen.

Der Mensch hat zwei Ohren und nur einen Mund

In einer respektvollen Firmenkultur wird es üblich sein, dass man sich gegenseitig zuhört und ausreden lässt. Wenn zwei miteinander sprechen, ist es gut, wenn die Anteile etwa ausgewogen sind: Die Hälfte zuhören, die andere Hälfte sprechen. In einer Dreierkonstellation sind es schon zwei Drittel zuhören und ein Drittel sprechen für jede Beteiligte, bei Diskussionen mit 10 Personen sollten wir zuschauen, dass unsere eigenen Beiträge nicht mehr als 10 % der Redezeit einnehmen – und die restlichen 90 % der Zeit aufmerksam zuhören.

Diese Grundlage guter zwischenmenschlicher, interkollegialer Kommunikation ist nicht ohne Grund erwähnt: Für den/die kollaborative/n Wissensmanager*in gelten sie doppelt, und es ist gerade zu Anfang essentiell, zuzuhören, nachzufragen, abermals zuzuhören – mit vorgefertigten Meinungen kommt sie/er nicht weiter, verrennt sich und wird vielleicht nie erfahren, was in Bezug auf das Firmenwissen benötigt wird. Hypothesengetrieben kann und wird die Arbeit in der Anfangszeit sein, Erfahrungswerte sollen und können nicht ausgeblendet werden. Doch was die prioritären Arbeitsfelder sind, kann nur durch Nachfragen und Zuhören herausgefunden werden – auf einer breiten Basis, nicht allein auf Einschätzung der Chefetage oder eines einzelnen zuständigen Managers.

Im glücklichen Fall ist die Firmenkultur dergestalt, dass die offene Diskussion, das kollegiale Gespräch über Rang- und Zugehörigkeitsgrenzen hinweg leicht möglich ist. Sollte es anders bestellt sein, entbindet das nicht aus der Pflicht des Zuhörens. Die Tugend, ja die Pflicht des Zuhörens machen in der Anfangsphase einen guten Teil der Arbeit des/der kollaborativen Wissensmanager*in aus. Durch fragen und nachfragen verstehen wir, ordnen wir neue Situationen ein: Das ist ohnehin spannender, als die eigene Meinung kundzutun – die kennt man ja schon…

Das muss man sich auf seiner *eigenen* Zunge zergehen lassen – schon Epiktet, der große Stoiker, hat festgestellt: „Die Natur hat dem Menschen eine Zunge gegeben und zwei Ohren, damit wir doppelt so viel von andern hören, als wir selbst reden."[7] – Es gilt heute unvermindert, dass wir und insbesondere als Wissensmanager*innen gut daran tun, lange, intensiv und mitdenkend zuzuhören, statt selbst unsere Ansichten in der Welt zu verbreiten. Zuhören, Hinhören, Reinhören, Raushören sind unerlässliche Tugenden eines ernsthaften Wissensmanagers.

Dies ist keine Meinungsschwäche: Wo immer es Punkte gibt, die dem kollaborativen Charakter der Wissensarbeit entgegenlaufen, ist es sehr wohl erlaubt, erwünscht, ja unvermeidlich, eine gegenteilige Meinung in den argumentativen Ring zu werfen. Wenn etwa der Ruf nach Autoritäten (zum Beispiel in Form von klaren Vorgaben) geäußert wird, kann die Kraft des kollaborativen Wissensmanagements genutzt werden. So wird aus „Wir haben gar keine genauen Vorgaben, keine Richtlinie von der Firma, wie das erste Projektmeeting mit dem Kunden auszusehen hat, immer wieder fangen wir von vorne an!" zu einem „Lasst uns gemeinsam darüber nachdenken, welche ersten Projekt-meetings in der Vergangenheit besonders gelungen sind – wir sammeln dieses Wissen, konsolidieren und kondensieren es und stellen dann allen eine Handreichung zur Ver-fügung." So klingt es deutlich besser. Doch verbirgt sich auch im Vorwurf eine Frage, in der Dissonanz eine Möglichkeit: Vorwurf und Dissonanz müssen allererst gehört werden, bevor sie zu Frage und Möglichkeit transformiert werden können.

Abgrenzungen, Ausprägungen

Kollaboratives Wissensmanagement trägt viele demokratische Elemente in sich, es ist geprägt vom Miteinander, auf dieses Miteinander angewiesen und entfaltet sich dort, wo es gelebt wird. Grundvoraussetzung ist, dass die Beteiligung am Wissensmanagement offen für alle ist und dass viele diese Möglichkeit nutzen, sich tatsächlich beteiligen. Damit steht es dem autoritären Wissensmanagement diametral gegenüber, bei dem der Geschäftsführer, die Chefin alleine eine Entscheidung auf dem Gebiet des Wissensmanagements trifft, die Wissensmanagerin darüber informiert wird und sie diese Entscheidung, diese Maßnahme umsetzen muss – meist gegen den Widerstand der Belegschaft.

Die Vorteile des kollaborativen, zeitgemäßen Wissensmanagements liegen auf der Hand – nicht nur im Bereich der Motivation der Belegschaft, sondern auch *in puncto* Flexibilität. Althergebrachte Wissensmanagements sind allermeist recht starre Gebilde, und zwar nach innen wie nach außen. Es gibt interne Hierarchien (einen Head of Knowledge Management und ihm zugeordnete Wissensmanager), und die Abteilung hat ein fest umrissenes Service Portfolio (etwa das Zusammenstellen von Projektreferenzen,

---

[7] So die Übersetzung von Hans Stich aus dem Jahr 1884 in: Epiktet: Fragmente, neu aufgelegt 2021 im Lulu-Verlag.

die Pflege von Dokumenten im Intranet usw.), das einmal beschlossen wurde und meist nicht mehr, jedenfalls zu selten und zu spät, angepasst wird an das, was tatsächlich im Unternehmen gebraucht wird. Diese Services werden anderen, hierarchisch meist höhergestellten Personen angeboten, die damit oft nicht zufrieden sind, selbst wenn an der Dienstleistungsmentalität und die Serviceorientierung der Wissensmanagerin nichts auszusetzen ist – allein die angebotenen und erbrachten Leistungen sind nicht oder nur zu Teilen das, was die anfragende, auftraggebende Person benötigt: Die Herr-Diener-Logik ist dem Wissensmanagement weder nach innen noch nach außen zuträglich.

Wenn hingegen mit den Mitarbeiterinnen und Mitarbeitern gemeinsam an Arbeitspaketen gearbeitet wird, kann man sich sicher sein, dass diese gerade von Relevanz sind, also gerade jetzt akut, sonst würden sie ja zurückgestellt. Das adaptive Moment des kollaborativen Wissensmanagements ist der Treiber für die Agilität, die es mit sich bringt. Da die wichtigen Themenblöcke, Arbeitspakete, Aktionsfelder nicht starr festgeschrieben sind, entwickeln Wissensmanager*in und Belegschaft ihr Wissensmanagement gemeinsam kontinuierlich weiter und sind dabei fast automatisch im richtigen Maß flexibel und agil, ohne in Hyperaktivität zu verfallen.

Mit vielen einzelnen, abgestimmten Initiativen wird ein großes Ziel verfolgt, der Verbesserung des Umgangs mit Wissen insgesamt. Das heißt aber nicht, dass dadurch, dass kollaboratives Wissensmanagement partizipativ agiert, dies in basisdemokratische Dauerdiskussionen führt, genauso wenig, wie ein *Laissez-Faire* nach dem Motto „Jede/r macht im Wissensmanagement, was er/sie will". Das Aufgabengebiet ist kein luftleerer Raum, es gibt Regeln und eine ungefähre Stoßrichtung, in die der Wissensmanager sanft leitet. Tatsächlich ist nicht jede Idee, die eingebracht wird, eine gute Idee und muss zwangsläufig verfolgt und umgesetzt werden. Auch hier bewahrt der gemeinschaftliche Ansatz davor, die falschen Ideen aufzugreifen. Erstens kann der/die Wissensmanager*in die Vorschläge vor der möglichen Umsetzung ergebnisoffen diskutieren. Zweitens muss sich eine Gruppe von mehreren Personen finden, die diesen Vorschlag unterstützt – es ist zwar möglich, aber doch unwahrscheinlich, dass gleich mehrere Personen sich bereiterklären, an einer schwachen Idee mitzuwirken, da es ihre Arbeitszeit und -kraft kostet.

Welche genaue Ausprägung das kollaborative Wissensmanagement erfährt, welche Arbeitspakete oder Felder zuerst bearbeitet werden, welche später, welche nie: Das ist sehr unterschiedlich und lässt sich kaum voraussagen. Gemeinschaftliche Wissensarbeit zeichnet sich dadurch aus, nicht nur flexibel zu sein, sondern adaptiv und in Abwägung der situativen Gegebenheiten zu agieren. Statt des starren Korsetts findet es instinktiv die richtigen Felder, wenn es um Fokussierung und Priorisierung geht – das gilt für die aktuellen, aber auch für die zukünftigen Themen. Wieder gilt als guter Indikator, ob sich aus der Belegschaft Personen bereitfinden, die nicht nur dafür plädieren („man müsste mal…", „wir bräuchten eigentlich…", „vielleicht könnte jemand demnächst…"), sondern mit anpacken.

Beispiel für Kooperation und Kollaboration im Wissensmanagement

Meine wunderbare Kollegin M., eine Französin, die in Deutschland promovierte und „hängenblieb", machte mich darauf aufmerksam, wie wichtig es wäre, eine „Expertendatenbank" zu haben. Immer wieder benötige sie bei der Arbeit Skills, die sie, die bestens Ausgebildete in ihrem Bereich, nicht hätte. „Und leider weiß ich auch nicht, wen ich ansprechen soll!" Fachliche Fragen können im Team geklärt werden, das sie kollegial leitet. Braucht sie Hilfe von einer anderen Einheit, weiß die bestens Vernetzte sofort, wen sie ansprechen kann. Aber wer kennt sich im Unternehmen mit der speziellen Programmiersprache aus, die der Auftraggeber verlangt?

Solcherlei Hinweise betreffen den Arbeitsalltag von vielen und sind somit entscheidend. Doch meist werden sie nicht benannt – starke Personen wie M. können das ausdrücken und den Mangel formulieren. Jetzt kann der Wissensmanager tätig werden, denn das ist ja ein Thema, das ganz und gar im (kollaborativen) Wissensmanagement liegt! Wer weiß was? Wer kennt sich aus? Wer kann M. helfen? Und wenn M. das fragt, darf ich davon ausgehen, dass dieselbe Frage sich fünf weitere Personen im Unternehmen stellen. Einmal geht es um die schnelle Hilfe, doch damit diese nicht verpufft und ein paar Wochen dieselbe Frage aufkommt und abermals nach der Antwort gesucht wird, muss die gefundene Antwort in etabliertes Wissen transformiert werden. Diejenigen, die die Kompetenz in dieser speziellen Programmiersprache besitzen, werden in der Skills Database benannt, dadurch als Experten sichtbar und bekannt! Und diejenigen, die sie brauchen, werden dankbar sein und ihrerseits ihren Beitrag leisten, wenn ihre Skills gefordert sind. Eine klassische Win–win-Situation.

Es ist klar, dass neben ein paar anderen Personen auch M. mich beim Aufbau der *Experts, Competencies and Skills Database* unterstützte, sie mir aus ihrem Team Personen nannte, die dort aufgenommen werden sollten, und eine wichtige Multiplikatorin im Senior Management wurde. Dies ist ein gelungenes Beispiel von „Employee Engagement", vom Einbinden ins Wissensmanagement, indem man zunächst einer Kollegin hilft, damit aber noch vielen anderen hilft, und diese Hilfe selbst auf die schönste Art nun dauerhafte Unterstützung von 60 gelisteten Kolleg*innen erfährt, die ihrerseits ihre Fähigkeiten zur Experten-Datenbank beisteuern.

Gegenbeispiel: Brachiale Software-Einführung bei einem großen Unternehmen

In einem recht großen Unternehmen wurde für eine bestimmte Abteilung eine neue Software eingeführt, die zur weiteren Standardisierung von Prozessen dienen sollte. Durchaus ein sinnvoller Gedanke, dem die Belegschaft inklusive des mittleren Managements sicher nicht abgeneigt gewesen wäre – wären die Mitarbeiterinnen und Mitarbeiter gefragt worden. Die Einführung über die Köpfe der Belegschaft hinweg, die maßgeblich vom Wissensmanagement durchgeführt wurde, geriet zum Kraftakt, und als endlich alles technisch geregelt war – fand die Anwendung wenig Anklang. Schulungen wurden schlecht besucht, die Software kaum genutzt, und seitens des Managements, das die wichtigsten Ressourcen, viel Geld und noch mehr Zeit, investiert hatte, war frustriert angesichts einer renitenten und undankbaren Belegschaft, die das neue Spielzeug einfach ignorierte. Wenigstens eine Bedarfsanalyse bei der Belegschaft zu Beginn und das Einbinden einiger wichtiger Köpfe sowie die regelmäßige Kommunikation über den Fortschritt gegenüber den Mitarbeitenden hätte erfolgen müssen. So hatte ein hoher Manager eine einsame Idee und wollte damit das ganze Team von über hundert Personen beglücken. Das mag vielleicht mit Präsentkörben beim Firmenfest funktionieren – in Wissensfragen sollte man den kollaborativen Ansatz wählen, will man erfolgreich sein.

Formell/Informell

Egal, wie neu das Thema Wissensmanagement für viele Mitarbeitenden im Unternehmen ist, wenn Sie als erster Wissensmanager eingeführt werden: Informelles Wissensmanagement hat es seit dem ersten Tag der Firmengründung gegeben. Personen haben miteinander gesprochen, haben sich auf eine Ablagestruktur geeinigt, dort gemeinsame Dokumente geteilt oder archiviert – und diese im besten Fall zuvor nach einer vereinbarten *file naming convention* benannt –, haben sich über Erfolge und Misserfolge in Projekten ausgetauscht, schwierige Situationen mit dem Kunden oder mit Partnern untereinander besprochen und gemeinsam günstige Lösungen gefunden.

Vieles davon kann man als *informelles Wissensmanagement* bezeichnen. Denn in wissensbasierten Firmen ist es entscheidend, effizient mit der wichtigsten Ressource des Unternehmens umzugehen – und dazu, dies muss man ehrlich konstatieren, braucht es zumindest zu Beginn und bei kleinen Firmen noch keine/n eigens beauftragte/n Wissensmanager*in. Erst, wenn das Unternehmen eine gewisse Größe erreicht hat – genaue Zahlen sind schwer zu nennen, man kann von 120 bis 150 Personen ausgehen –, muss im Zuge einer Professionalisierung ein Wissensmanager engagiert werden, der das übernimmt, was zuvor quasi „von alleine" funktionierte. Dabei geht es nicht um eine Wiederherstellung des glücklichen, von Mitarbeiterinnen und Mitarbeitern der ersten Stunde oft als paradiesisch verklärten Zustandes, als noch alle Mitarbeiter gemeinsam am Büroküchentisch saßen und sich austauschten. Dieser Zustand, in dem Wissensmanagement gar nicht thematisiert werden musste, in dem es stattdessen einfach nebenbei und oft nicht einmal bewusst betrieben wurde, ist allerdings nicht mehr zu erreichen. Diese zunächst bitter erscheinende Wahrheit müssen alle Start-up-Romantiker und Firmen-Nostalgiker schlucken. Wenn die Arbeit der Wissensmanagerin gut – und ich meine vor allem *kollaborativ* – geplant und mutig angegangen und umgesetzt wird, erreicht das Unternehmen im besten Fall diesen Wissensaustausch, diese Wissensflüsse wieder, und zwar mit professionellen Mitteln. *Wenn dies gelingt, ist aus der vormals unreflektierten Wissensweitergabe, -speicherung, und -akkumulation ein bewusster Beitrag zur Wissenskultur des Unternehmens entstanden.* Dies ist der aufklärerische Kern des kollaborativen Wissensmanagements. Eine vormals kaum beachtete, aber doch geleistete Arbeit, die Arbeit am Wissen, wird bewusst, wird in ihrer Bedeutung erkannt und wird nun den der Unternehmensgröße adäquaten Strukturen und Abläufen versehen, damit die Wissensarbeit weiterhin bewältigt werden kann.

Wissensmanager müssen wachsam sein und verstehen, wie und wo Wissen im Unternehmen geteilt wird, was die Mitarbeitenden daran schätzen, was als schwierig, aufwendig, lästig empfunden wird. Sie sollten die manchmal verschlungenen Bahnen von Wissensflüssen nachzeichnen – wo entsteht Wissen, wohin wird es getragen, wer profitiert davon – und auch: wer nicht. *Entscheidend ist es, und es fällt einem/r von der Sache überzeugten Wissensmanager schwer, nicht direkt einzugreifen!* Stattdessen muss nachgefragt werden, und gerade in den ersten Monaten des neuen Wissensmanagers oder der neuen Wissensmanagerin ist es wichtig zu verstehen, warum es so ist, wie es ist. Warum ein bestimmter Kollege, eine bestimmte Kollegin von Wissensflüssen abgeschnitten ist, warum Dokumente mehrfach abgelegt werden, warum viele andere Dinge, die Ihnen merkwürdig vorkommen, so gehandhabt werden. Oft gibt es Gründe, die von den Kolleginnen und Kollegen, die schon länger im Unternehmen sind, benannt werden können. Es ist ratsam, die Ungereimtheiten zu notieren, denn diese werden später noch wichtig werden.

Noch einmal die Warnung, vorschnell zu handeln: *Auf keinen Fall dürfen die bestehenden informellen Wissensmanagement-Strukturen verändert werden, wenn nicht sicher ist, dass mit deutlich besseren Lösungen aufgewartet werden kann, die von einer breiten Mehrheit als solche empfunden und getragen werden!* Gerade zu Beginn hört der neue Wissensmanager oft: „Das haben wir schon immer so gemacht", „das wurde vor 10 Jahren so beschlossen", „es ist nicht perfekt, aber es hat sich bewährt". Das muss ernst genommen werden, denn nichts wäre in den ersten Wochen und Monaten fataler, als bewährte Wissensflüsse zu kappen und brachial andere einzuführen, die auf Widerstände stoßen und letztlich scheitern. *Wissensmanagement – kollaboratives Wissensmanagement – kann nicht für, sondern stets nur mit den Mitarbeiterinnen und Mitarbeitern gelingen.* Daher hat der/die kollaborative Wissensmanager*in die Pflicht, die von der Belegschaft gefundenen Lösungen zu respektieren und als wichtige Indikatoren dafür zu nehmen, welche Aspekte des Wissensmanagements den Kolleginnen und Kollegen so wichtig sind, dass sie Zeit und Kraft investieren, diese Lösungen aufrecht zu erhalten, auch wenn sie nicht die optimalen sind. – Für Veränderungen und Verbesserungen bleibt später noch reichlich Zeit.

Informelles Wissensmanagement in nuce…
Wenn Sie das Wissensmanagement „auf der grünen Wiese" planen, stehen Ihnen alle Möglichkeiten offen – auch die, grandios zu scheitern. Bedenken Sie: Die Wiese ist gar nicht so grün, wie sie Ihnen erscheint, wie das Management sie wahr-

VERNETZUNG-ZENTRAL und DEZENTRAL

nimmt. Denn es gibt bereits ein informelles Wissensmanagement, es gibt unterm grünen Gras bereits Strukturen, die Sie nicht vernachlässigen dürfen.

Wissensmanagement gibt es immer schon, auch längst, bevor Sie als erster Wissensmanager in die Firma eingeführt werden – es wird nur nicht so genannt.

Daher ist es wichtig, den existierenden Wissensflüssen zu folgen, und zwar in beide Richtungen – zurück bis an die Quelle, aber auch bis dorthin, wo dieses Wissen genutzt wird. Die Wissensflüsse sind mannigfaltig. Es ist wichtig, die Strukturen zu verstehen: Wo wird welche Art von Wissen akkumuliert, wo führt es zu Verklumpungen, wo ist es in Silos gelagert und wo ist es derart versteckt, dass es erst wieder gehoben und veredelt werden muss, um es fruchtbar zu machen?

Entscheidend ist zunächst die reine Beobachtung, später die Adaption und Modifikation des Vorhandenen. Niemals aber dürfen *Rethink, Scale-Up, Leverage* mit der Brechstange vorgefertigter Lösungsmuster angegangen werden: Wissensflüsse ebenso wie Wissensstrukturen sind filigran und können leicht zerstört werden.

Zentral/Dezentral

Wenn Strukturen bereits bestehen, wenn Wissen fließt, wenn es an bestimmten Stellen gebündelt auftritt oder abgelegt wird, heißt das nichts anderes, als dass es bereits Personen im Unternehmen gab und gibt, die diese Strukturen aufgebaut haben, die für die Zirkulation von Wissen sorgen, sich um das Sammeln von Wissen kümmern. Wenn nun eine Wissensmanagerin ins Unternehmen eingeführt wird, ist es möglicherweise die

Ambition, alle mit Wissen verbundenen Themen der dafür berufenen Expertin auf den Tisch, sämtliche Wissensarbeit in die Hände der Wissensmanagerin zu legen.

Diese Ambition kann von drei Seiten aus entstehen: Entweder von dem Teil der Belegschaft, der sich bisher – nur durch persönlichen Einsatz und sogar mit Überstunden – um die Thematik(en) gekümmert hat und nun froh ist, die Aufgabe(n) abzugeben oder vom Management, das sich und die Belegschaft entlasten will. Schließlich vom Wissensmanager selbst, der seine Rolle mit Verve angeht. In allen drei Fällen ist dies eine *Überambition,* eine Aufgabe, die nicht zu bewältigen wäre, die nicht gelingen kann – aber, das ist die positive Wendung, auch nicht gelingen muss.

Nicht alles muss über den Wissensmanagement-Tisch laufen, was mit firmeninternem Wissen zu tun hat! Das wäre ein Irrsinn, und es wäre auf Dauer sogar schädigend, weil es impliziert, dass Wissen in einer einzigen Hand liegt, wo es doch unbedingt in vielen Köpfen verteilt sein und mit vielen Händen bearbeitet werden muss. Es ist gut, wenn der Wissensmanager gefragt wird, wenn es kleine Initiativen (zum Beispiel einzelner Gruppen) gibt, die sich eine kleine Bibliothek oder Know-how oder eine Beispielsammlung für ihr Spezialgebiet aufbauen. Es ist sinnvoll, wenn die Wissensmanagerin nach Positiv-Beispielen oder einfach um Rat gefragt wird, wenn es um Ablagestrukturen oder geeignete Kommunikationskanäle für bestimmtes Wissen geht. Er/sie kann die Rolle des/der Berater*in und Expert*in einnehmen und mögliche Synergien von parallelen Bemühungen, die sonst nicht bekannt würden, als zentrale/r Ansprechpartner*in aufdecken.

Was hingegen nicht passieren darf ist, dass der/die Wissensmanager*in für alle Einzelinitiativen alleinverantwortlich ist oder sogar aus einem gewissen Kontrollbedürfnis heraus verantwortlich sein möchte. Abgesehen davon, dass dies einfach nicht zu leisten ist, würde es in eine falsche Richtung weisen: Denn kollaboratives Wissensmanagement wird stets *mit* der Belegschaft praktiziert. Eine solche Vorgehensweise würde zudem einen weiteren vielzitierten „Flaschenhals" produzieren, der gerade in Wissensfragen dringend vermieden werden muss.

Beispiel

Ein Fall aus meiner Praxis und Anfangszeit in einem zentralisierten und institutionalisierten Wissensmanagement ist mir lebhaft in Erinnerung geblieben: Als ein junger, ambitionierter Berater den Vorschlag machte, innerhalb der Gruppe, in der er aktiv war, selbst Aufgaben des Wissensmanagements zu koordinieren, und als Vermittler zwischen seiner Gruppe und dem „offiziellen" Wissensmanagement den Austausch zu fördern, bekam der damalige Leiter der Knowledge Management-Abteilung geradezu existenzielle Ängste. Wenn dies Schule machen würde, würde vielleicht mittelfristig das institutionelle Wissensmanagement abgeschafft werden, jedenfalls hätte er mit weniger Personal zu rechnen, was einem Machtverlust gleichkäme. Dass sich eine Gruppe von Personen aus ihrem Kreis einen Kollegen sucht, der das Thema

Wissensmanagement vorantreibt, das musste mit allen Mitteln unterbunden werden! Hier zeigen sich die Absurditäten und falschen Pfade, auf die das Wissensmanagement geraten kann, wenn es nicht kollaborativ ausgerichtet ist. Was in dem einen Setting Ängste auslöst, ist im anderen wohl gelitten: Heute ermutige ich die einzelnen inhaltlich arbeitenden Gruppen, eine oder zwei Personen zu nennen, die mich als Ohr und Sprachrohr verstärkend unterstützen. Ihnen gebe ich wöchentlich „Knowledge Management Updates", und sie können einschätzen, ob das für ihre Kolleginnen und Kollegen relevant ist – so kommen meine für die jeweiligen Gruppen wichtigen Informationen an, die anderen werden vorab herausgefiltert und sind dennoch – nun bei den mich unterstützenden Personen – in den Teams schnell abrufbar. ◄

Zusammengefasst: Zentrales und dezentrales Wissensmanagement haben beide ihre Berechtigung, und sie können gut nebeneinander existieren, ja sogar symbiotisch interagieren. Während das zentrale Wissensmanagement das „große Ganze" ins Auge fasst, Tipps und Tricks für die dezentral geleistete Wissensarbeit bereithält und der erste Anlaufpunkt ist, wenn eine Kollegin, ein Kollege nicht weiter weiß, ist das dezentrale Wissensmanagement in der Lage, in ganz spezifische Kontexten passgenaue Lösungen zu finden. Es gibt auch kein Gefälle, beide profitieren voneinander: Die zentralen Tipps werden mit dezentralen Fragestellungen, Lösungen und Praktiken zurückgezahlt, die das Potenzial haben, in anderen Unternehmensteilen etabliert zu werden.

Wissensmanagement kann auch selbst dem kollaborativen Ansatz vertrauen: Ziel ist nicht, alles zu wissen, sondern ein starkes Netzwerk zu etablieren. Netzwerke mögen ab und an Mittelpunkte haben, meist aber haben sie vielgestaltige Knotenpunkte. Netzwerke sind dezentral, und das gilt auch und sogar insbesondere für die Netzwerke des Wissens. Wissensflüsse dürfen am Wissensmanagement vorbeimäandern. Der/die Wissensmanager*in muss nicht alles wissen, sondern dafür sorgen, dass es ein stabiles Wissensnetzwerk gibt, muss dafür sorgen, dass dieses Netzwerk gepflegt und weiter ausgebaut wird. Der Wissensmanager ist in dieser Weise Förderer und Teil des Netzwerks zugleich.

Das Netzwerk

Das Wissensnetzwerk ist essenziell für das kollaborative Wissensmanagement, und die neue Wissensmanagerin tut gut daran, sich mit den existierenden Strukturen vertraut zu machen. Im Netzwerk gibt es gewisse Knotenpunkte, an denen sich Wissen sammelt. Das können Personengruppen sein, etwa Communities of Experts, es können aber auch einzelne Personen sein, die als Wissensträger meist bekannt sind. Diese Personen oder Personengruppen lassen andere an ihrem Wissen teilhaben und bilden so wichtige Referenzpunkte. Langjährige Mitarbeitende sind in dieser Weise gefragte Gesprächspartner*innen, meist aber auch zeitlich ausgelastet. Selbst, wenn sie kollegial und bereitwillig Auskunft geben möchten, haben sie doch keine oder nur sehr wenig Zeit dafür.

Das kann ein erster Ansatz für die Wissensmanagerin sein. Ist das Know-how des Wissensträgers tatsächlich so spezifisch, dass es jedes Mal aufs Neue und individuell weitergegeben werden muss, oder lassen sich zumindest Teile davon nicht externalisieren (allermeist: verschriftlichen) und für alle einsehbar ablegen, sodass der Wissensträger dauerhaft entlastet wird? Wenn ein wichtiger Akteur im Netzwerk ständig Anfragen erhält, diese aber aus Zeitgründen nicht beantworten kann, ist das Wissensmanagement gefragt und sollte passende Unterstützungsangebote unterbreiten – etwa beim Erstellen eines Memos helfen oder bei der Aufzeichnung einer Schulung, auf die die Wissensträgerin verweisen, also sich selbst zeitlich entlasten und doch den Informationsfluss sicherstellen kann.

Das Netzwerk ist nicht statisch. Es verändert sich ständig, so wie sich die Firma stets wandelt: Neue Kolleg*innen (und damit: neue Wissensträger*innen) kommen hinzu, andere verlassen das Unternehmen, Expertisen werden verstärkt oder gehen verloren. Wissensmanager*innen haben die Aufgabe, das teils sichtbare, teils unsichtbare Netzwerk zu verstehen, es zumindest in seinen groben Strukturen neuen Kolleg*innen darlegen zu können und diese, wie die gesamte Belegschaft generell, zu ermutigen, am Wissensnetzwerk aktiv zu partizipieren – also selbst Wissen beizutragen. Als Teil des Netzwerks, nicht nur als Förderer, können Wissensmanager*innen mit gutem Beispiel vorangehen und selbst aktiv beitragen.

Ein gutes Wissensnetzwerk ist eine Absicherung für ein Unternehmen und seine Mitarbeitenden. Mitarbeiter*innen können sich darauf verlassen, dass ihnen geholfen wird, wenn sie Rat suchen; dass dies auch möglich ist, wenn der wichtigste Akteur fehlt, stellt das Netzwerk selbst sicher – niemand will der ausgewiesenen Expertin zu nahe treten, doch kommt die Firma auch mal ohne sie aus, wenn sie gerade nicht erreichbar ist, weil sie bereits mit anderen Kolleginnen und Kollegen ihr Wissen geteilt und die wichtigsten Dokumente an einem firmenöffentlich zugänglichen Ort gespeichert hat.

Dabei kann das Netzwerk formal ausgeprägt sein, aber auch das Informelle kann wichtiger Bestandteil des Netzwerks sein. Wissensmanager tun gut daran, beides zu fördern.

Eine formale Ausprägung wäre etwa eine Kompetenz- oder Experten-Datenbank, in der sich Know-how-Träger*innen zu erkennen geben und in der Fähigkeiten und Kompetenzen wie Methodenkenntnisse, Sprach- oder Software-Skills aufgeführt werden. Die informellen Ausprägungen sind der „Flurfunk", die gemeinsamen Kaffee- oder Mittagspausen, bei denen, idealerweise über hierarchische und Teamgrenzen hinweg, Information ausgetauscht wird. Beide Formen müssen gepflegt werden! Während der Aufbau und insbesondere die Pflege dem/der Wissensmanager*in obliegt, ist es Aufgabe aller (also der gesamten Belegschaft einschließlich dem Management und dem Wissensmanager), den Austausch untereinander zu fördern und so für eine gelebte positive Wissens- und Firmenkultur zu sorgen – Themen, auf die ich später noch gesondert eingehen werde.

Heute ist das Netzwerken von überall aus möglich. Die räumlichen Distanzen sind durch eine weitgehende Digitalisierung und durch die massive Verlagerung von

Meetings in den virtuellen Raum deutlich geringer geworden. Das ist unter partizipativen Gesichtspunkten durchaus positiv. Mitarbeitende, die nicht im Haupt-, sondern im Nebengebäude, gerade eben oder dauerhaft im Ausland oder im Home Office arbeiten, sind gleichberechtigter, vollwertiger Teil des Kollektivs und haben dieselben Möglichkeiten, an Wissensflüssen teilzuhaben, selbst Inputs zu geben oder vom Wissen der Kolleg*innen zu profitieren. Das gilt zumindest für den formalen Teil, wenn sie etwa an einer virtuellen internen Schulung teilnehmen oder die von IT und Wissensmanagement zur Verfügung gestellten Ablagestrukturen, File Server und Intranet, nutzen. Schwieriger ist die Partizipation am informellen Netzwerk. Selbstredend steht es einer/m jeden frei, den Telefonhörer in die Hand zu nehmen und „einfach so" einen Kollegen, eine Kollegin anzurufen oder die Video-Chat-Funktion zu nutzen; doch zeigt sich in der Praxis, dass dieser Teil an räumlicher Distanz leidet. Eine herausfordernde Aufgabe für viele Unternehmen wird es sein, diese für die Firmenkultur und den inneren Zusammenhalt wichtigen informellen Elemente des guten Netzwerkes aufrecht zu erhalten in einer Arbeitswelt, die sich, teils erzwungenermaßen, stark gewandelt hat und sich nicht einfach wieder zurückdrehen lassen wird (Stichwort: *Home Office*).

Die zeitliche Dimension

Kollaboratives Wissensmanagement hat einen Vorteil, der nicht zu unterschätzen ist gegenüber anderen Vorhaben und Bestrebungen in der Wissensarbeit: Alle Aktionen, alle Initiativen, alle Arbeitspakete sind von vornherein im Einklang mit der Geschwindigkeit des Unternehmens. Selbst gut gedachtes Wissensmanagement, wenn es nicht kollaborativ gestaltet ist, kommt bei der zeitlichen Dimension an die Grenzen der Abwägbarkeit: Passt die Einführung einer Neuerung oder Verbesserung jetzt, oder passt sie nicht? Oft liegt man falsch, führt eine Initiative zur Unzeit durch, wenn man die Basis nicht einbezieht.

Kollaboratives Wissensmanagement ist von Anfang an mit dem Unternehmen synchronisiert, da ja erstens die Arbeitspakete gemeinsam priorisiert werden, aber auch die Geschwindigkeit der Umsetzung sich an den Kapazitäten ausrichtet, die denjenigen zur Verfügung stehen, die bei der Umsetzung mitarbeiten.

Fall 1: Das Projekt läuft im Zeitplan
Bei einer Gruppe von 5 bis 10 Personen, die im Kernteam mitarbeiten, werden nie immer alle Zeit haben: Hier kommt ein wichtiger interner Termin dazwischen, dort ein spontaner zusätzlicher Arbeitsauftrag eines Klienten. In diesen Fällen ist es unproblematisch, am verabredeten Zeitplan festzuhalten. Wenn eine oder zwei Personen keine Zeit haben, dann machen Sie mit den anderen weiter, teilen aber das Protokoll und informieren über die nächsten Schritte, laden selbstredend wieder den gesamten Kreis zum nächsten Treffen ein, damit die kurzfristig verhinderte Person wieder dazustoßen

kann. Wichtig ist, dass der/die Kolleg*in dem Thema gewogen bleibt, dass sie/er später die Sache vertritt.

Fall 2: Das Projekt ist „on hold"
Es kann geschehen, dass vom Wissensmanager Projekte geplant und angestoßen werden, die ins Stocken geraten. Anders als bei üblichen Umsetzungen kann sich der Wissensmanager bei Projekten des kollaborativen Wissensmanagements sicher sein, dass es ein Verständnis dafür gibt, dass das Arbeitspaket für eine Zeit nicht weiterbearbeitet wird. Zwar ist der Wissensmanager der Treiber, Koordinator des Projektes, doch da es breit geschultert wird und viele Kolleg*innen mitmachen, wird es nur auf Eis gelegt, wenn mehr als die Hälfte der Gruppe aus terminlichen oder kapazitären Gründen keine Möglichkeit sieht, produktiv beizutragen. In diesem Fall sucht niemand die Schuld beim Wissensmanager. Vielmehr kann dieser dem Sponsor in der Geschäftsführung die Situation berichten, und gemeinsam überlegt man, welche anderen laufenden Arbeitspakete stattdessen intensiviert oder welche erst anzustoßenden Projekte stattdessen in Angriff genommen werden sollen.

Wichtig ist in diesem Fall einzig eine besonders gute Dokumentation des bereits Erreichten, damit daran einige Monate später angeknüpft werden kann. Sicher haben sich in dieser Zeit einige Parameter geändert, die es zu berücksichtigen gilt, doch die können schon im Vorfeld des erneuten Kick-Offs, des Meetings zur Wiederaufnahme des Arbeitspakets, eruiert und im Meeting selbst vorgestellt, ergänzt, diskutiert werden.

Fall 3: Das Projekt wird immer wieder verschoben
Es gibt Projekte, die alle für sinnvoll erachten – und die doch nie starten: „Man müsste eigentlich mal…", „seit Jahren schieben wir das Thema…", „langsam wird es echt Zeit, dass wir endlich…". So oder ähnlich beginnen die Sätze, wenn es um Projekte dieser Art geht. Sollte eine Wissensmanagerin solche (zukünftigen) Projekte erben, sollten sie an sie herangetragen werden, gilt es aufmerksam zu analysieren, worin die bisherigen Hindernisse (meist sind es mehrere) bestanden. Wenn es „nur" der falsche Ansatz war, der das Projekt nie starten ließ, hat eine Wissensmanagerin mit der kollaborativen Herangehensweise höchstwahrscheinlich sehr viel mehr Fortüne. Ist das lange geplante Projekt zu komplex, so muss es in Teilschritte und Teilprojekte zerlegt werden, die einzeln zu bewältigen sind. Wenn weder der Ansatz noch die Komplexität die Gründe sind, warum es auf dem Gebiet keinen Fortschritt gibt, so muss ehrlich gefragt werden, ob es die Priorität besitzt, die ihm zugeschrieben wird. Auf diese ehrliche Frage ist eine ehrliche Antwort zu erwarten – und das kollaborative Wissensmanagement gibt genau die Möglichkeit, an dieser Stelle auszuloten: Ist das Arbeitspaket eher ein Wunsch des Managements, das (bisher) wenig Priorität in der Belegschaft hat, oder ist es genau anders herum und es gibt unter den Kolleginnen und Kolleginnen einen Bedarf, der vom Management noch nicht hinreichend erkannt wurde? Auch andere Konstellationen sind denkbar, beispielsweise, dass die Veränderung wirklich fundamental wäre, und dann reicht es nicht, dass eine Hälfte dafür ist, die andere jedoch opponiert.

Bevor wir die Grundlagen des kollaborativen Wissensmanagements abschließen, ist es nun angebracht, auf die Schwierigkeiten zu schauen, auf die es in der Praxis stößt. Es müssen bestimmte Rahmenbedingungen gegeben sein, die teils organisatorischer, teils struktureller Art sind, die teils aber auch im Individuellen und Persönlichen liegen. Manches lässt sich von Wissensmanagern beeinflussen, aber, das muss offen konstatiert werden, längst nicht alles. Daraus zu schließen, den vielversprechenden Ansatz des kollaborativen Wissensmanagements nicht zu verfolgen, wäre allerdings ein Kurzschluss. Wo Hindernisse ausgeräumt werden können, wird im folgenden Kapitel benannt.

Grenzen der Kollaboration

Grenzen der Selbstorganisation

Ein erfolgreiches Unternehmen wird Opfer seines eigenen Erfolgs: Es wächst, wird weniger agil, wandelt sich vom „Schnellboot zum Tanker", muss sich professionalisieren und ab einem bestimmten Punkt auch das *Wissen* – durchaus der Kern vieler erfolgreicher Unternehmen – „irgendwie" *managen*. Viele Kolleg*innen, die die Anfangsjahre der Firma miterlebt haben, werden sich gegen den Gedanken wehren: „Wir können das doch alleine, früher haben wir das auch hinbekommen, wisst Ihr noch, damals, als wir zu acht um den Firmentisch saßen und diese geniale Idee ausbrüteten…" Firmennostalgiker wünschen sich den Urzustand wieder, den es nicht mehr zu erreichen gibt: Die Pforte zum (Wissens-)Paradies hält ein Cherub versperrt, zurück geht der Weg nimmer. Aber durch die Hintertür des Paradieses können wir vielleicht wieder eintreten. Gegen die Nostalgiker und Romantiker muss sich das kollaborative Wissensmanagement verwehren, auch wenn es die finalen Ziele teilt. Der Weg dorthin ist niemals rückwärtsgewandt, sondern aufklärerisch bestimmt und nur möglich, wenn der angestrebte Zustand der uneingeschränkten Wissensflüsse auf professionelle Weise erreicht oder zumindest angestrebt wird.

Alternative Führungsmodelle: Holacracy und Shared Leadership

Heute werden Firmen neu gedacht, wenn es um Führung und Partizipation geht. Verschiedene Ansätze machen die Runde, und radikaldemokratische, basisdemokratische, kompetenzgesteuerte, antihierarchische Überlegungen sind wert, gedacht zu werden – umgesetzt werden sie in der Regel selten. Doch auch dort, in diesen von außen gesehen exotischen Nischen, hat Wissensmanagement seinen Anspruch – allerdings nicht als Instanz. Bei Holacracy und Shared Leadership wird die Wissensarbeit kaum thematisiert, und wo doch, als Gemeinschaftsarbeit gesehen. Fraglich bleibt, ob sie wirklich *als Arbeit* begriffen wird, denn viele Aspekte in diesen Ansätzen sind sozial-utopisch und nostalgisch zugleich. In Bezug auf das Wissensmanagement sind wir skeptisch, dass wenig reflektiertes Handeln (also Wissen weiterzugeben, zu teilen, zu sammeln, zu lagern, für seine neue Anwendung zu sorgen etc., ohne es weiter zu thematisieren) ohne professionelle Einwirkung eine bewusste Stufe erreichen kann, denn das ist der Anspruch des kollaborativen Wissensmanagements.

Die Literatur dazu ebenso wie die Berichte zum Thema sind mager, und es bleibt abzuwarten, ob es den neuen Führungs- und Management-Ansätzen, die durchaus mit einem starken theoretischen wie praktisch verändernden Anspruch antreten, gelingt, das Wissensmanagement als kollektive Arbeit zu integrieren. Die hypermodernen Konzepte reizen und sind verheißungsvoll – wir sind gespannt, wie sie sich in Bezug auf die Wissensarbeit entwickeln.

Wenn (einzelne) Mitarbeiter*innen nicht kollaborieren wollen

Begründete und unbegründete Verweigerung

Es wird sie immer geben: Mitarbeiter*innen, die nicht an die Idee des kollaborativen Wissensmanagements glauben, die ihr Wissen nicht teilen wollen, die nicht teilhaben wollen an dem, was andere Kolleg*innen anbieten. Die Ausprägungen können ganz unterschiedlich sein: von der einfachen Ignoranz über Vermeidungsstrategien (keine Zeit, keine Lust) hin zu aktiver Verweigerung und dem Bemühen, exklusives Wissen für sich zu behalten, Herrschaftswissen zu horten.

In diesem Fall ist es die Aufgabe der Wissensmanagerin, das Gespräch zu suchen, die Hintergründe zu erfragen: Gibt es negative Vorerfahrungen, wurde in der Vergangenheit geteiltes Wissen schlecht eingesetzt, betrifft die Weigerung, bestimmte Dokumente zu teilen, deren Vertraulichkeitsstatus? Die Gründe können mannigfaltig sein, und manchmal liegen sie in der Persönlichkeitsstruktur. Dann ist kaum etwas auszurichten, bei vielen anderen Gründen können Sie zumindest versuchen, diese als Scheingründe zu enttarnen und zu entkräften. Falls jemand Sorge hat, überflüssig zu werden, wenn er sein Wissen mit anderen teilt, erklären Sie ihm/ihr, dass Wissen teilen noch niemandem geschadet hat, sondern stets genutzt: Es ist die Grundlage dafür, als Expert*in angesehen zu werden. Besteht die Sorge, dass bestimmte vertrauliche Informationen in einem Dokument in falsche Hände gelangen können, besprechen Sie die Möglichkeit, das Dokument um die entsprechenden Passagen zu bereinigen und es erst danach firmen-intern zur Verfügung zu stellen. Die meisten Bedenken, die zur aktiven oder passiven Weigerung führen, am kollaborativen Wissensmanagement teilzunehmen, lassen sich ausräumen.

Doch bleibt es dabei: Wenn es emotional getriggerte Gründe wie Frustration, Neid, Argwohn sind, wenn ein/e Kolleg*in einfach bei allem übervorsichtig oder ängstlich oder sorgenvoll ist – agiert, werden Sie sie/ihn nicht ändern – und das müssen Sie auch nicht. Denn Sie sind nicht als Psychiaterin angetreten, sondern als Wissensmanagerin. Kollaboratives Wissensmanagement hat die Ambition, die Wissensarbeit mit einem großen Teil der Belegschaft zu bewerkstelligen und voranzutreiben. Versuchen Sie nicht, auch noch den letzten Kollegen zu überzeugen, sondern verwenden Sie Ihre Energie lieber für wichtigere Dinge.

Der Klassiker: Konkurrenz

Konkurrenzbehaftetes Denken und Handeln hält in vielen Unternehmen größere Teile der Belegschaft davon ab, ihr Wissen, ihr Know-how zu teilen – zumindest in einem größeren oder großen Kreis, wenn es um Konkurrenz zwischen einzelnen Unternehmenseinheiten geht. Wenn es innerhalb des Teams allerdings kompetitiv und argwöhnisch zugeht, auch im kleinen und kleinsten Umfeld, dann wird ein/e Mitarbeiter*in ihrem/seinem direkten Kolleg*in wichtige Informationen vorenthalten, selbst um den Preis des Schadens für die gesamte Abteilung und damit für ihn/sie selbst. Der Grund hierfür liegt meist in einer schlechten Firmenkultur und/oder einem schlechten Führungsstil innerhalb des Teams. In diesen Fällen kann das Wissensmanagement meist wenig, manchmal gar nichts ausrichten.

Wenn aber die Firmenkultur und der Leiter einer bestimmten Abteilung ein kollaboratives Wissensmanagement grundsätzlich zulassen, besteht prinzipiell die Möglichkeit, diejenigen zu überzeugen, die aus Ehrgeiz und Aufstiegswillen zur Wissensarbeit nicht beitragen, sondern nur davon profitieren wollen. Hier kann das vielfach in der Tat belegte Argument helfen, dass eine Expertenrolle und die Anerkennung der Expertise eines Einzelnen nur dann beruflich förderlich sind, wenn sie allgemein bekannt ist, wenn Kolleginnen und Kollegen, die Vorgesetzten, das Management und Top-Management vom Expertentum wissen – und ab und zu darauf zurückgreifen können.

Die Gegenbeispiele sind mannigfaltig: Einzelkämpfertum versagt grundsätzlich schon kurz-, spätestens aber mittelfristig, hat noch niemandem etwas langfristig gebracht – auch und erst recht nicht dem Unternehmen, da das Miteinander, die Stimmung im Team darunter leidet. Darum muss es guten Vorgesetzten ein Dorn im Auge sein, wenn ihre Mitarbeiter*innen auf Kosten der eigenen Einheit in Wissensfragen negativ agieren, und sie müssen alles tun, um dies zu unterbinden. Am besten, indem sie selbst ihrer Vorbildfunktion nachkommen und ihr Wissen bereitwillig teilen und für eine gute Atmosphäre im Team sorgen. Es ist gut, Kolleginnen und Kollegen im Team zu haben, die sich durch besondere Kenntnisse und Fähigkeiten hervortun – allein bleibt es die Frage, ob diese Fähigkeiten und Kenntnisse zum Wohl des Teams oder des Unternehmens genutzt werden oder für kompetitive Ränkespiele. Aufgabe aller sollte es sein, die in der Belegschaft vorhandenen Skills bestmöglich und zum Wohle aller einzusetzen. Denn firmenintern ist Konkurrenz um Wissen eine Zumutung.

„Ansagen von oben"

Es gibt Situationen, in denen das Management, das stets die Interessen des gesamten Unternehmens im Auge haben sollte, Entscheidungen, die sich auf die gesamte Belegschaft auswirken, alleine trifft. Das ist das Recht und manchmal sogar die Pflicht der Geschäftsführung. Doch sollte sich das Management bewusst sein, dass solche Entscheidungen nur in gut begründeten – und somit allen Mitarbeiter*innen gut zu erklärenden – Ausnahmen getroffen werden sollten. In der Regel wird sich das Top-Management beim Mittelmanagement versichern, ob es eine anstehende Entscheidung mitträgt oder nicht, je nach Unternehmenskultur und -größe kann auch die gesamte Belegschaft mit in den Entscheidungsprozess einbezogen werden, etwa durch eine Mitarbeitendenvertretung oder eine Umfrage.

Wenn eine solch eher einsam getroffene Entscheidung das Wissensmanagement betrifft – zum Beispiel das Ersetzen einer zwar eingeführten, aber veralteten oder mit Sicherheitslücken behafteten Software durch eine andere, neue, hoffentlich bessere – müssen Wissensmanager*innen genau abwägen und in der Kommunikation genau und in den Angeboten an die Belegschaft sensibel sein. Wenn, wie in dem Fall des Software-Wechsels, nicht nur eine Kommunikation, sondern auch Know-how-Vermittlung ansteht, ist es sinnvoll, in einem kollaborativen Reflex zu überlegen, welche Personen aus der Belegschaft eingebunden werden könnten – wer zum Beispiel schon positive Erfahrung mit dem neuen Tool hat und darüber berichten kann; weiterhin die drängenden Fragen unter den Mitarbeiter*innen im Vorfeld der ersten Schulung zu sammeln und sicherzustellen, dass es auf sie Antworten gibt. So können die „Ansagen von oben" durchaus positiv gewendet werden, sie sparen Diskussionszeit vorab, und wenn es wirklich triftige Gründe gibt, ob sie nun die Datensicherheit oder das Abwenden finanziellen Schadens betreffen, wird die Entscheidung von der Belegschaft auch im Nachhinein mitgetragen werden. Wissensmanager können zumindest einen Teil dazu beitragen, dass die Akzeptanz in solchen Fällen steigt und Sorgen durch klare Kommunikation und zielgenaue Handreichungen und Hilfestellungen gemildert werden.

Durchsetzung des Beschlossenen und Absicherung des Erreichten

Wenn kollaboratives Wissensmanagement sich in bestimmten Teilen etabliert hat, ist es nötig, das Erreichte abzusichern. In der Regel heißt das, dass es eine oder mehrere Personen geben muss, die sich etwa um die Pflege von Datenbanken, die Aktualität von Vorlagen, den weiteren Ausbau der Methodensammlung, die kontinuierliche Erreichbarkeit und Verfügbarkeit von Wissensquellen kümmert. Es sind dafür mehrere Elemente nötig:

Ownership: Es muss klar geregelt sein, wer für ein Zentraldokument, wer für eine Datenbank nicht nur die richtige Ansprechperson ist, sondern wer Verantwortung, wer *Ownership* dafür übernimmt. Ownership bedeutet, dass nicht jede/r das Dokument/die Datenbank/den Prozess und seine Darstellung ändern kann, sondern nur der oder die Hauptverantwortliche. Als Owner hat man das Recht, Änderungen vorzunehmen, und die Pflicht, dies zu tun, wenn es nötig ist, wenn etwa durch eine Veränderung eine Aktualisierung nötig ist (im Dokument beispielsweise, wenn einer Richtlinie zur Datensicherheit ein neuer Paragraph hinzugefügt werden muss, weil er gesetzlich beschlossen wurde oder in der Datenbank, wenn ein neuer Eintrag hinzugefügt wird oder die Struktur der Datenbank angepasst wird). Ownership für Wissensdatenbanken, -quellen und zentrale Dokumente kann, muss aber nicht im Wissensmanagement angesiedelt sein. Vielfach wird Ownership in den einzelnen Fachabteilungen liegen, die Vertrags- und andere HR-Unterlagen bei der Personalabteilung, das Content Management System, das nach außen gerichtet als Internetauftritt sichtbar wird, bei der Kommunikationsabteilung usw. Sofern es keine klare Zuordnung gibt, kann und sollte Wissensmanagement zumindest interimsweise Ownership übernehmen und überlegen, ob die Verantwortung sinnvollerweise dauerhaft im Wissensmanagement angesiedelt sein sollte, oder ob es eine andere Instanz gibt, die mittelfristig Ownership übernehmen kann.

Prozesse, Rollen und Routinen: Mit der Klärung von Verantwortlichkeiten ist es noch nicht getan. Es muss geklärt werden, was der Owner zu tun hat, sprich: Es müssen Standardprozesse und -prozeduren vereinbart, implementiert, gelebt werden. Gerade wenn (wie oft in kleinen und mittelunterständischen Unternehmen) kein dediziertes Qualitätsmanagement vorhanden ist, wird die Wissensmanagerin gut daran tun, in die Bresche zu springen und zumindest rudimentär für das Verständnis zu sorgen, was die Rolle des Owners beinhaltet und was in dieser Rolle zu beachten ist. Insbesondere geht es um die regelmäßige Qualitätsprüfung: Ist das Dokument, das Formular inhaltlich korrekt oder bedarf es einer Änderung, einer Anpassung? Sind die Inhalte auf einer Intranetseite noch auf der Höhe der Zeit, funktionieren alle Links noch, gibt es Updates, die auf der Seite umgesetzt werden müssen? Mindestens halbjährlich, besser quartalsweise ist eine routinemäßige Überprüfung der Dokumente ratsam, die natürlich zeitlich unterlaufen werden kann, wenn dringende Updates keinen Aufschub erlauben.

Doch damit ist es noch nicht getan: Es muss zudem die Kommunikation der Änderungen geregelt werden. Eine wichtige, alle Mitarbeiter*innen betreffende Änderung darf nicht nur in einem Zentraldokument vorgenommen, sie muss entsprechend breit kommuniziert werden. Bei Änderungen, die weniger Personen betreffen, ist eine zielgruppenspezifische Information ratsam. Und nicht zu vergessen sind die internen Einheiten, die von der Änderung betroffen sein können. Es kommt oft vor, dass ein Prozess-Schritt in einem Gesamtablauf geändert werden muss, von dem nur wenige Personen betroffen sind, der aber zu großen Friktionen führen kann. Dies passiert meist, wenn Zentraleinheiten untereinander interagieren und die eine Einheit eine Änderung vornimmt, ohne die andere zu informieren – wenn die Personalabteilung beispielsweise eine Änderung im Prozess für neue einzustellende Mitarbeiter*innen ändert, darüber aber die IT nicht informiert wird. In solchen Fällen steht der/die neue Kolleg*in am ersten Tag ohne Rechner oder ohne Zugangsdaten zu den Systemen da. Wissensmanager sollten als Übersetzer agieren, die die größeren Kontexte sehen und den jeweiligen Abteilungen klarmachen, welche Bedeutung ihr Handeln eben auch für andere Abteilungen hat.

Kontroll-Instanz: Viel ist nun vorbereitet und auf die richtige Bahn gebracht – und doch braucht es weitere Kontrolle, braucht es sanften Druck, vielleicht auch weitere Hilfestellungen, definitiv Erinnerungen an die gemeinsam beschlossenen Rollen, Prozesse,

Routinen, Verantwortlichkeiten. Das kann die Wissensmanagerin auf kollegiale Weise leisten, wenn es nötig ist – Kollegialität ist das A und O, denn sobald Owner das Gefühl haben, an einer höheren Stelle angeschwärzt zu werden, schadet das nicht nur kurzfristig der Stimmung, sondern in der Regel auch der Wissens- und Fehlerkultur im Unternehmen.

Meta-Instanz: Wissensmanagerinnen sollten sich stets um den möglichst leichten Zugang zu unternehmensinternem Wissen für die Belegschaft bemühen. Was natürlich nicht bedeutet, dass sie für alles interne Wissen verantwortlich zeichnen können: Das Corporate Design Manual bleibt gemeinsam mit den zugehörigen Templates selbstverständlich in der Verantwortung der Kommunikations-Abteilung, die Dokumente und Prozesse rund um die betriebliche Altersvorsorge beim HR-Department etc. Was aber die Aufgabe der Wissensmanagerin ist: den Ownern dabei behilflich zu sein, dass diese Dokumente, Prozesse etc. im Unternehmen überhaupt sichtbar werden. Wissensmanagement kann beratend agieren oder assistierend unterstützen. Ein einfaches Beispiel aus dem Dokumentenmanagement: Während wichtige und häufig genutzte Dokumente wie etwa das Formular zur Reisekostenabrechnung in der Verantwortung der Finanzbuchhaltung und des Controllings liegen, sie also Ownership dafür innehaben und etwaige Anpassungen zeitnah umsetzen, ist dies eines von über hundert Dokumenten die in einer großen Übersicht der Zentraldokumente gelistet sind. Die Verantwortung für die Einzeldokumente, ihre Korrektheit und Aktualität, liegt also bei einzelnen Abteilungen oder Gruppen (für die Organisationsübersicht zeichnet zum Beispiel die Geschäftsführung verantwortlich), aber dass die Liste der Zentraldokumente vollständig ist, dass die Verlinkungen funktionieren und die Dokumente einheitlich benannt sind und bleiben: Das ist Aufgabe und der Verantwortungsbereich der Wissensmanagerin.

In den qualitätssichernden Aufgabenbereich des Wissensmanagements kann auch gehören, das gemeinsam Beschlossene umzusetzen und dafür zu sorgen, dass es weiterhin umgesetzt wird, sofern kein anderslautender Beschluss gefasst wurde. Der Arbeitsalltag bringt es mit sich, dass Qualitätsroutinen von der Prioritätenliste rutschen. Die Wissensmanagerin kann ihre Kolleginnen mit Hartnäckigkeit überraschen und freundlich, aber bestimmt darauf verweisen, warum bestimmte Qualitätsroutinen zum Wohle des Unternehmens und all seiner Mitarbeitenden eingehalten werden müssen. Das kann stets argumentativ geschehen: Der offensichtliche Mehrwert für alle Beteiligten erfordert kein falsch verstandenes Incentivieren oder Sanktionieren, die Wissensmanagerin braucht an dieser Stelle nicht versuchen zu überreden, sie kann überzeugen.

Organisatorisches

Wo Wissensmanagement organisatorisch ansiedeln?

In der heutigen Praxis ist Wissensmanagement an den verschiedensten Stellen im Unternehmen angesiedelt:

- in der IT (z. B. beim CIO oder der Digitalisierungsabteilung)
- im Research-Institut
- direkt am CEO
- als Nebenjob bei einem Manager für Finanzprodukte
- in der Kommunikationsabteilung
- beim „Head of Enabling"

Es wäre nicht verwunderlich, wenn das Wissensmanagement von der ohnehin vielfach überstrapazierten Empfangssekretärin zusätzlich und „nebenbei" mitgemacht wird, oder dass es nahe am Qualitätsmanagement verortet ist.

Was bedeutet diese Beobachtung? Zunächst einmal: große Spielräume! Und damit einhergehend: große Unsicherheiten. Es zeigt sich, wie unterschiedlich Wissensmanagement interpretiert werden kann, wie divers die Vorstellungen sind, was die Bezugspunkte angeht. In den Spielräumen liegt Potenzial, das nicht ignoriert werden sollte. Gerade kollaboratives Wissensmanagement benötigt große Freiheiten. Was man früher Stabsstelle genannt hat, bietet sich an, doch vielleicht könnte die Funktion besser als Koordinationsstelle bezeichnet werden. So verstanden scheint es sinnvoll, die Position des/der Wissensmanager*in nahe der Geschäftsführung, dem Top-Management anzusiedeln, sie aber nicht mit Weisungsbefugnissen auszustatten Sie soll koordinierend, kooperierend, kollaborierend agieren, damit modernes Wissensmanagement gedeihen kann. Eine gewisse Selbstständigkeit braucht das Wissensmanagement aus Legitimitäts-gründen. Sonst ist es nichts als der lange Arm der Geschäftsleitung, der mit Machtbefug-nissen das durchsetzt, was an oberster Stelle beschlossen wurde. Der Abstand zu den anderen internen Einheiten ermöglicht es, zwischen diesen zu vermitteln – als Teil der Kommunikation, der IT etc. wäre das Wissensmanagement befangen, wäre parteiisch, könnte nicht als der „ehrliche Makler" auftreten, der die verschiedenen Interessen gleich-sam vertritt und eine für alle Beteiligten gute Lösung herbeizuführen antritt.

Im Einzelfall und für jedes Unternehmen ist das neu zu entscheiden. Existiert bereits ein Qualitätsmanagement, könnte es eine gute Idee sein, das Wissensmanagement in der Nähe dieser ebenfalls übergreifend agierenden Stelle anzusiedeln. Wenn es um reine Personalverantwortlichkeit geht, kann der Digitalisierungsbeauftragte oder ein „Head of Admin" die richtige Person sein, sofern sich die Geschäftsführung nicht mit weiterer Personalführung belasten will. Es muss nur sichergestellt sein, dass der Knowledge Manager nicht einfach für andere Aufgaben abgezogen wird. Kurzfristiges Aushelfen ist immer möglich, aber dauerhaft weitere Aufgaben in einem Team zu übernehmen, ver-wässert die Mission und führt firmenintern zu Unklarheiten, ja die Position des wert-freien, unvoreingenommenen Vermittlers steht auf dem Spiel.

Wissensmanagement in der Belegschaft verankern

Wichtiger noch als die Verortung, die dennoch gut bedacht sein sollte, ist, dass Wissens-management von Anfang an im kollaborativen Geist geplant und aufgebaut wird. Dazu

GEMEINSAM WISSEN WIR MEHR!

zählt vor allem, dass die Wissensmanagerin nicht weisend, sondern koordinierend, kooperierend und motivierend das Weiterkommen des Wissensmanagements sichert. Dieses Rollenverständnis hat direkte Auswirkung auf die alltägliche Arbeitsweise und verdeutlicht, dass diejenigen, mit denen die Wissensmanagerin das Wissensmanagement kollaborativ entwickelt, einen gehörigen Anteil nicht nur in der Planung, sondern auch in der Umsetzung haben. Sie bestimmen etwa die zeitliche Planung der Arbeitspakete, legen fest, welche der Maßnahmen und Initiativen zügig vorangetrieben, welche hingegen nach hinten verschoben werden.

Und auch die vermeintlich „schwierigen", „zeitintensiven", „komplexen" sowie „anspruchsvollen" Arbeitspakete werden angegangen, wenn Wissensmanager diese mit Verve vorstellen und klarmachen, dass sie einen Teil der Arbeit, insbesondere der Koordinationsarbeit übernehmen. Bei einer Gruppe von 250 Personen finden sich immer ein Dutzend, die an einem Arbeitspaket bereitwillig mit dem Wissensmanager zusammenarbeiten – mehr braucht es meist nicht, um anschließend die anderen zu überzeugen. Diese Gruppe, die an einem Strang zieht und ein Thema vorantreibt, kann, ja sollte den Erstentwurf des Wissensmanagers anfangs kritisch hinterfragen, ergänzen, korrigieren und all die Unternehmensinformationen und Erfahrungen mit einbringen, die der Wissensmanager nicht hat und nicht haben kann. Kollaborativ lenkt die Gruppe das kleine Projekt in die wirklich passende Richtung. Wenn ernsthaft interessierte Mitarbeiterinnen und Mitarbeiter offenes Feedback geben, ist das das Beste, was dem Wissensmanagement passieren kann – und Grundlage für die erfolgreiche Umsetzung und der allgemeinen Akzeptanz in der Belegschaft.

Kollaborativ bedeutet eben nicht, dass hundert Prozent der Belegschaft an einem Projekt oder einer Initiative mitarbeiten. Wenn drei oder vier Personen aus dem Senior Management und ein paar weitere Personen aus der Belegschaft eines Ihrer Vorhaben unterstützen, weil sie es gutheißen, ist ein großer Schritt getan. Danach kommt es auf ein geschicktes Management bei der Umsetzung und auf gute Kommunikation an. Wenn die Möglichkeit besteht, sollte nicht nur der Sponsor über den (hoffentlich positiven) Fortgang des Projektes, der Initiative unterrichtet werden, sondern es sollte jetzt schon anderen gegenüber erwähnt werden, um Neugierde zu wecken. Spätestens, wenn das Vorhaben abgeschlossen ist, muss eine Erfolgsmeldung an die ganze Belegschaft kommuniziert werden, die alle Hauptbeteiligten erwähnt. Das betont die Gemeinschaftsleistung und wird die Akzeptanz auch bei denen erhöhen, die anfänglich skeptisch oder desinteressiert waren.

Wie groß soll ein Wissensmanagement optimal sein?

In Unternehmen von 150–300 Personen ist es ausreichend, wenn *eine* Person als Wissensmanager*in tätig ist. Es kann hilfreich sein, wenn sie Hilfe für operative Tätigkeiten erhält, die keinen größeren Austausch mit der Belegschaft erfordern – eine studentische Hilfskraft etwa. Ich hatte oben bereits angedeutet, dass kollaboratives

Wissensmanagement sich der Firmengröße quasi organisch anpasst, denn in den Wachstumsphasen eines Unternehmens wächst es von selbst mit, da größere Teile der Wissensarbeit von der Belegschaft selbst geleistet werden.

Wenn das Unternehmen weiter wächst und die Aufgaben des Wissensmanagements nicht mehr von eine/n Wissensmanager*in zu bewältigen sind, kann selbstredend eine weitere Person hinzugeholt werden. Dass es dann eine Arbeitsaufteilung gibt nach Arbeitssträngen oder Aufgabengebieten, scheint erst einmal evident. Doch muss dieser Fall wirklich im Detail und auf individueller Basis betrachtet werden.

Rolle, Selbstverständnis und Profil des/der Wissensmanager*in

Es gibt kein streng umrissenes Aufgabenfeld für Wissensmanagerinnen. Zu bestimmten Aufgaben besteht eine Affinität, und es wäre verwunderlich, wenn ein Unternehmen, in dem die Position eines Wissensmanagers besetzt ist, die Aufgabe der Intranetpflege einzig der Kommunikationsabteilung überließe, die Aufgabe des Project Knowledge Capturings oder des Project Debriefs nur den Projektteams. Es gibt also bei aller Diversität der Aufgaben in der Praxis eine gewisse Kongruenz und Kontinuität.

Wichtiger als die Definition über die Aufgaben ist die Festlegung der Arbeit über die Rolle, über das Selbstverständnis, man könnte auch sagen: über die Haltung, mit der sich der Wissensmanager im Unternehmen positioniert. Das sollte nicht „Leiter einer Zentraleinheit" sein, wie das etwa für die Controlling-Abteilung oder das HR-Department sinnvoll ist. Der Wissensmanager eines kollaborativen Wissensmanagements kann und muss wechselnde Rollen einnehmen, sogar mehrere zugleich ausfüllen.

Der kollaborative Wissensmanager als…

- **… Macher und Denkerin**
  Er/Sie muss pragmatisch veranlagt sein und zupacken wollen und können. Das heißt, manchmal auch in den Maschinenraum hinunterzugehen, Wartungsarbeiten zu übernehmen, aufzuräumen und keine Sorge davor zu haben, sich „die Finger schmutzig zu machen". Zugleich sollte er/sie die Fähigkeit zu vorausschauendem, ja visionärem Denken mitbringen: Wo soll das Wissensmanagement in fünf Jahren stehen? Wie können wir die richtige Prise Künstliche Intelligenz unter die natürliche Intelligenz des Unternehmens mischen? Was werden in den nächsten drei Jahren die großen Themen sein? Wie halte ich meine Wissensmanagement-Strategie mit der Firmenstrategie in Einklang? Solcherlei Fragen zu beantworten, sollte dem/der Wissensmanager*in Freude bereiten.

- *... Übersetzerin und Kollaborateur*

  Es verlangt einige Fähigkeiten, eine gute Übersetzerin und ein guter Kollaborateur zu sein. Als allererstes wäre die Fähigkeit des richtigen, des guten, des aktiven aufmerksamen Zuhörens zu nennen. Auch der/die Wissensmanager*in weiß nicht alles, braucht nicht alles zu wissen – hat aber die Pflicht, dort genau hin- und zuzuhören, wo es Kolleginnen gibt, die sich Gedanken machen zur Wissensarbeit. Fast immer kann man etwas lernen oder etwas zur Diskussion beisteuern. Neben der Fähigkeit des Zuhörens ist die Kommunikationsfähigkeit entscheidend, idealerweise in einer dem Gegenüber empathischen, wertschätzenden und zugewandten Art und Weise. Vermitteln zwischen unterschiedlichen Standpunkten ist durch Empathie möglich, und in seiner konstruktiven Art kann der Wissensmanager durchaus auch Brückenbauer sein, der es zwei Parteien ermöglicht, den jeweils anderen Standpunkt zu verstehen.

- *... Helferin und Retter*

  Es gibt Menschen, die leiden unter dem Helfersyndrom; Psychologen sprechen vornehmer von der altruistischen Ader, die bei manchen Menschen stark ausgeprägt ist: Altruisten wollen vor allem, dass es dem Anderen oder der Gemeinschaft gut geht und verhalten sich selbstlos, erwarten keine Gegenleistung. Soweit muss der/die Wissensmanager*in nicht gehen, aber wer im Wissensmanagement arbeitet, der/die sollte eine zumindest leicht altruistische Veranlagung haben, auf jeden Fall Spaß am Helfen, wenn nötig am Retten haben. Völlige Selbstlosigkeit hingegen ist nicht gefordert – Sie werden merken, wie viel Helfer und Retterinnen an Dank und Wertschätzung im Gegenzug erhalten und dies für die gute Sache des Wissensmanagements einsetzen können.

- *... Projektleiter und Generalistin*

  Kollaborative Wissensmanager*innen haben idealerweise den Überblick: eine gute Perspektive auf das große Ganze; in manchen, nicht in allen Details müssen sie sich genau auskennen, oft aber genügt ein generalistischer Blick auf das Geschehen im Unternehmen – und wie bei jedem guten Projektleiter ein (meist aus Erfahrung sich herleitendes) Gespür für sensible Punkte oder Arbeitspakete. Genau da ist die Wissensmanagerin als Projektleiterin gefragt: verstehen, woran es hakt und zügig eine gute Lösung des Problems herbeiführen. Man sollte eine strukturierte Arbeitsweise an den Tag legen, ohne verbohrt und verbissen an bestimmten Reihenfolgen des Abarbeitens festzuhalten – dafür ist Wissensmanagement zu dynamisch. Standfestigkeit, ja Hartnäckigkeit sind manchmal auch gegenüber dem Management gefragt, vor allem aber muss der/die Wissensmanager*in Widerstände aushalten, darf nicht an Hindernissen aufgeben, sondern braucht den Willen, sie (manchmal trickreich) zu überwinden.

ZUHÖREN, VERSTEHEN,
GRÖßER MACHEN

Kollaboratives Wissensmanagement an den Gegebenheiten ausrichten

Jedes Wissensmanagement, auch wenn es auf den Grundlagen des hier vorgestellten kollaborativen Ansatzes gebaut ist, stellt sich in seiner Ausprägung einzigartig dar: Von der Priorisierung der Arbeitsbereiche und der Intensität, mit der es betrieben wird, über den Umfang und die schlichte Größe der personellen Ressourcen bis hin zum Platz, den das Wissensmanagement in der jeweils unterschiedlichen Konstellation der Firmenstruktur einnimmt. Während die Theorie des kollaborativen Wissensmanagements also allgemeingültig ist, sind die praktischen Ausprägungen niemals identisch, können es nicht sein. So wichtig es also ist, sich über die geglückten und glückenden Wissensmanagements in der faktischen Welt der Unternehmen und der Arbeitskontexte auszutauschen, so wenig darf man sich zur simplifizierenden Annahme verleiten lassen, dass das, was einmal bei einem Unternehmen gelungen ist, auf genau dieselbe Weise wieder klappen müsste. Die Ausgangspunkte sind stets andere, und so muss das Ziel, auch wenn es abstrakt das gleiche ist, jeweils auf einem anderen Weg erreicht werden.

Diesen Weg vorzuzeichnen und immer wieder anzupassen, ist Aufgabe des Wissensmanagers, der Wissensmanagerin. Die Versuchung, „nach dem einen sicheren Plan" vorzugehen, ist groß, denn sie täuscht vermeintliche Sicherheit vor, und Dutzende Lehrbücher, Handbücher, Werkzeugkoffer stehen anbiedernd zur Verfügung und behaupten, den einen perfekten Weg zu kennen. Es bleibt dabei: Welches Wissensmanagement zu einem Unternehmen passt, welche Ausprägung das Wissensmanagement im Detail haben soll und haben wird, kann gar nicht exakt beschrieben werden, denn dies ist ein sich ständig wandelnder, sich den Gegebenheiten des sich wandelnden Unternehmens anpassender Prozess. Beim kollaborativen Wissensmanagement muss die Wissensmanagerin nicht als Einzelkämpferin agieren. Sie hat das theoretische Rüstzeug des kollaborativen Wissensmanagements und verbindet dieses jetzt organisch mit dem unternehmensspezifischen Wissen, das benötigt wird, um ein nachhaltig kollaboratives Wissensmanagement zu etablieren, indem die Kolleg*innen, die Expert*innen, die Führungskräfte, die Mitarbeiter*innen und Leiter*innen der Zentraleinheiten – mit einem Wort: Die ganze Belegschaft mit ihrem Wissen, ihren Bedarfen und Kenntnissen, eingebunden werden.

Bereits bestehendes Wissensmanagement wird übernommen

Wenn Wissensmanagement bereits besteht, wenn Sie zum Beispiel einem Wissensmanager, einer Wissensmanagerin nachfolgen, gibt es wahrscheinlich zwei Optionen: Sie können in die Fußstapfen ihres Vorgängers treten und von dort aus die nächsten Schritte tun. Oder aber – nicht unwahrscheinlich – Sie müssen ein paar Schritte zurückgehen und weiter vorn anfangen, wenn Ihr Vorgänger, aus welchen Gründen auch immer, an einem Punkt den falschen Weg eingeschlagen hat und Sie diesen Weg korrigieren müssen. So oder so ist es wichtig zu verstehen, was an Vorarbeit geleistet wurde, noch wichtiger, was an Erfahrungswerten dabei entstanden ist. Ersteres ist mehr oder weniger offensichtlich.

Für die Erfahrungswerte müssen Sie deutlich genauer hinsehen – und hinhören. Denn darüber wird sehr unterschiedlich gesprochen werden, insbesondere über gescheiterte Initiativen. Während das Management urteilen mag: „Wir hatten die *Knowledge Capturing Prozesse* fast fertig, aber dann fehlte Deinem Vorgänger einfach die Durchsetzungskraft und der Biss", hören Sie von den Mitarbeitenden eine ganz andere Geschichte: „Was der von uns an Zusatzarbeit verlangte, war geradezu unverschämt – mindestens einen halben Tag hätte ich am Capturing gesessen, ohne jeden Mehrwert für den Kunden!" – Wenn Sie das Glück haben, ihren Vorgänger, ihre Vorgängerin noch kennenzulernen, werden Sie eine dritte Geschichte hören. Entscheidend ist außerdem zu verstehen, wie stark die kollaborativen Anteile im bestehenden Wissensmanagement ausgeprägt waren und sind. Wenn die Belegschaft ein Wissensmanagement kennengelernt hat, in dem die kollaborativen Ansätze nur schwach oder gar nicht ausgeprägt waren, müssen Sie sicherlich zur eigentlichen Arbeit noch viel Überzeugungsarbeit leisten – diese Thematik wird in einem eigenen Kapitel „Knowledge Management Restructuring" gegen Ende dieses Buches aufgegriffen werden.

Wissensmanagement wird neu eingeführt

Sollte die Situation eine andere sein und Wissensmanagement erst eingeführt werden, gilt es neben den Grundlagen kollaborativer Wissensarbeit vor allem die oben als „informelles Wissensmanagement" beschriebenen Praktiken des Unternehmens zu berücksichtigen. Auch die sich anschließende Fallstudie kann Anregungen geben, wie man die Aufgabe angehen kann – Anregungen wohlgemerkt, keine Blaupause, und erst recht keine allgemeingültige Anleitung. Entscheidend sind die Gespräche mit der Belegschaft, die sich nicht auf eine Gruppe, etwa die Managementebene, beschränken darf. Quick Wins haben eine besondere Bedeutung, damit der Verdacht, hier würden Sonntagsreden geschwungen, gar nicht erst aufkommen kann.

Wissenskultur

Mittel- und langfristig kann kollaboratives Wissensmanagement dazu beitragen, die Wissenskultur eines Unternehmens zu ändern, positiv zu beeinflussen. Unter Wissenskultur verstehen wir die ganz konkrete Art und Weise, mit der ein Unternehmen mit seinem internen Wissen umgeht, aber auch welchen Stellenwert es ihm überhaupt einräumt. Es ist evident, dass die Beziehung eine wechselseitige ist. Allein die Tatsache, dass die Stelle des/der Wissensmanager*in eingeführt und besetzt wurde, zeigt, dass dem Management (und im besten Fall auch der Belegschaft) klar ist, dass Wissen eine wichtige Ressource ist.

Doch mit dieser Einsicht ist noch nichts gewonnen. Nun gilt es, das Wissensmanagement richtig aufzusetzen. Die Top-down-Ansätze sind oft gescheitert und häufig immer noch anzutreffen zum Leid aller Beteiligten. Diese setzen oft auf Sanktionierungen oder Incentivierungen, die aber nur an der Oberfläche das zu heilen versuchen, was grundsätzlicher – kollaborativ – angepackt werden müsste.

Missglückte Incentivierungen und Sanktionierungen – zwei Beispiele

Sanktionierungen

Sanktionierungen bestehen (auch heute) etwa darin, dass eine Person nicht ihren vollen Bonus erhält, wenn sie z. B. weniger als 10 Wissensobjekte geteilt hat. In solchen (tatsächlich gesehenen und erlebten) Fällen wird es ein Katz-und-Maus-Spiel zwischen dem Mitarbeitenden, der zum Teilen seines Wissens gezwungen werden soll und dem Management (und seinem verlängerten Arm, dem Wissensmanagement), das überprüfen muss, ob der/die Mitarbeiter*in das Ziel erreicht hat und der Bonus ausgezahlt werden kann. Da sich die Abgaben der Dokumente rund um die unternehmensweite Abgabefrist derart häufen, dass eine qualitative Überprüfung durch das Wissensmanagement gar nicht mehr möglich ist, bestätigt dieses nur noch empfangene Dokumente und schaut sich erst später – wenn der Bonus bereits vollumfänglich ausgezahlt wurde – die eingereichten Unterlagen an. Im kuriosesten Fall hatte ein Kollege ein Dokument von 30 Seiten einfach in 10 Teile zerlegt und sich so den Bonus erschlichen – und das Wissensmanagement fügte im Nachhinein die Teile wieder zusammen, das Management erfuhr nie davon.

Incentivierungen

Incentivierungen funktionieren oft genauso schlecht, kommen aber im ansehnlicheren Gewand daher. Wenn ein Unternehmen sich z. B. entscheidet, eine Wissens-Olympiade auszurichten, wird es durchaus einige Personen in der Belegschaft motivieren, anzutreten: meist nicht aus einem olympischen Geist heraus, sondern weil es Prestige und Preisgeld zu gewinnen gibt. Auch diesen Fall habe ich schon erlebt, und es wurde schnell klar, dass die Olympiade als *Event* gut ankam und kurzfristig einige interessante Dokumente und Vorträge brachte, allerdings keinen dauerhaften, mittelfristig sogar einen gegenteiligen Effekt erzielte: Einige Mitarbeiter wollten ein paar Monate später das frisch entstandene Wissen nicht teilen und es stattdessen horten. Sollte nächstes oder übernächstes Jahr wieder eine Wissens-Olympiade stattfinden, könnten sie sich ihre Beiträge zum Wissensmanagement vergolden lassen. Incentivierungen laufen konditionierend der *Knowledge Sharing Culture* entgegen.

Weder incentivierend noch sanktionierend wird man auf dem Feld des Wissensmanagements erfolgreich sein, sondern nur überzeugend. Das ist es, was der Wissensmanager, die Wissensmanagerin leisten kann: durch Argumente, durch Taten, durch das Vorleben die intrinsische Motivation der Belegschaft zu fördern, teil der gemeinschaftlichen Aufgabe zu sein, Wissen zu managen. Dabei geht diese Aufgabe deutlich über das oft eingeforderte Teilen von Wissen hinaus. Die Kultur des Wissensteilens gehört wesentlich zur Wissenskultur, doch gesellen sich andere Elemente hinzu: eine Fehlerkultur, eine Kultur des Fragens und eine grundsätzliche Haltung, in der Kollegialität, ein positives Verhältnis zum Lernen und der Grundsatz, dass die Gruppe gemeinsam mehr erreichen kann als der Einzelne. Was zum letzten Kapitel und zu einem weiteren entscheidenden Aspekt überleitet: der Firmenkultur.

Keine Wissenskultur ohne Firmenkultur

Es gibt Unternehmen, da herrschen Angst und Schrecken – da steht die mögliche Kündigung jederzeit im Raum, da regiert das Misstrauen innerhalb der Belegschaft. Es gibt Firmen, denen ihre Mitarbeitenden egal sind, solange mit ihnen Profit zu erwirtschaften ist – die organisieren sich irgendwie mehr oder weniger erfolgreich. Es gibt aber auch Unternehmen, die redlich mit ihren Mitarbeiter*innen umgehen, die lebhaftes Interesse an ihnen haben, die sie ernst nehmen und in den Mittelpunkt stellen: In solchen Firmen kann gutes, nachhaltiges Wissensmanagement, kann kollaboratives Wissensmanagement gedeihen.

Firmenkultur ist ein komplexes, vielschichtiges Geflecht aus Beziehungen aller Mitarbeiter*innen untereinander in einem Rahmen, der Teils von den Gründern und der aktuellen Firmenleitung mitgestaltet ist, der teils die Firmengeschichte in sich trägt. Firmenkultur wandelt sich nur langsam, und ihr Wandel kann zwar aktiv gestaltet, nicht aber brachial erzwungen oder tatsächlich ernsthaft beschleunigt werden. Es sind teils Generationen nötig, um Muster, etwa patriarchale Muster, aufzuweichen oder tatsächlich zu ändern.[8] Eine neue Firmenkultur kann nicht einfach ausgerufen werden wie eine neue Werbekampagne, und darum hilft es wenig, wenn sich Unternehmen im Nachhinein „company values" in die Firmenpräsentation schreiben oder auf der Website veröffentlichen. Firmenkultur ist gelebte Praxis. Nur wenn die Firmenkultur angemessen ist, wird eine Wissenskultur vorherrschen, in der Wissensmanagement fruchtbar, das heißt kollaborativ, umsetzbar ist.

Die tatsächliche, nicht die in schicken Unternehmenspräsentationen dargelegte Firmenkultur zeigt sich am Umgang aller im Unternehmen arbeitenden Personen – vom Auszubildenden bis zum Geschäftsführer – mit- und untereinander. An den zwischenmenschlichen Verhaltensweisen insbesondere, aber auch in der Verhaltensweise eines/r jedes/r einzelnen wird offenbar, ob die Werte, die das Unternehmen sich auf die Fahnen geschrieben hat, gelebt werden – oder eben nicht. In größeren Firmen werden die normativ gesetzten Werte meist explizit formuliert sein, in kleineren Unternehmen werden die Werte implizit mitgedacht, wenn es um z. B. Lohnspannen (Gerechtig-

---

[8] Hier zum Beispiel: von der ersten Vorständin (Personalressort, natürlich) bis zu einem tatsächlichen Wandel und Umdenken hin zu Gleichberechtigung (Gender Pay Gap) braucht es 30 oder mehr Jahre.

keit), das Teilen von sensiblen Informationen (Vertrauen), das Einbeziehen der Beleg-schaft in strategische Firmenentscheidungen (Teilhabe) geht. Das Management hat hier Vorbildfunktion: Wenn der Firmengründer oder die Chefin Mitarbeitende vorrangig als Arbeitskräfte sieht, die sie bezahlen, um für sich immer höhere Umsätze und Margen zu erzielen, kann man sich vorstellen, dass es mit Werten wie Solidarität, Gemein-sinn, Vertrauen nicht weit her ist – solche Firmen haben meist Werte wie Exzellenz, Professionalität oder Kompetenz als Leitsterne gewählt.

Ob eine Firmenkultur so geartet ist, dass (kollaboratives) Wissensmanagement Fuß fassen kann, zeigt sich vor allem im Umgang mit Fehlern. Die Fehlerkultur eines Unter-nehmens ist ein sehr genauer Indikator für die Firmen- und die gelebte Wissenskultur. Wenn es gestattet ist, Fehler einzugestehen, ja sie sogar offen zu thematisieren und sie mit anderen zu analysieren, um aus ihnen zu lernen, wenn also die Fehlerkultur tat-sächlich Teil der DNA eines Unternehmens ist, hat dort höchstwahrscheinlich Wissens-management eine gute Chance.

Meist geht eine gute Fehlerkultur einher mit einem offenen, entspannten, professionellen Umgang mit Nicht-Wissen. Das zeigt sich daran, dass im Unter-nehmen viele Fragen gestellt werden, dass es selbstverständlich ist, ja gefördert wird, Kolleg*innen um Rat zu fragen, um fachliche Hilfe zu bitten und damit das eigene Nicht-Wissen in einem bestimmten Punkt zwanglos einzugestehen. Der gute Umgang mit Nicht-Wissen zeigt sich darüber hinaus, wenn es über die kleinen Teams hinaus und über alle Hierarchieebenen hinweg möglich ist zu sagen „Ich weiß es nicht." oder „Darauf habe ich spontan keine Antwort, ich muss erstmal darüber nachdenken, aber wir sprechen gern in 3 Tagen nochmal."

Für den kollaborativen Wissensmanager ist das Terrain des Nicht-Wissens ein mindestens ebenso wichtiges Gebiet wie das Wissen. Denn es geht im Wissens-management nicht darum, schlicht Wissen zu akkumulieren, sondern das für das Unter-nehmen und seine Belegschaft *relevante* Wissen zu identifizieren, zu verbreiten und offenzulegen, welche Informationen, welche Quellen fehlen, um bestimmte Frage-stellungen zu beantworten. Das kann firmeninternes Wissen genauso betreffen wie jenseits der Firmengrenzen liegendes Wissen. Kollaboratives Wissensmanagement regt dazu an, lädt dazu ein, den positiven Umgang mit Nicht-Wissen und mit Fehlern systematisch auszubauen, zu verstärken. So, wie es anregt, den Umgang mit Wissen überhaupt ins Bewusstsein zu rücken und damit die Grundlage zu schaffen, den Umgang zu professionalisieren. Mit beidem leistet es seinen Beitrag zur Firmenkultur.

Doch muss man realistisch bleiben. Kollaboratives Wissensmanagement ist nicht die Instanz, die die Kraft besitzt, kurzfristig eine Firmenkultur zu verändern, indem es eine Wissenskultur „implementiert": Das wäre eine maßlose Überschätzung. Wohl aber kann kollaboratives Wissensmanagement mittel- und langfristig dazu beitragen, die bereits existierenden positiven Anlagen zu stärken, eine positive Wissenskultur selbst vorzuleben, indem es offen eingesteht: „Liebe Kolleg*innen, was Ihr an Wissen braucht, was Euch an Wissensfragen besonders umtreibt, wisst Ihr – *ich weiß es nicht*. Lasst uns gemeinsam darüber sprechen und uns überlegen, wie es uns gelingt, den Zugang zu wichtigen

Quellen allen zu ermöglichen, gebrochene Prozesse zu reparieren und zu stabilisieren, das relevante Wissen stets für alle zugänglich zu halten, die Transparenz über unsere internen Expert*innen sicherzustellen, unsere Wissensflüsse stets am Laufen zu halten." So lebt kollaboratives Wissensmanagement vor, wie eine offene, wertschätzende Wissenskultur aussehen kann – und leistet auf diese Weise seinen Beitrag zur Firmenkultur.

Wissensmanagement ohne Wissensmanager*in?

Heißt das in der Konsequenz nicht, dass ein Wissensmanagement, dass ein Wissensmanager sich nicht selbst abschafft, wenn die Aufgabe nur allzu gut gelöst wird? Wenn Wissensflüsse optimal fließen, wenn Wissenspools für alle leicht erreichbar sind, wenn Wissen kollegial weitergegeben wird? Wenn die Strukturen aufgebaut sind, in denen sich alle auskennen und sich leicht zurecht finden, das Management inklusive? Die relevanten externen Quellen erschlossen, die Hürden der internen Wissensweitergabe abgetragen sind? Es ist ein spannender Gedanke, den man nicht einfach verwerfen sollte, der aber keine Angst einflößen muss.

Wissensmanagement ohne Wissensmanagerin – das ist der Traum vieler effizienzgetriebenen Manager und kostensenkungsgetriebenen Beraterinnen: Endlich das leidige Thema selbst in den Griff bekommen, die Stelle einsparen, das Geld in höhere Bonuszahlungen investieren! Ja, wie wir gesehen haben, gibt es das „natürliche" Wissensmanagement, allerdings nur in kleinen Gruppen, wo alle Mitarbeitenden sich untereinander kennen, wo das Wissen so überschaubar ist, dass es keine zusätzliche Funktion und Person braucht, die in der Aufgabe des Wissensmanagements vorangeht. Doch der Traum hat nichts zu tun mit der Wirklichkeit. Es gibt kein Zurück in den früheren Zustand: Das sind fehlerhafte firmenromantische Vorstellungen, die sich hartnäckig halten und durch verklärte Erzählungen „wie es früher einmal war" noch verstärkt werden.

Dennoch ist damit die Idee des Wissensmanagements ohne Wissensmanager nicht ausgeräumt: Wenn alles so läuft wie gehofft, wenn das Großprojekt Wissensmanagement erfolgreich abgeschlossen ist und die Teilprojekte geliefert und zurückgegeben wurden in die Verantwortung der Belegschaft – wenn also dieses fast utopische Großziel einer neuen reflektierten Wissenskultur erreicht ist – dann wird Wissensmanagement als Einheit, als Institution, wird der Wissensmanager tatsächlich überflüssig. In der Theorie ist dies denkbar. Wer sich aber in der Arbeitsrealität nur kurz umblickt, wird sehen, dass diese theoretische Möglichkeit eine praktische Unmöglichkeit darstellt. Es braucht stets einen Kümmerer, einen Koordinator, für die neuen Arbeitspakete und für die Absicherung des Erreichten, für die Prozessstabilität und für die Planung zukünftiger Aufgaben. Das kann man dort besonders gut ablesen, wo Wissensmanagement erst mit großer Anstrengung und immensem Aufwand eingeführt wurde, und, als es nicht die gewünschten Erfolge verbuchen konnte, verödete. Schon in kürzester Zeit veralten Informationen und werden zu Desinformationen, verlieren Systeme ihre klare Struktur und werden zu Irrgärten, werden Datenbanken zu Datenfriedhöfen. Genau damit dies nicht geschieht, braucht es

die Wissensmanagerin – durch sie werden beschlossene Maßnahmen am Laufen gehalten, werden neue Maßnahmen organisiert und operative Wissensprozesse durchgeführt.

Zusammenfassend und paradox formuliert: Wissensmanagement ohne Wissensmanager könnte so etwas wie das unerreichbare Ideal sein, auch für den Wissensmanager selbst. In der idealen Welt, in idealen Unternehmen, bräuchte man ihn dann nicht. Aber um diesen Idealzustand zu erreichen, müsste der/die Wissensmanager*in kollaborativ mit der ganzen Belegschaft über Jahre durch das Großprojekt Wissensmanagement schreiten. Dieses Unterfangen ist kein Spaziergang, sondern eine lange, auf Jahre angelegte transformatorische Reise. Und selbst wenn die Reise sich dem Ende zuneigt, braucht der- oder diejenige, die dem Wissensmanagement vorsteht, nicht angstvoll in die eigene Zukunft zu blicken. Idealistisch-utopisch träumend und der ständigen Verbesserung von Abläufen im Wissensmanagement zugewandt, können Wissensmanager*innen getrost – nicht ernüchtert und nicht enttäuscht – wahrnehmen, dass ihr beherztes kollaboratives Handeln in der Wirklichkeit der Arbeitswelt unabkömmlich ist und bleibt.

Fallstudie 1: Einführung eines Wissensmanagements in einem Unternehmen

Wie alles begann

Der Wunsch, ein professionelles Wissensmanagement einzuführen, kam aus der Belegschaft des Think Tanks und wurde von der Geschäftsführung unterstützt. Die Denkfabrik war seit ihrer Gründung stets gewachsen, Geschäftsführer und Mitarbeiter*innen – mittlerweile über 200 – standen an einer weiteren Professionalisierungsschwelle.

Was früher bei gemeinsamen Mittagessen, später per Flurfunk an wichtigen Informationen und Expertisen weitergetragen wurde, musste offensichtlich professionalisiert werden: Es kannten sich längst nicht mehr alle Kolleginnen und Kollegen, viele Neueinsteiger*innen kannten die Projekt- und Entwicklungsgeschichte nicht und hatten somit keinen ausreichenden Zugriff auf das Gedächtnis des Unternehmens. Die Firma war diverser geworden, es hatten sich Experten*innengruppen ausgebildet, die in der täglichen Arbeit nur wenig miteinander zu tun hatten. Zwar gab es weiterhin zwei- bis dreimal im Jahr große Zusammenkünfte, doch das reichte nicht mehr, internes Wissen optimal zirkulieren zu lassen. Ihr Erfolg hatte die Denkfabrik nicht nur größer, sondern auch unübersichtlicher gemacht. Die Einführung eines Wissensmanagements sollte Abhilfe schaffen.

Die 27 Prioritäten

Bei unserem ersten Vorgespräch – ich interessierte mich für diese fordernde Aufgabe, hatte aber noch keinen Vertrag unterschrieben und auch meinen damals aktuellen nicht gekündigt – sprach der zuständige Geschäftsführer von einer Prioritätenliste, die die Mitarbeiterinnen und Mitarbeiter erarbeitet hätten während eines *Retreats,* und die

© Der/die Autor(en), exklusiv lizenziert an Springer Fachmedien Wiesbaden GmbH, ein Teil von Springer Nature 2023
R. Grasshoff, *Kollaboratives Wissensmanagement,*
https://doi.org/10.1007/978-3-658-40503-8_2

angereichert sei mit ein paar Wünschen und Ideen der Geschäftsführung. Selbstverständlich war ich ebenso erfreut wie interessiert und bat, die Liste sehen zu können, um mich auf meinen potenziellen Job vorzubereiten. Noch am Abend erhielt ich eine E-Mail, in deren Anhang: eine Liste mit 24 Positionen, manche wenig aussagekräftig, manche klar umrissen.

Ich fügte für das darauffolgende Gespräch eine Spalte mit meinen Anmerkungen und Vorschlägen und Fragen hinzu und verstand, wie divergent die einzelnen Punkte waren. Hier ein paar kleine Wünsche, dort eine großangelegte Transformation. Wir besprachen die Liste, führten weitere Diskussionen, wurden uns einig und ich nahm den Job an. Am ersten Arbeitstag hatte ich ein einziges großes Anliegen auf meiner Agenda: Über die Liste zu sprechen und aus der Wunschliste eine echte Prioritätenliste zu machen. Ich wollte verstehen, welche Punkte auf der Liste wichtig genug seien, um direkt damit zu beginnen.

Mein neuer Chef begrüßte das sehr, er wolle auch über diese Liste sprechen: „Denn Sie müssen wissen – entschuldige, wir sind ab jetzt ja per Du – Du musst wissen, es sind noch drei Prioritäten dazugekommen!"

Ich erzähle diese Geschichte, weil es gerade in den ersten Tagen wichtig ist zu verstehen, was das Unternehmen vom Wissensmanagement erwartet und was es von seiner Einführung hofft. Zugleich ist es wichtig, einen Fokus zu setzen. 27 Prioritäten sind: keine Prioritäten. Dennoch war ich für diese Liste äußerst dankbar, da sie mir viele Hinweise gab, was auf mich zukommen würde. Zudem half sie mir in der Folge, mit den Personen zu sprechen, die diese Wünsche geäußert haben. Auf der Grundlage eines besseren – längst noch nicht guten – Verständnisses konnte ich selbst priorisieren und in Abstimmung mit der Geschäftsleitung die vier oder fünf Punkte herauspicken, auf die wir zuerst unseren Fokus legen würden.

Nun ist diese Auswahl nicht einfach zu treffen: Auch Sie selbst bringen sicher Wissen über Knowledge Management mit, kennen die Firma aber nicht. Ihr Vorgesetzter kennt die Firma gut und hat sicher einen klaren Blick und klare Vorstellungen, was Wissensmanagement zukünftig leisten soll – so wird er die Prioritäten wählen. Er hat *einen* klaren Blick, und Sie sollten sich hüten, diesen als einzigen Blick zu deuten. Selbstredend hat die Perspektive Ihres Vorgesetzten und Geschäftsführers Gewicht. Sie müssen sich aber klarmachen, dass gutes Wissensmanagement nur funktionieren kann, wenn es auf einem breiten Fundament steht. Die Perspektive des (Top-)Managements auf Wissensmanagement ist stets eine andere als die der Basis. Letztere müssen sie aber schon mittelfristig genauso überzeugen wie das Management. Sie müssen mit denjenigen in Kontakt treten, die nachher die von Ihnen bereitgestellten Tools anwenden, die sich später im Intranet zurechtfinden müssen, mit denjenigen sprechen, die sie benötigen, damit sich Wissensmanagement etablieren und integraler Bestandteil der Firma werden kann. Und das ist zu größten Teilen die Belegschaft, nicht das Top-Management. Es gibt diverse Möglichkeiten, mit den Mitarbeiterinnen und Mitarbeitern ins Gespräch zu kommen. Wird dies versäumt, dann wird Knowledge Management ein Anhängsel, das fünfte Rad am Wagen – von Anfang an haben Sie es in der Hand, das zu vermeiden.

THEMEN des KOLLABORATIVEN WISSENSMANAGEMENT

Erste Gespräche und Büro-Rotation

Sprechen Sie mit Ihren neuen Kolleginnen und Kollegen, gehen Sie aktiv auf sie zu! Verschaffen Sie sich in den ersten Tagen eine Übersicht über die ungefähre Struktur des Unternehmens, versuchen Sie zu identifizieren, mit wem zu sprechen es sich lohnen könnte. Schnell landet man, wenn man sich einzig an den Organigrammen orientiert, bei den Leitern der jeweiligen Einheiten oder Untereinheiten. Es ist aber wichtig, mit der gesamten Breite der Belegschaft in Kontakt zu treten. Als ich meine neue Stelle antrat, hatte die Firma gerade mal wieder einen Wachstumsschub gemacht – fest zugewiesene Büros und Arbeitstische waren rar. Es brauchte einige Wochen, bis ein Bürotisch zu *meinem* Bürotisch wurde, und so ergab es sich, dass ich die Wochen zuvor zu Gast in Büros anderer Kolleginnen und Kollegen war. Das war ein glücklicher Zufall! Heute würde ich dazu raten, nicht auf den Zufall zu setzen, sondern schon vorm ersten Arbeitstag festzulegen, so zu verfahren.

Es macht Sinn, strukturierte Gespräche und Interviews zu führen, die nachher vergleichbar sind und wichtige Indizien für die Dringlichkeiten bestimmter Aufgaben liefern. Im Gesprächsleitfaden sind Fragen formuliert wie: „Was erwartest Du Dir von einem künftigen Knowledge Management?", „Wie leicht oder schwer kommst Du an die für Dich relevanten Dokumente?", „Welche Arbeitsschritte, die nichts mit inhaltlicher Arbeit zu tun haben, sind besonders nervig/zeitraubend?" etc. Diese Fragen fünfzehn- oder zwanzigmal beantwortet, vermitteln bald eine Vorstellung davon, wo Herausforderungen und Probleme – und die zukünftigen Handlungsfelder des/der Wissensmanager*in – liegen. Sollten die Antworten stark voneinander abweichen, sind auch dies wichtige Indikatoren. Gibt es da zum Beispiel zwei Lager, und wie setzen sich die zusammen? Oder gibt es individuelle Ausreißer? Das werden Sie bei der Auswertung Ihrer Fragebögen genauer herausfinden und dabei vielleicht nochmal Rücksprache halten mit verschiedenen Interviewpartner*innen – die sicher gern nochmal mit Ihnen sprechen, Sie zeigen ja mit den Nachfragen Ihre Wertschätzung und nehmen Ihre Kollegin, Ihren Kollegen ernst, geben Hilfsbereitschaft und ehrliches Interesse zu erkennen.

Neben diesen Interviews, die am besten an einem ruhigen Ort stattfinden, lernen Sie im Büro Ihrer Kolleginnen und Kollegen deren Arbeitsalltag kennen. Sie müssen hier kein psychologisch geschulter Soziologe sein oder die Methoden der Teilnehmenden Beobachtung studiert haben. Seien Sie neben Ihrer Arbeit einfach hellhörig, schauen Sie, wie die Kolleginnen und Kollegen arbeiten, sich austauschen, sich gegenseitig helfen, woher bestimmte Informationen genommen werden und wo sie fehlen und was geschieht: Wird eine Expertin angerufen oder wird eine Recherche gestartet, wird eine interne oder eine externe Datenbank konsultiert? Und wie gehen die Beteiligten damit um: gelassen, frustriert, genervt, ruhig? Solcherlei Beobachtungen können dazu dienen, ein Gefühl dafür zu entwickeln, wie „die Firma tickt".

Zudem werden Sie – wo sie schon einmal anwesend sind – bestimmt bei einer kurzen Kaffeepause die Möglichkeit für Gespräche haben. Ich habe oft gefragt, an was die Kollegin, der Kollege gerade arbeitet und habe von dort aus weitergefragt, was gerade gut läuft, was schwierig ist. Diese Information ist sehr viel konkreter, sehr viel handfester und liefert wichtige Hinweise, die im vorstrukturierten Interview nicht zutage treten. „Schau mal, hier in unserer Datenbank ist dieses blöde Pflichtfeld, in das ich immer irgendwas eintragen muss, um meine Daten speichern zu können – ich trage einfach xxx ein!", „Das ist halt immer wieder nervig, dass wir keine übergreifenden Recherchedatenbanken haben und ich an verschiedenen Stellen nachschauen muss", „Eigentlich würde ich jetzt den Benno anrufen, der wüsste sofort weiter – aber er ist gerade in Elternzeit."

Notieren Sie sich alles, und fragen Sie beim nächsten Gespräch nach, wie die Aufgabe auch ohne Benno gelöst werden konnte, ob das Datenbankproblem weiterhin besteht, ob die Kollegin denn schon einmal in einer Firma mit Meta-Datenbanken gearbeitet hat und wie diese Lösung aussah und ob diese Lösung vielleicht für unser Unternehmen passend sein könnte.

Ich hospitierte etwa wochenweise in verschiedenen Team-Büros und habe so mehrere Teams kennengelernt, dabei einiges über die Arbeit und deren Herausforderungen verstanden, hatte einen Eindruck von der Zusammenarbeit innerhalb der Teams gewonnen, vor allem aber hatte ich mit vielen Kolleginnen und Kollegen gesprochen, mit denen ich sonst kaum in Kontakt gekommen wäre. Nach wenigen Monaten hatte ich bereits ein solides Netzwerk entwickelt: Eine sehr gute Grundlage, um kollaboratives Wissensmanagement im Unternehmen aufzubauen.

Informelles Wissensmanagement erkennen

Das informelle Wissensmanagement war – neben den in den Gesprächen und Interviews geäußerten Wünschen und Erwartungen – ein weiterer entscheidender Indikator für das, was ich als zukünftiger Wissensmanager leisten konnte und sollte. Es gab die Wunschliste, die mir vom Management überreicht wurde; nun, neuerlich, die Liste der Wünsche, die ich aus Interviews generierte; dann aber darüber hinaus *eine existierende Praxis der Wissensarbeit, die täglich geleistet wurde.* Wie in den Grundlagen beschrieben, ist ein informelles Knowledge Management schon immer vorhanden, da Kolleg*innen Wissen teilen, einsammeln, speichern, verbessern, wiederverwenden etc.

Daran sich zu orientieren, hat sich ausgezahlt. Schnell wurde klar, dass ein Peer-to-Peer-Learning-Format ebenso etabliert wie akzeptiert ist, bei dem Kolleginnen und Kollegen ihre Erkenntnisse aus Projekten, ihre Einsichten aus einer Gruppenarbeit bereitwillig mit der Belegschaft teilen: Alle sind eingeladen, und wer sich interessiert, der meldet sich an. Tatsächlich war ich fasziniert von so viel Offenheit und Engagement: Hatte ich es bei meinem vorherigen Arbeitgeber mit großer Mühe geschafft, immerhin sechsmal pro Jahr ähnliche Veranstaltungen zu etablieren, bei denen Kolleg*innen von Kolleg*innen lernten, war es hier anscheinend üblich und ohne übertriebenen Kraftaufwand möglich, dass über dreißig solcher Events im Jahr stattfanden. Schnell war klar, dass dieser Weg der kollegialen Wissensweitergabe unbedingt weiter zu verfolgen und zu professionalisieren sei.

Tatsächlich wurde diese Art der Wissensweitergabe, die ich in der Frequenz erhöhen, in der vorgelagerten Kommunikation und Ankündigung sowie der nachgelagerten Dokumentation nach und nach verbessern konnte, zu einer der tragenden Säulen der gemeinsamen Wissensarbeit im Unternehmen. Ähnlich verhielt es sich mit Wissensflüssen und Ablagestrukturen, die grundsätzlich angelegt, doch teils nicht gepflegt waren, sodass ich die Wissensflüsse teils versandet, die Ablagestrukturen teils unaufgeräumt vorfand. Auch hier war jeweils kein kompletter Neustart nötig, im Gegenteil: Ich konnte die bereits bestehenden und somit der Belegschaft vertrauten Strukturen und Abläufe als Basis nutzen, und im Gespräch mit Kolleg*innen herausarbeiten, was die aktuellen Probleme sind und wie das Zielbild auszusehen hätte.

Das heißt nicht, dass der/die zukünftige Wissensmanager*in seinen/ihren Spielraum einschränkt und strikt an die geäußerten Wünsche gebunden ist – wäre das der Fall, wäre er/sie ja nicht berufen worden, das Wissensmanagement auf eine neue Ebene zu heben. Es geht darum, das Vorhandene nicht als irrelevant zur Seite zu schieben, sondern die guten Tendenzen zu verstärken und in transformatorisch-kollektiven Prozessen darauf hinzuwirken, die Qualität oder Stabilität von etablierten Routinen zu verbessern. Es ist also eher evolutiv als disruptiv, was zu Beginn einer Wissensmanagement-Einführung gefordert ist. Ein Grenzfall ist der offensichtliche „Quick Win", also eine Maßnahme, die mit wenig Aufwand und hohem Nutzen umgesetzt werden kann – hier ist Diskontinuität durchaus ein positives, erfrischendes Moment des Wissensmanagements. Doch muss dieser „Quick Win" zu den anderen Prioritäten passen, muss abgestimmt sein, wie im folgenden Kapitel beschrieben.

Prioritäten festlegen

Die verschiedensten Aufgabenbereiche, von denen ich zunächst über die „Wunschliste" erfahren hatte, mussten nun priorisiert werden. Die Interviews machten mir deutlich, wo Belegschaft, Mittel-Management und Führungsebene die größten Schmerzpunkte hatten Tatsächlich musste ich die ohnehin schon ausführliche Liste um ein paar weitere Punkte erweitern, die mir mehrfach in meinen Interviews oder den informellen Gesprächen genannt wurden. Zugleich hatte ich durch meine Bemühungen, dem informellen Wissensmanagement auf die Spur zu kommen, bereits einen ersten Überblick über Ablageorte, über Wissensflüsse, über stabile und instabile Prozesse.

Glücklicherweise stellte sich heraus, dass die zwei oder drei Punkte, bei denen alle großen Schmerz verspürten, gar nicht so schwierig zu lösen seien und sogar in recht kurzer Zeit zu bewerkstelligen waren: Ich hatte meine Quick Wins identifiziert!

Mit dieser neuen Liste konnte ich nun deutlich besser arbeiten: Sie beruhte nicht mehr auf Annahmen und Wünschen, sondern auf dem, was mir viele Kolleginnen und Kollegen nannten und was damit auch von ihnen getragen wurde. Einige zunächst vage Punkte konnten in dieser Zeit geschärft werden. Für mich galt es nun, möglichst *konkrete, sicht- und messbare Ziele* zu definieren. Das ist ein wichtiger Schritt, den alle angehenden Wissensmanager*innen unbedingt berücksichtigen sollten. Messbarkeit von Wirkung ist bekannterweise ein schwieriges Thema im Wissensmanagement, das daher auch immer wieder in der einschlägigen Literatur diskutiert wird. Verzetteln Sie sich nicht in der theoretischen Diskussion, sondern formulieren Sie die Aufgabe so, dass sie greif- und messbar wird. Aus dem vagen, schwammigen Punkt: „Intranet verbessern" reformulieren Sie „Die Intranetseiten aller internen Einheiten sind mit maximal zwei Klicks von der Startseite anzusteuern und die Hauptansprechpartner*innen und wichtigsten Informationen sind sofort sichtbar". Aus „alle wichtigen Vorlagen sind gepflegt" muss umformuliert werden: „Die derzeit zwanzig am häufigsten genutzten Vorlagen werden identifiziert, kritisch geprüft und an einem für alle zugänglichen Ablageort gespeichert. Dieser Ablageort wird kommuniziert und es wird festgelegt, wer im vierteljährlichen Turnus sicherstellt, dass die Vorlagen aktuell sind." So definieren Sie einen klaren Arbeitsauftrag, an dem Sie sich später messen lassen können. Ein klar umrissener Auftrag ist nicht nur bei der Umsetzung hilfreich, er ist auch eine Absicherung. Niemand kann nun mit pauschalen Urteilen die Arbeit des/der Wissensmanager*in kritisieren:

„Das Intranet ist immer noch nicht aufgeräumt", oder „ein paar Vorlagen sind immer noch nicht up-to-date". Neben diesem eher defensive Aspekt gibt es einen zweiten, offensiven: Sie können auch dem Management gegenüber jederzeit Status und Fortschritt melden und diesem die vielleicht latent vorhandene Sorge nehmen, ob denn im noch jungen Wissensmanagement die Dinge in die richtige Richtung laufen.

Mit einer derart modifizierten Liste bin ich nochmal in das Büro des zuständigen Geschäftsführers gegangen – und mit nur kleinen Änderungen konnte ich das Zimmer eine halbe Stunde später verlassen. Aus den 27 Prioritäten waren nun 6 geworden, die auf einer guten, breiten Grundlage erstellt wurden und mit klaren, messbaren Zielen versehen waren – und dazu mit einem ambitionierten, aber realistischen Zeitplan. Nun galt es, die sechs Arbeitspakete oder -stränge so zu planen und umzusetzen, dass – den kollaborativen Grundsätzen folgend – einzelne Kolleginnen und Kollegen in kleinen Teams mit eingebunden wurden und so von Anfang an Teile der Belegschaft für das „Gemeinschaftsprojekt Wissensmanagement" gewonnen werden konnten.

Das eigene Rollenverständnis entwickeln

Mit der Festlegung der Prioritäten haben Sie indirekt ein Stück weit Ihre Rolle definiert. Dies sei hier explizit gesagt, da es oft unausgesprochen bleibt – in der Literatur genauso wie in der Praxis. Wissensmanagement hat kein klar umrissenes Aufgabenfeld. Indem der Wissensmanager aber erklärt, an was er arbeitet, wie er die Prioritäten setzt und an welchen Zielen er sich messen lassen will, positioniert er nicht nur den Aktionsradius (oder das, was später als „Kern des Wissensmanagements" bezeichnet werden könnte), sondern eben auch sich in seiner Rolle als Wissensmanager. Bedenken Sie dies bei der Auswahl der Prioritäten, vor allem aber beim Anpacken der priorisierten Aufgaben die Aspekte eines kollaborativen Arbeitens.

Es gibt zwei Extrempositionen, die nun beschrieben werden, und eine bunte Mischung von Abstufungen dazwischen. Bei einem meiner vorherigen Arbeitgeber habe ich in einem großen Knowledge Management-Team gearbeitet, dort wurden die Positionen besonders deutlich. Der Chef, mit dem Titel des Chief Knowledge Officer (CKO) ausgestattet, kümmerte sich einzig um strategische Fragestellungen, definierte Knowledge Management-Prozesse und wachte darüber. Er stand im engen Austausch mit dem Management und weit entfernt von der Basis. Auf der anderen Seite gab es ein Team von Wissensmanagern, die Ansprechpartner waren für Kolleginnen und Kollegen aus bestimmten Bereichen. Sie unterstützten ganz handfest beim Suchen nach unternehmensinternem Wissen, immer wieder nach Referenzen und bemühten sich (oft monatelang vergeblich), den Projektleiterinnen und Projektleitern die „Project Knowledge Capturings" bei Projektabschluss abzutrotzen.

Wichtiger als die Positionierung durch die konkreten priorisierten Handlungs-felder (beim CKO würde wohl Entwurf einer umfassenden KM-Strategie, Festlegen eines Regelwerks für Wissensbewahrung und -weitergabe etc. stehen, beim kleinteilig denkenden Wissensarbeiter eher Punkte wie Dokumentenbibliotheken aufräumen, Project Knowledge Capturing Rate auf 90 % steigern, Dokumente nach file naming convention umbenennen) ist und bleibt der Ansatz, den Sie in Ihrer Arbeit verfolgen. Verstehen Sie sich und möchten Sie wahrgenommen werden als Dienstleister, der Dinge für andere erledigt? Oder ist Ihr Selbstverständnis eher das eines Beraters, eines in Wissensfragen hinzuzuziehenden Experten und des Wächters über die Einhaltung verabschiedeter Wissensprozesse und Standards? Oder aber positionieren Sie sich als kollaborativer Wissensmanager, der mit (Teilen) der Belegschaft Projekte und Arbeitspakete umsetzt?

Meine Erfahrung hat gezeigt: Als Dienstleister werden Sie nicht weit kommen und mittelfristig weder für das Sie noch für Management noch für die Belegschaft das volle Potenzial ausschöpfen können, das in Ihrer Position steckt. Als beratender Experte und kaum im Operativen agierender „Knowledge Officer" werden Sie keinen guten Stand haben und vielleicht sogar die Probezeit nicht überleben. Besserwisser sind nie beliebt, auch wenn sie es tatsächlich ab und zu besser wissen. Nur mit einer kollegialen Haltung und dem Willen zur ernsthaften Zusammenarbeit, bei der Mitarbeitende auf Augenhöhe und respektvoll miteinander umgehen, kann Wissensmanagement gelingen.

Als kollaborative/r Wissensmanager*in sind Sie CKO und zupackend unterstützender, manchmal dienstleistender Wissensarbeiter in Personalunion, oder präziser: Die Rollen sind in der Position des/der kollaborativen Wissensmanager*in aufgehoben. Das hierarchische Denken, das sich hinter der beschriebenen Struktur zeigt, ist selten förderlich und liegt dem kollaborativen Ansatz fern, ja es löst sich in ihm auf. Verfolgen Sie den kollaborativen Ansatz von Anfang an! Niemand wird von Ihnen erwarten, dass sie sich für zwölf Wochen zurückziehen und mit einem fertigen Masterplan für das gesamte Wissensmanagement aufwarten oder dass über Jahre vernachlässigte Ablagestrukturen nach drei Monaten aufgeräumt und von allen Dubletten befreit sind. Definieren Sie Ihre Rolle auf der einen Seite als Planer und Treiber bestimmter Themen. Zugleich sind Sie aber auch derjenige, der die entworfenen und von der Geschäftsleitung unterstützten Pläne umsetzt. Selbst wenn Sie einige Aufgaben alleine anpacken können, für die meisten brauchen Sie Unterstützung aus der Belegschaft, und das ist gut so. Denn mein Credo als kollaborativer Wissensmanager lautet: *Ich kann Wissensmanagement nicht für Euch machen, ich kann Wissensmanagement gemeinsam mit Euch machen.*

Der kollaborative Ansatz birgt viele positive Aspekte, bringt aber auch – das hat die Praxis gezeigt – die ein oder andere Herausforderung mit sich. An dieser Stelle sei kurz genannt, was auf der Hand liegt: Wenn andere Personen eingebunden werden, hat man mehr *manpower,* man kann Aufgaben verteilen, Expertisen nutzen; vor allem aber wird das Ergebnis in der Regel schon einmal getragen von denen, die daran mitgearbeitet haben. Falls Überzeugungsarbeit geleistet werden muss, ist es ein starkes Argument, wenn man sagen kann: „Das habe ich mir nicht im stillen Kämmerlein ausgedacht, das wurde von Kolleginnen und Kollegen aus Eurer Mitte gemeinsam mit mir entwickelt." Die negative Seite: Es braucht mehr Abstimmungsaufwand, es kommt ab und an zu zeitlichen Verzögerungen.

Lassen Sie sich nicht von diesem negativen Aspekt dazu verleiten, den kollaborativen Pfad zu verlassen und Ihre Rolle doch wieder wie so oft in derzeitig bestehenden Wissensmanagements als „Dienstleister" oder „Umsetzer" zu definieren (oder eben im Gegenteil als rein planender „Wissens-Stratege"), weil Ihnen die Geduld fehlt, bestimmte Aufgabenpakete mit anderen abzustimmen. Die vielen positiven Aspekte überwiegen bei weitem! Ihre Ungeduld können Sie dadurch lindern, indem Sie mehrere Arbeitspakete parallel bearbeiten, was in der Praxis auch realistisch ist. Behalten Sie also wie ein koordinierender Projektleiter den Überblick und ermöglichen Sie denjenigen Personen aus der Belegschaft, mit denen Sie arbeiten, zeitliche Flexibilität: Kollegialität und kollegiale Rücksichtnahme gehören zur Zusammenarbeit.

Wissenspools identifizieren

In den ersten Wochen und Monaten bin ich immer wieder auf neue Wissenspools gestoßen, also auf die Orte, an denen Wissen absichtlich oder unabsichtlich akkumuliert. In fast allen Firmen gibt es zentrale Ablagen für die Projekt-Dokumentationen, zudem geschlossene Ablagen des HR- und Controlling-Bereichs, in denen Verträge bzw. Finanzdaten des Unternehmens sicher verwahrt sind. Es gib darüber hinaus Wissenspools, die alle Mitarbeiter*innen nutzen können und sollen und die entsprechend für alle zugänglich sind. Dort finden sich zum Beispiel die zu verwendenden Vorlagen oder die *Standard Company Presentation*. Wo die Vorlagen, wo die Firmenpräsentation sich aber finden, das ist damit noch längst nicht klar. Die Firmenpräsentation kann auf einem allen Mitarbeitenden zugänglichen Fileserver liegen, im Intranet hinterlegt sein oder im Content Management System sich finden, dessen Frontend die Website des Unternehmens ist. Das Master-Template für alle Firmenpräsentationen wiederum kann in einem geschützten Bereich der Marketing-, Sales- oder Kommunikationsabteilung liegen, vielleicht aber auch bei der Assistenz der Geschäftsführung – je nachdem, welche Einheit, welche Person für dieses Dokument verantwortlich zeichnet. Mit einem Wort: Die Information ist firmenweit breit gestreut, findet sich in verschiedenen Pools und Tools, kann auf verschiedenen Wegen angesteuert werden. Und ziemlich sicher hat niemand im Unternehmen mehr den vollen Überblick.

Sie kommen nicht darum herum: Sie werden bald die Person im Unternehmen sein, die den Überblick über die verschiedensten Pools und die darin befindlichen Dokumente haben *muss*. Sie werden danach gefragt: Sie sind schließlich Wissensmanager*in. Ich habe mich daher der unvermeidlichen Aufgabe aktiv gestellt, bin immer wieder und immer weiter auf die Suche gegangen und habe selbst nach einem halben Jahr immer noch weitere Wissenspools gefunden, zwei wichtige sogar erst nach knapp einem Jahr. Heute, nach gut drei Jahren, bin ich mir recht sicher, nichts übersehen zu haben. Allerdings ist diese Aufgabe nie abgeschlossen und wir Wissensmanager*innen müssen wachsam sein: Wissenspools können jederzeit an erwartbaren und unerwarteten Orten neu entstehen. Beim letzten großen neuen Wissenspool wurde ich glücklicherweise vorab informiert und um Rat gefragt. Ein neuer Drive für eine wichtige und wissensstarke Gruppe wurde auf dem Fileserver eingerichtet, und ich konnte die Ordnerstruktur mitgestalten.

Doch nochmal einen Schritt zurück. Ich habe mir die Wissenspools zeigen und erklären lassen, im Idealfall von den Ownern, also den Hauptverantwortlichen. Nicht nur die Inhalte und die Strukturen haben mich interessiert, auch die Zugriffsberechtigungen und die Frage nach dem Warum: Warum liegen diese Dokumente an dieser und an keiner anderen Stelle? Wie ist das zustande gekommen? Warum hält man daran fest? Weil es sich bewährt hat, oder weil man keine besseren Alternativen kennt?

Oft wird diese Verteilung des Firmenwissens in den unterschiedlichsten Ablagen von Belegschaft wie Management als schmerzhafte Fragmentierung wahrgenommen: Warum ist unser Wissen nicht an einem einzigen Ort abgelegt? Wieso muss ich Dokument A im Intranet suchen, für Information B im Content Management System nachsehen und für Protokoll C auf den File Server mich begeben? Vielleicht sind wir durch große Suchmaschinen verdorben: Alles, was ich brauche, gebe ich in einer einzigen Maske ein und klicke auf einen der ersten angezeigten Treffer. Ich bin darüber immer wieder erstaunt. Im wirklichen Leben haben wir kein Problem, unterschiedliche Orte aufzusuchen, um unterschiedliches Wissen zu erlangen. Brauche ich da Informationen über eine komplizierte Bahnverbindung, gehe ich zum DB-Schalter oder ins Reisebüro; suche ich hingegen Informationen aus einem alten Buch, bewege ich mich in Richtung Universitätsbibliothek; möchte ich etwas über das Wetter in den kommenden Stunden erfahren, höre ich Radio oder rufe im Internet die einschlägigen Seiten auf, und um zu überprüfen, ob eine erwartete Zahlung bereits auf meinem Konto eingegangen ist, logge ich mich ins Online-Banking ein. Warum fällt es uns so schwer, Alltagsroutinen auf berufliche Kontexte zu übertragen?

Entscheidend ist an dieser Stelle, dass Sie der Versuchung widerstehen, Wissens-Silos aufzulösen zugunsten eines einzigen großen Wissenspools. „Das Silo-Denken überwinden" – wie wunderbar suggestiv klingt das, und wie schnell ist man im nächsten Schritt bereit, Getrenntes zusammenzuführen. *Cave!* Ich habe Wissensmanager scheitern sehen, die genau das getan haben und damit doch nur dem (naiven) Wunsch von Management und Belegschaft gefolgt sind, die Pools zu öffnen und alles in einen großen Wissens-See zusammenfließen zu lassen. Dort lag nun alle Information, alles Wissen vermengt und ohne geregelte Zuständigkeiten, und wer etwas zu finden versuchte, dem verstellten hundert irrelevante Dokumente den Blick auf das Gesuchte. Die Situation hatte sich also nicht verbessert, sondern verschlechtert. Führen Sie nicht zusammen, sondern beschriften Sie!

Ich habe zunächst für mich selbst Buch geführt: Wo liegt was? Schnell wird die Liste unübersichtlich, darum bilde ich Kategorien. Um es übersichtlich zu gestalten, versuche ich es mit grafischen Elementen, ordne die verschiedenen Elemente in einer 3×3 oder 4×4 Struktur und habe für mich das erstellt, was als „Wissenslandkarte" bekannt ist: Eine handliche Übersicht über die relevanten Wissenspools. Es muss nicht alles und jedes abgebildet sein, aber 90, vielleicht sogar 95 % der häufig benutzten Wissensquellen sollten sich darauf finden. Dieses Wissen – eine Art Meta-Wissen – ist bereits

WISSENSPOOLS AUFLÖSEN? NEIN, BESCHRIFTEN!

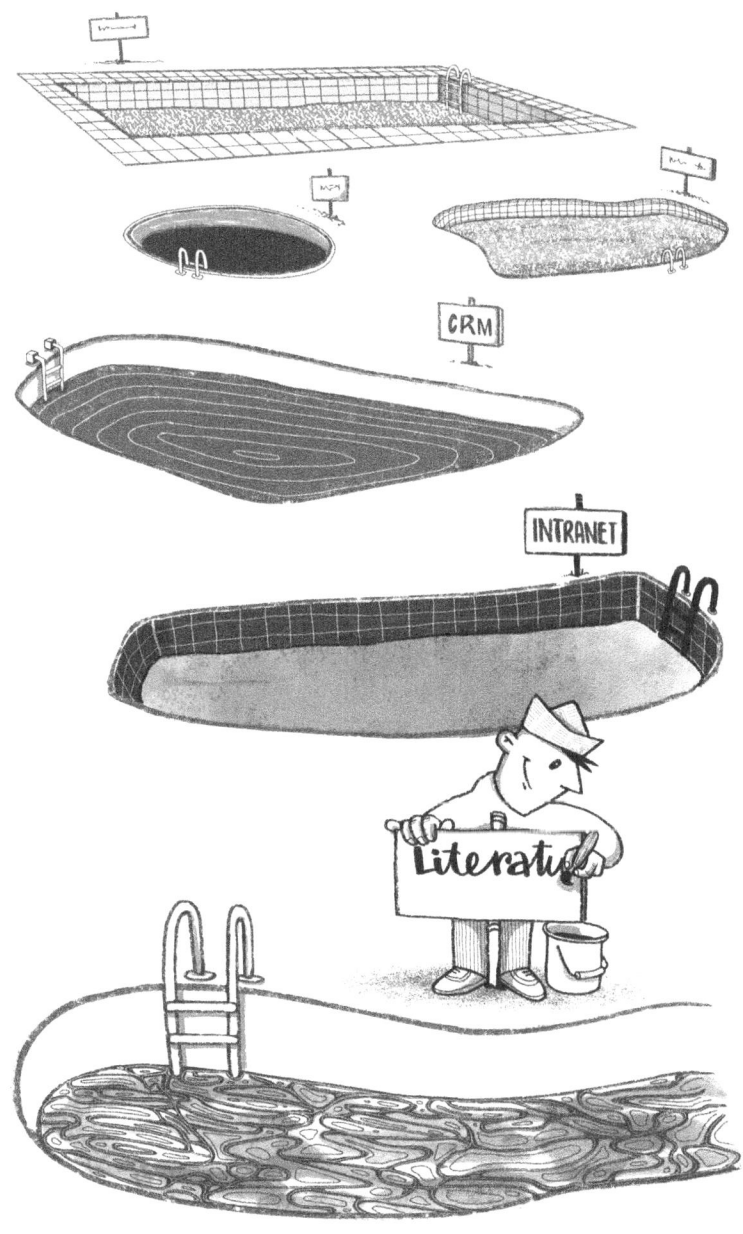

ein großer Erfolg, darum habe ich dieses Wissen nicht für mich behalten, sondern mit der Belegschaft geteilt. Denn viele Fragen können Kolleginnen und Kollegen sich selbst beantworten, wenn sie wissen, wo sie welche Informationen finden.

Was jetzt aber noch fehlt, ist die Klärung der Zuständigkeiten. Wer ist eigentlich für welches Wissenspool verantwortlich? Klar ist das nur den wenigsten im Unternehmen. Auch ich wurde häufig hin und her verwiesen und fand schließlich jemanden, der mir sagte: „Ach so, die große Bilddatenbank im CMS meinst Du – ja, um die kümmere ich mich." So geht es oft, und es ist wichtig, neben den Inhalten der Pools wie „zu verwendende Bilder", „Standard-Vorlagen", „Sales-Dokumente", „Good-Practice-Beispiele", „mp4-Aufzeichnungen von internen Wissensweitergaben" zusätzlich die Hauptverantwortlichen, die Owner, auf dem Label zu vermerken.

Zusammengefasst: Die richtige Antwort auf die Unübersichtlichkeit in Unternehmen in Bezug auf Ablagestrukturen, Wissenspools, Datenbanken, Bibliotheken und den darin zu findenden Dokumenten und Informationen ist nicht die vordergründig einfache und naheliegende Lösung, die sich als Scheinlösung entpuppt: alles zusammenzuführen. Sondern die zielführende, übersichtstiftende Lösung ist die Kennzeichnung und Offenlegung, welche Pools, Datenbanken, Bibliotheken es überhaupt gibt. Zweitens, welche Dokumente, welches Wissen darin zu finden ist und drittens, wer für das jeweilige Wissenspool verantwortlich ist und angesprochen werden kann.

Das Intranet

Das Intranet hat in praktisch allen Unternehmen einen schweren Stand. Denn in Zeiten der Internetpräsenz, in die Zehntausende Euros fließen und die von tausenden Menschen (im Glücksfall täglich) angesteuert und aufgerufen wird, beinhaltet das Intranet hingegen schlecht aufbereitete Informationen, die oft längst *outdated* sind.

Das Intranet ist in vielen Firmen ein Sorgenkind. Aber seit drei Jahren weiß ich, dass das Intranet die Entwicklung zum Primus durchleben kann, und zwar recht zügig: Die ungeliebte Ablage für veraltete Dokumente und überholte Informationen lässt sich bereinigen und zu einem allseits geschätzten Informationszentrum umgestalten. Das erfordert allerdings viel Zeit, Kraft, Durchhaltevermögen. Unser Intranet wurde vor über zehn Jahren eingeführt. Es wurde aufgebaut als das, was es sein sollte: Informationsquelle und Ablageort für wichtige Dokumente, auch als hausinterne Zeitung. Anscheinend war aber die Verantwortlichkeit nicht klar geregelt. Die einzelnen Fachbereiche sorgten für die Aktualität Ihrer Intranet-Präsenzen – oder auch nicht. Ebenso hielten es die internen Zentraleinheiten: Es wurde aktualisiert oder es wurde unterlassen. Das Dokumentenmanagement schien – ich mutmaße hier, weil es keine zuverlässigen Aussagen gibt – unklar zu sein, in der Benennung der Dateinamen ebenso wie in der prozessualen Bearbeitung: Werden alte Versionen eines Dokuments überschrieben, gelöscht oder einfach behalten? Ein übergreifendes Qualitätsmanagement scheint es nicht gegeben zu haben – als ich ins Unternehmen einstieg, gab es niemanden, von dem ich die Ownership für das Intranet hätte übernehmen können. Ich nahm sie mir einfach so.

Als ich mir ein erstes Bild vom aktuellen Zustand verschaffte, konnte ich die grundsätzliche Struktur und den Sinn dahinter erkennen. Ich war erstaunt und auch erfreut zu sehen, dass das Intranet nicht komplett zu einer Datenmüllhalde verkommen war wie andere Intranets, die ich bei anderen Firmen kennengelernt habe – trotz der mehrköpfigen Lösch-Teams, deren Aufgabe darin bestand, die veralteten, im schlimmsten Fall falschen Dokumente, Vorlagen, Informationen vom Intranet zu entfernen. Ein Kampf gegen Windmühlen übrigens, denn täglich wurden mehr fehlerhafte Dokumente hochgeladen, als das Team hätte löschen können.

Einige hundert Fotos von früheren Firmenfeiern, die vom Speichervolumen her den größten Platz einnahmen, verstopften das Intranet. Diese konnte ich leicht auf den richtigen Drive unseres File Servers verschieben. Viele Dokumente waren schlicht veraltet – bei denen fragte ich Dokument für Dokument nach, ob sie noch relevant seien – wenn, ja, musste ein Owner und ein Update her. Für fragliche und wichtige Dokumente, insbesondere Vorlagen, übernahm ich erstmal selbst die Verantwortung, einfach aus dem Grund, da sich sonst niemand fand.

Solche Arbeit im Intranet gehört zum Dokumentenmanagement und ist keine Sternstunde der Wissensarbeit. Sie muss jedoch erledigt werden. Ich war etwa 8 Monate eine Stunde pro Tag damit beschäftigt. Schließlich war es geschafft: Mehr als 85 % der Dokumente konnte ich einfach archivieren, die verbliebenen 15 % hatten einen Verantwortlichen und waren aktuell, und einige wichtige bisher fehlende Dokumente konnte ich ergänzen.

Der Vollständigkeit halber sei hier erwähnt: Das Intranet ist nicht nur Content, sondern auch Struktur. Und diese muss gegebenenfalls angepasst werden, etwa dann, wenn fehlende Seiten ergänzt oder Dubletten gelöscht werden müssen, oder wenn, aus Gründen der Übersichtlichkeit, Seiten gebündelt oder unter übergeordneten Seiten zusammengefasst werden. Auch die Arbeit der an der Struktur ist die Aufgabe des Wissensmanagers oder der Wissensmanagerin.

Etwa ein Jahr nach dem Beginn meiner Arbeit konnte ich das qualitativ wiederauferstandene Intranet präsentieren – der Relaunch wurde prominent von einem der Geschäftsführer per E-Mail kommuniziert, und als am Montagmorgen die Kolleginnen und Kollegen sich wieder einloggten, fanden sie ein neues Intranet vor.

Bei einer solchen – wenn auch positiven – Umstellung sollte man nicht auf den positiven Überraschungseffekt allein zählen, sondern die Neuerung kommunikativ weiter begleiten. Jede Veränderung, und sei sie noch so sinnvoll, bringt Widerstände hervor, die es zu moderieren gilt. Mehrere kleine virtuelle Führungen durch unser neues Intranet flankierten die Neuerung. Ich bot diese Spaziergänge von 30 min abwechselnd auf Deutsch und Englisch an, um alle Mitarbeiter*innen zu erreichen. Fast die Hälfte der Belegschaft nahm daran teil, das neue Intranet etablierte sich schnell als zuverlässige Quelle für internes Wissen. Alle neuen Mitarbeiter*innen, die in ihren ersten Tagen eine Einführung ins Unternehmen erhalten, führe ich eine knappe Stunde durchs Intranet, denn dort können sie sich nach der Einführung jederzeit selbst über Personen, Inhalte, Dokumente, Prozesse etc. zuverlässig informieren.

Um die Fehler zu vermeiden, deren Opfer das Intranet in seinen ersten Jahren geworden war, etablierte ich ein Qualitätsmanagement, um alle Informationen und Inhalte qualitativ abzusichern. Denn ich wollte auf keinen Fall noch einmal so große Datenmengen aufräumen müssen! Besser für alle Beteiligten ist es, egal ob Nutzer*innen, ob Owner der Inhalte oder den/die Wissensmanager*in, wenn die im Intranet hinterlegten Informationen aktuell gehalten und diese Aktualität regelmäßig geprüft wird. Letztlich ist es ganz einfach, es braucht aber Zuständigkeiten und klare Regeln dafür, die es einzuhalten gilt. Dass diese Regeln und Zuständigkeiten vom Wissensmanagement zunächst vorgeschlagen, anschließend gemeinsam diskutiert und sie ebenso gemeinschaftlich verabschiedet werden müssen, ist ein entscheidendes, manchmal vergessenes Prozedere.

Bestimmte Dokumente müssen tagesaktuell gehalten werden. Arbeitsanweisungen in Pandemiezeiten zum Beispiel oder die Übersicht über die Organisationseinheiten: Wenn sich hier etwas ändert, sollte die Änderung in Tagesfrist umgesetzt und aktualisiert im Intranet einzusehen sein. Andere Dokumente sollten regelmäßig überprüft werden. Ein Turnus von drei Monaten hat sich etabliert, in dem alle Owner aufgefordert werden zu bestätigen, dass die von ihnen verantworteten Dokumente und Seiteninhalte noch auf dem aktuellsten Stand sind – und wenn dies nicht der Fall ist, ein Update vorzunehmen. Natürlich können sich bei Änderungswünschen auf den Seiten oder in den Dokumenten die Verantwortlichen jederzeit direkt beim Wissensmanagement melden, um die Änderungen umzusetzen. Und auch der letzte Fall ist klar geregelt: Sollten Verantwortliche von sich aus Änderungen machen, was durchaus gewünscht ist, erhalte ich eine Benachrichtigung vom Intranet-System und kann die Änderung nachvollziehen. Das ist wichtig, denn manche Interdependenzen werden von einzelnen Einheiten übersehen, etwa, dass ein neu hochgeladenes Dokument an einer anderen relevanten Stelle verlinkt werden muss oder an verschiedenen anderen Stellen zumindest darauf hingewiesen werden sollte. Hier ist der/die Wissensmanager*in gefragt, der/die den Überblick über die Gesamtheit des Intranets behält.

Das Qualitätsmanagement hat – neben den bestimmt anstrengenden Aspekten für diejenigen, die hier turnusmäßig zuliefern – einen positiven Effekt: Alle Abteilungen, die Fachabteilungen ebenso wie die internen Einheiten, wissen, dass die Pflege standardmäßig erfolgt. Sie wissen, dass nicht nur sie Input liefern, sondern alle anderen auch und dass die Information im Intranet daher wirklich valide ist. So ist eben – räumlich gesprochen – nicht nur ein Zimmer aufgeräumt, das ganze Haus ist ordentlich gehalten, und jede/r kann sicher sein, in anderen Zimmern das Richtige und Wichtige schnell zu finden. Etwa ein halbes Jahr nach Relaunch und der Einführung des Qualitätsmanagements wurde eine Umfrage unter den Mitarbeitenden zum Wissensmanagement durchgeführt. Das Intranet wurde mit der Schulnote 2,1 bewertet – ein Traumwert für Intranets, die in der Regel sehr streng benotet werden! Ich führe das darauf zurück, dass es nicht nur das Wissensmanagement ist, das hier die Qualitätsfahne hochhält, sondern dass eine ganze Gruppe von Personen im Unternehmen daran beteiligt ist, seine Qualität zu sichern und zu erhöhen: Auch hier tritt der Ansatz des kollaborativen Wissensmanagements deutlich zutage und zahlt sich aus.

Die Durchdringung jedenfalls wird mithilfe von IT-Tools quantitativ getrackt und qualitativ abgefragt – und sie ist sehr hoch. Die allermeisten Mitarbeiter*innen des Unternehmens besuchen mindestens einmal pro Woche das Intranet, ein großer Teil mehrmals. Das bleibt auch dem Management nicht verborgen. Zumindest einige Manager standen meinen Bemühungen, das Intranet aufzuräumen, kritisch gegenüber; jetzt, wo sie sehen, dass es allgemein akzeptiert und anerkannt ist, nutzen sie das Intranet selbst und formulieren weitere Anforderungen. Tatsächlich konnte ich auf diese Weise einige weitere Verbesserungen vorantreiben, die ich direkt über das Mandat der Unternehmensführung erhielt. Ohne dieses Mandat wäre es wohl schwerlich dazu gekommen, über 100 Zentraldokumente über alle Einheiten hinweg zu definieren, sie gemäß der *file naming convention* für Zentraldokumente zu benennen und für jedes dieser Dokumente Owner zu bestimmen, die viertel- oder halbjährlich für einen Qualitäts-Check und Updates sorgen.

File Server und andere Ablagestrukturen (Content Management Systeme, Literaturverwaltungs-Software und persistente Chats)

Das Intranet ist in den allermeisten Firmen ein Kernstück des Wissensmanagements, und daher ist es entscheidend, es mit besonderem Augenmerk zu pflegen. Größere und große Unternehmen sollten unbedingt auf das Berechtigungskonzept im Intranet achten – allzu häufig kommt es vor, dass zumindest in Teilbereichen des Intranets es allen Angestellten offensteht, Information nicht nur einzusehen, sondern selbst einzuspeisen. Über die Folgen, wenn etwa ein altgedienter und gutmütiger Mitarbeiter vor seinem Ausscheiden seine Festplatte „irgendwo" ablegen will und zufällig das Intranet trifft und dieses mit vielen nicht mehr gültigen Versionen der Firmenpräsentation, veralteten, falschen Zahlen und Fakten flutet, braucht hier nicht berichtet zu werden. In der Praxis kommen solche Fälle häufig vor, sodass die bereits oben erwähnten Lösch-Teams, leider keine Fiktion, sondern in großen Firmen traurige Realität sind, um die täglichen Aufräumarbeiten im Intranet zu bewerkstelligen.

Im Idealfall ist das Intranet die Informationsquelle, auf die wie eine Handbibliothek zunächst zugegriffen wird, sollte internes Wissen gesucht werden – denn auf die hier hinterlegte Information ist Verlass. Doch können schon Firmen mit etwa fünfzig Mitarbeitenden sich nicht allein auf ein Intranet setzen. Und so gibt es andere Ablagesysteme, etwa den File Server: Auf ihm sind, gebündelt auf verschiedenen Laufwerken mit jeweils unterschiedlichen Zugriffsberechtigungen, die größten Teile der Unternehmensinformation gespeichert. Hier lagern nicht nur die Controlling-Daten und die Vertragsdaten des Unternehmens, hier haben auch andere Abteilungen wie das Business Development oder das Kommunikations-Team die meisten Daten abgelegt. Einen großen

Anteil machen die Dokumentationen der laufenden, einen noch viel größeren die Archivierung der abgeschlossenen Projekte aus. Die Dokumentationen gehen teils Jahrzehnte zurück: Der File Server ist das Gedächtnis des Unternehmens.

Nicht alles ist für die gesamte Belegschaft einsehbar, und das aus gutem Grund, wenn man bedenkt, dass die Personalabteilung wie das Controlling, das Management wie die Finanzbuchhaltung ihre Dateien hier ablegen. Manche Drives sind hingegen für alle zugänglich, sollen zugänglich sein. Dort lagern zum Beispiel die Methoden-Toolbox oder die mp4-Aufzeichnungen der Mitarbeiter-Versammlungen, die für das Intranet zu umfangreich wären und auf die doch alle Mitarbeitenden Zugriff haben sollen.

Solche Drives sind wegen ihrer Umfänglichkeit schwer zu durchsuchen. Bei oft vielen Millionen Dokumenten ist es nicht leicht das Gesuchte zu finden. Doch gibt es IT-Lösungen, die helfen können – etwa, indem alle Dokumente auf dem Fileserver indexiert werden und so mit einer speziellen Suchfunktion in ihren Inhalten sekundenschnell durchsucht werden können! Die Trefferliste geht selbst bei recht spitzen Suchanfragen in die Tausende – mit Booleschen Operatoren und über Eigenschaften kann die Trefferliste sinnvoll auf ein handhabbares Maß verkürzt werden. Der File Server ist ein Quell des Wissens für diejenigen, die mit den wenigen hundert Dokumenten und den schlank gehaltenen Seiten des Intranets nicht die richtigen Treffer erzielen konnten. Und doch gilt ein Primat der Suche erst auf dem Intranet und dann in den erweiterten Gefilden: Denn das Intranet kann vom Wissensmanagement und kollaborativ mit vielen Ownern aktuell gehalten werden. Viele Millionen Dokumente hingegen sind als Archiv definiert, das keinerlei Aktualisierung bedarf und dessen Inhalte daher stets mit dem Vorbehalt kritischer Prüfung eingesehen und gegebenenfalls weiterverwendet werden. Wichtig ist – abschließend sei dies genannt – dass die Belegschaft weiß, wie sie die großen Datenmengen bewältigen kann. Um die Trefferlisten einzuschränken, die ja wie beschrieben und anders als im Intranet oft in die Tausende gehen, müssen Mitarbeiter*innen mit Operatoren und Eigenschaften vertraut sein, die jede/r IT-affine Mitarbeiter*in nutzt, die aber vielen – digitales Zeitalter hin oder her – unbekannt sind. Die Phrasensuche, die UND-Verknüpfung, oder eben wichtige Eigenschaften wie „File Name Contains:" sind unseren Mitarbeitenden teils nicht präsent gewesen. Hundertfach habe ich dies vermittelt und biete mehrfach im Jahr Schulungen zur „Advanced Search" an, da nur mit guten Suchstrategien große Datenmengen effizient handhabbar werden.

Weiterhin gibt es ein Content Management System, in dem CVs der Mitarbeiterinnen und Mitarbeiter, eine vollumfängliche Projektdatenbank und eine mehr als 10.000 Objekte umfassende Bilddatenbank ihre Heimat haben. Man kann sich leicht vorstellen, dass dies ein ganz eigener Bereich ist und eigens geschult wird.

Zudem gibt es eine Software, die die Gesamtbibliothek mit all der Literatur, die von Projekten gesammelt und zitiert wurde, umfasst, dazu die eigenen Publikationen. Auch hier überschreiten die Einträge fünfstellige Bereiche. Schließlich hält das Chat-Tool für Videokonferenzen und Calls die Möglichkeit bereit, in den persistenten Kanälen nach Schlagworten zu suchen.

Ohne auf all diese Datenbanken und Tools genauer einzugehen, ist hier ein wichtiger Punkt herauszuheben: Es hat seine Berechtigung, ja es ist ein Gewinn, dass bestimmte Daten und Informationen voneinander getrennt sind und in unterschiedlichen Datenbanken abliegen. Es ist eine ebenso verbreitete wie falsche Annahme, dass all dies zusammengeführt werden müsste. Die Ordnungs- und Ablagesysteme haben jeweils spezifische Funktionen, sie sind nicht redundant. Solange die Mitarbeiter*innen eines Unternehmens wissen, wo welche Information, wo welches Dokument zu finden ist, ist ein Datenbank-Pluralismus unproblematisch. Dass sie es wissen oder zumindest wissen können, ist Aufgabe des Wissensmanagements.

Projektmanagement-Bibliothek

Im Intranet gibt es einen besonderen Bereich: Das ist der sogenannte Projektmanagement-Server. Eigentlich ist es eine Unterseite des Intranets mit angeschlossener Dokumenten-Bibliothek, doch ist die Seite aufwendiger gestaltet, die Bibliothek besser bestückt als viele andere Ecken des Intranets: So hat sich der Name in grauer Vorzeit etabliert. Der Server bildet einen kleinen eigenen Kosmos. Alles dreht sich um die Planung, Durchführung und den Abschluss von Projekten. Es finden sich hier Controlling-Dokumente und Project-Risk-Assessment-Templates, hier liegen Vorlagen und Best-Practice-Beispiele für Kundenworkshops, es findet sich das umfängliche Project-Rule-Book ebenso auf dem Projektmanagement-Server wie Anweisungen und Vorlagen für Projektübergaben und Projektabschlüsse.

Solche Sammlungen haben ihre Berechtigung, denn sie können hilfreich sein in doppelter Hinsicht:

- Neuen Mitarbeiter*innen geben sie eine Orientierung über die Abläufe des Projektmanagements, sie ermöglichen den schnellen Zugriff auf die wichtigsten Dokumente aus einer speziellen Sicht (der der Projektleiterin oder -mitarbeitenden) und tragen so zu Produktivität und Qualität bei: Vorlagen können direkt genutzt werden, die Einarbeitung, das Eindenken in die Projektlogiken geht schneller vonstatten, und aus Qualitätssicht werden die etablierten Standards nicht unterlaufen, wenn neue Mitarbeiter*innen die vielfach bewährten Vorgehensweisen, Methoden, Templates von Anfang an nutzen.
- Altgediente Mitarbeiter*innen profitieren ebenso von einer derartigen Sammlung, denn hier werden die Aktualisierungen (etwa die Anpassung einer Vorlage, die Ergänzung eines neuen Dokuments) zentral vorgenommen, und statt sich aus alten, abgeschlossenen Projekten zu bedienen, kann sich auch die erfahrene Projektleitung sicher sein, stets auf der Höhe der Zeit zu sein und von zentral vorgenommenen Aktualisierungen zu profitieren.

Ich habe in einer Unternehmensberatung gearbeitet, in der die Art und Weise des Projektmanagements bis ins kleinste Detail vorstrukturiert war – selbst die Projektanbahnung wurde in die Phasen 1–7 gegliedert, und es mussten jeweils bestimmte Formalia eingehalten werden, um zum nächsten Schritt zu gelangen. Von „targeting the company" über „first contact" und „negotiations" ging es hin bis „proposing" und „finalizing the agreement" – danach gab es nur noch Lost oder Won. Noch viel komplexer war das allgemeine Projektmanagement organisiert, und in Zeiten wackeliger Internetverbindungen bekam jede/r Projektleiter*in das Handbuch auf CD-ROM ausgehändigt, damit es keine Ausreden gab: Wer als Projektleiter (es waren tatsächlich fast nur Männer) für diese Firma arbeitete, arbeitete das Projekt nach diesen Richtlinien ab.

Man kann sich vorstellen, wie wenig beliebt solch ein Korsett in der Praxis ist, wie es als bloße Hülle und Form empfunden wird, nicht als Stütze. Mannigfaltig die Erzählungen, wie man aus dieser Struktur ausbrach und erst so die wirklichen Projekterfolge erzielen konnte!

Der generelle Punkt, der hier interessiert, ist: Wie weit soll und muss ein auf Projektarbeit ausgelegtes Unternehmen die Strukturen und Richtlinien für Projektmanagement vorgeben? Diese Frage ist tatsächlich kaum zu beantworten – oder vielmehr: Sie lässt sich auf ganz unterschiedliche Weisen beantworten. Von einem wie oben aus einem anderen Kontext zitierten Korsett bis hin zum betont unkonventionellen Laissez-Faire ist alles möglich. An solchen Fragen entbrennen oft Diskussionen um Führung generell. Ist die Führungskraft, die sich monatlich genaue Reports aus den einzelnen Projekten geben lässt, ein Nerd, eine Erbsenzählerin? Die andere Führungskraft, die ihre Leute machen lässt und ihnen vertraut und nur in wirklich brenzligen Situationen einschreitet, ein cooler Typ oder doch der Verantwortung nicht korrekt nachkommend?

Standardisierungen haben ihre Berechtigungen – bis zu einem gewissen Grad. Es gibt Minimalstandards, die immer eingehalten werden. „Kein Projekt ohne Projektnummer" ist bei uns im Unternehmen solch ein Minimal-Konsens. Wie Projekte dann tatsächlich umgesetzt werden, ist zum größten Teil den Projektleiter*innen überlassen, die auf die Dokumente des Projektmanagement-Servers zugreifen können – aber eben nicht müssen. Wir sprechen daher gern von „Handreichungen", die das Unternehmen seinen Mitarbeitenden anbietet. Sie zu nutzen, obliegt der Entscheidung der Projektleiterin, des Projektleiters. Diese eher lockere Auslegung hat durchaus Vorteile: Sie ist nicht nur flexibel gegenüber Vorlieben und Abneigungen der eigenen Mitarbeiter*innen, sie kann auch der heterogenen Landschaft der Auftrag- und Zuwendungsgeber Rechnung tragen. Während eine einem Bundesministerium nachgelagerte Behörde in der Regel Projekte klassisch, also nach Wasserfall-Prinzip abarbeitet, gibt es zentralafrikanische Start-ups, mit denen Projekte völlig unkonventionell ablaufen und bei denen es notwendig ist, zu improvisieren, von Standards abzuweichen.

Auch an anderen Stellen zeigt sich, dass solche Handreichungen nur einen Teil – und an dieser Stelle nicht den entscheidenden – des Wissenstransfers ausmachen können. Zwar können diese Beispiele, Anleitungen, Vorlagen im täglichen Projektgeschäft helfen. Sie werden zumindest von einer nicht unbedeutenden Gruppe unserer Mitarbeitenden genutzt, und daher lohnt sich die kontinuierliche Pflege und Erweiterung des Projekt-management-Servers um einzelne Elemente.

Um Projektmanagement weiter voranzutreiben, braucht es aber mehr als Dokumente. Es muss Trainings geben, bei dem die vielen impliziten Aspekte vermittelt werden; zudem braucht es ein kontinuierliches Austauschformat zur Weiterentwicklung; schließlich ist ein kritisches Hinterfragen der Projektarbeit bei Projektende ratsam, um auch aus Fehlern, die gemacht wurden, Ableitungen für ein zukünftiges besseres Projekt-management zu generieren. Neben dem Projektmanagement-Server mit all seinen Dokumenten gibt es daher ein mehrstündiges Einführungstraining für alle angehenden Projektmanager*innen. Dieses Training wird – und hier kann man schon die Relevanz ablesen – von einem der Geschäftsführer gehalten, der die Materie mit Episoden aus 20 Jahren Firmengeschichte spicken kann. Zwei- bis dreimal im Jahr geben zwei unserer erfahrensten Projektleiterinnen einen zweitägigen Workshop zum Projektmanagement, der beim anschließenden Review stets Höchstnoten erhält. Hier werden aktuelle Heraus-forderungen diskutiert und gemeinsam Lösungen erarbeitet. Den dritten oben erwähnten Aspekt bilden die Lessons-Learned, die jedes Projektteam zum Ende des Projektes hin machen kann und sollte: Es reflektieren vor allem die Projektmitglieder für sich selbst noch einmal, was sie besser machen könnten. Sogenannte Fuck-up-Nights, bei denen ein Projekt von größeren Katastrophen berichtet, blieben dagegen bisher weitgehend aus: Es ist selbst im kollegialen Raum und einem fortschrittlichen und offenen Unternehmen nicht leicht, vor einer größeren Gruppe über eigene Niederlagen zu sprechen.[1]

Methodensammlung

Äußerst hilfreich kann es sein, Methoden nicht nur einzusetzen, sondern auch vorzu-halten für diejenigen, die sie potenziell einsetzen werden: die Mitarbeiter*innen. Dabei geht es nicht darum, eine möglichst umfangreiche Methodensammlung nachzuhalten, sondern diejenigen Methoden bereitzustellen, die für die Mitarbeitenden besonders relevant sind. Relevanz ist relativ, jedoch gibt es einige Orientierungspunkte, was in die Sammlung aufzunehmen ist und was nicht. Nicht aufgenommen werden muss das, was ohnehin tausendfach im Internet frei verfügbar ist, zum Beispiel die Moderations-methode „Fishbowl", die sich dafür eignet, eine Diskussion in großen Gruppen zu führen. Ebenso braucht es kein Beispiel oder keine Erklärung für die „To-do-Liste", da jede/r sie ohnehin auf die ein oder andere Weise führt. Aufgenommen werden sollten jedoch Methoden, die von dem Unternehmen selbst entwickelt oder weiterentwickelt

---

[1] Kurz vor Redaktionsschluss ereignete sich eine positive Wendung: Um die Fehlerkultur weiter voranzutreiben, erklärte sich kurzerhand einer der Geschäftsführer bereit, den Anfang zu machen und in einer ersten Fuck-Up-Session von seinen größten Projekt-Desastern zu berichten. Jetzt ist der Grundstein gelegt, es werden weitere Sessions in diesem Format folgen.

wurden. Weiterhin Methoden, die wirklich häufig genutzt werden, aber erklärungs-
bedürftig sind oder für die man Vorlagen und Beispiele benötigt, wenn man sie zum
ersten Mal verwendet sowie Methoden, die neuartig und die potenziell zukunftsweisend
sind und die ausprobiert werden sollen, um Erfahrungen zu sammeln und Erfahrungs-
wissen dazu aufzubauen.

Was aber in die Methodensammlung Einzug erhält, sollte einigen Standards genügen.
Die Methode sollte präzise erklärt werden; es sollten Materialien wie Vorlagen (und
zwar im Corporate Design) vorhanden sein, um die Methode anzuwenden; des Weiteren
sind (idealerweise selbst angewandte) Beispiele hilfreich, schließlich sollten interne
Ansprechpartner*innen für die Methode genannt werden. Damit nicht genug: Als
Wissensmanager*in haben Sie die Möglichkeit, hier die *file naming convention* durchzusetzen und sollten die Pflege der Methodensammlung in Ihre Obhut nehmen, was auch
das Clustering in unterschiedliche Methodentypen beinhaltet: z. B. Projektmethoden,
Erhebungsmethoden oder Workshopmethoden. Aktualisierungen und Anreicherungen
können über die Abfrage während der „Project Knowledge Capturings" (s. u.) erfolgen
oder auf Zuruf, wenn eine Kollegin, ein Kollege sich meldet und eine neue Methode in
der Methodensammlung ablegen möchte.

Eine erfolgsversprechende Art, Methoden so aufzubereiten, dass sie schnell und leicht
angewendet werden können, ist der „Toolification"-Ansatz – man stellt meist in einem
einzigen Dokument die Templates und darin die Handlungsanweisungen bereit, erklärt
den Sinn und Zweck und auch die möglichen Anwendungsbereiche. Die im Dokument
folgenden Vorlagen sind so aufbereitet und mit klaren Anweisungen versehen, dass es
auch dem- und derjenigen, der/die das Tool zum ersten Mal anwendet, im besten Fall
intuitiv einleuchtet. Diese Dokumente sind bei der Belegschaft beliebt und entstehen bei
uns meist im Projekt-Kontext – glücklicherweise, denn sie zu erstellen wäre als interne
Aufgabe sehr aufwendig. Ich kann bei den Projekten, von denen ich weiß, dass sie den
Toolification-Ansatz verfolgen, von Zeit zu Zeit nachfragen und vervollständige so
unsere Sammlung.

Einführung einer Expert*innen-Datenbank

Die Arbeit an der Methodensammlung hat mir deutlich vor Augen geführt, wie wichtig
es ist, nicht nur einzelne Dokumente (wie bei der Dokumentenmanagementarbeit im
Intranet für jedes Zentraldokument ein/e Verantwortliche/r gefunden werden musste),
sondern auch Themen mit Personen zu verbinden. Bei den Fachthemen und bei den
internen Einheiten liegt die Sache auf der Hand. Wenn ich eine Frage zu energie-
politischen Themen habe, wende ich mich ans Energieteam, will ich etwas über Klima-
anpassungsstrategien erfahren, frage ich beim Adaptation-Team nach. Habe ich eine
Frage zu einer Abrechnung, wissen Buchhaltung und Controlling Bescheid, habe ich
eine Frage zum Resturlaub, wende ich mich an die Personalabteilung. Das ist klar. Aber
es gibt eine Ebene, auf der das Wissen nicht mit Abteilungen korreliert, jedenfalls nicht

kongruent ist. Das hat mich die Arbeit an der Methodensammlung gelehrt: Moderations-methoden kennt unser Events-Team, kennen aber auch viele Projektleiter*innen, die in den einzelnen inhaltlich arbeitenden Programmen verstreut sind. So ist es bei vielen anderen Kompetenzen, Fertigkeiten, Fähigkeiten auch. Wer hat in unserem Unter-nehmen Erfahrung mit der Programmiersprache Python? – Diese Frage kam auf, als in einem Projekt diese Kompetenz auf einmal zu einem dringenden Bedarf wurde. Jemand bei der IT? Nein, ein angehender Physiker, der bei uns glücklicherweise seit zwei Jahren als studentischer Mitarbeiter tätig ist! Das kann kaum jemand erahnen und keiner wissen. Es war bisher dem Zufall überlassen, ob man das im Gespräch beim Mittag-essen erfuhr, und dann wussten es vielleicht zwei oder drei Mitarbeitende, nicht alle dreihundert. Das Beispiel ist nur eines von Dutzenden. Als ich darüber nachzudenken begann, wurde mir bewusst, wie der vage Punkt „Expertendatenbank" der Liste der 27 Prioritäten für das Unternehmen zu deuten und umzusetzen sei. Ich sammelte zunächst eher willkürlich Expertisen, von denen ich erstens wusste, wem ich sie zuordnen kann, und zweitens, dass sie regelmäßig angefragt werden. Wer kennt sich sehr gut mit Excel aus? Von zwei Personen wusste ich das, aber nach einigem Nachfragen konnte ich noch 3 weitere Personen in meine kleine Liste eintragen. Wer kennt sich sehr gut aus mit Bürgerbefragungen, wer mit Mediation, wer mit Statistiken und deren Auswertung? Ich begann, Kategorien zu bilden und auf diese Weise blinde Flecken zu entdecken: Welche für unser Unternehmen wichtigen Programmiersprachen gibt es noch? Unter welche Kategorie fällt „Bürgerbefragung" – wohl unter „Umfragen". Also forschte ich weiter, welche weiteren Umfragetypen es gäbe. Ich ging also, akademisch gesprochen, induktiv und deduktiv vor: vom bestehenden Sachverhalt, der konkreten Expertise eines Kollegen/einer Kollegin auf der einen Seite, aber eben auch über die Kategorienbildung und den so generierten potenziellen Expertisen. Bei Letzteren suchte ich gezielt nach Expert*innen im Unternehmen und konnte über diesen doppelten Weg bald einige Dutzend einzelne Expertisen und zugehörige Expertinnen und Experten aufführen. Diese Liste habe ich als Datenbank im Intranet verankert, sie ist der gesamten Belegschaft zugänglich.

Das Projekt wurde seitens des Managements zunächst kritisch gesehen. Bei meinem Pitch erklärte ich die vielen Vorteile einer solchen Datenbank. Es würde nicht nur die Effizienz gesteigert – mit Expert*innen sprechen ist immer effizienter als sich Wissen einzig mit Erklärvideos oder der Lektüre einschlägiger Literatur anzueignen –, sondern auch den inneren Zusammenhalt fördern durch einen Austausch über Programm-, vor allem aber über Levelgrenzen hinweg. Ob Studentin oder langjähriger Mitarbeiter, ob Analyst oder Senior-Managerin, es werden alle Expert*innen gelistet. Denn Expertise ist unabhängig von diesen Kategorien und die Datenbank hilft, die unterschwellige Silo-bildung zu vermeiden, indem Mitarbeitende nun über ihr Team hinaus nicht nur *Peers*, also die ihnen Ranggleichen oder -ähnlichen ansprechen (was sonst häufig geschieht), sondern Expertinnen und Experten im gesamten Unternehmen sicht- und kontaktierbar sind.

Das Management blieb kritisch – und ich blieb hartnäckig. Dank der Offenheit für neue Ideen und Wege, durch die sich die Führungsriege des Think Tanks auszeichnet (und vielleicht auch aus der Abwägung heraus, dass es durchaus etwas zu gewinnen und praktisch nichts zu verlieren gibt außer einigen falsch investierten Stunden Arbeitszeit eines Wissensmanagers), konnte ich das Projekt starten und mit einer größeren Abfrage gezielt auf Mitarbeiter*innen zugehen, von denen ich mittlerweile wusste, dass sie besondere Skills mitbringen. Wo ich fragte, stieß ich nicht immer auf Zustimmung: „Nein, ich bin nicht wirklich Expertin" begann in diesen Fällen die Antwort, und dann folgte allermeist ein „aber": „Aber frag doch Alina und Maike, die kennen sich hier echt gut aus", in glücklichen Fällen folgte noch ein Nachsatz wie etwa dieser: „Du kannst mich dafür gern als Expertin für Innovationsmanagement und Experimentelles Design aufnehmen". Vielleicht zwölf, vielleicht sechzehn Stunden (gestreckt auf zwei Arbeitswochen) brauchte es, eine Liste von über sechzig Kompetenzen und Expertisen aufzubauen und mit mindestens einer Expert*in, oft mit zwei oder drei, zu verknüpfen. Der Mehrwert ist aus Effizienzsicht enorm. „Hätten wir nicht mit Felix gesprochen, hätten wir im Projekt sicher drei Tage länger gebraucht!" war nur eines von vielen Feedbacks. Und für den inneren Zusammenhalt, den man weniger gut quantifizieren kann, ist täglich einiges getan, wenn Mitarbeitende ungeachtet ihrer Teamzugehörigkeit sich gegenseitig unterstützen.

Selbstverständlich füge ich nur Personen nach Rücksprache und Einverständnis dieser Datenbank hinzu. Aber da die vielen positiven Aspekte für das Gesamtunternehmen den vermeintlich individuellen negativen (meine eigentliche Arbeit wird unterbrochen, wenn ich mein Wissen mit einem Kollegen/einer Kollegin teile) deutlich überwiegen, konnte ich fast alle Expert*innen überzeugen, am Projekt „Expert Database" sich zu beteiligen.

Das mag dem Arbeitsumfeld, mag dem Arbeitgeber geschuldet sein. In einem Think Tank für Nachhaltigkeitsfragen gibt es eine hohe intrinsische Motivation – und die inkludiert, selbst zurückzutreten und eine „Extrameile" zu gehen. Mir kommt die „extra mile" in den Sinn, da ich über ein Dutzend Jahre für eine Unternehmensberatung arbeitete. Da wurden „extra miles" in unzähligen Überstunden gegangen und mit hohen Gehältern und Boni kompensiert. Dort lernte ich einen Experten kennen: für Wartung – auf beraterdeutsch: Maintenance. Bruno war Experte für die Wartung von Atomkraftwerken. Und er war es leid und hielt es für gefährlich, Jungberater in einem halbstündigen Briefing gerade so „aufzuschlauen", dass sie bei Energiekonzernen so tun konnten, als hätten sie Ahnung von Kernkraftwerkswartung. Die „Kompetenzanmutung", die zum klassischen Beratungsgeschäft gehört, kann hier tatsächlich zur Gefahr werden. Mit Bruno hatte ich schließlich eine Abmachung: Er wurde nicht als Experte gelistet, anfragende Personen erst einmal an mich verwiesen, und nur in begründeten Sonderfällen durfte ich seinen Namen preisgeben.

Diese Sorgen habe ich bei meinem Arbeitgeber, von dem hier die Rede ist, nicht. Ganz einfach und problemlos ist das Unterfangen einer Expertendatenbank allerdings nicht, dafür hatte das Management ein gutes Gespür.

Wie kann ich Personen überzeugen, sich listen zu lassen?
Die Vorteile für das Unternehmen liegen auf der Hand – aber was ist denn für mich drin? Diese Frage müssen Sie Expert*innen beantworten können. Mir scheint es evident, und doch kann es Widerstände geben. Wer Wissen teilt, wird sichtbar, wird als Expertin, wird

als Experte wahrgenommen. Manche Kolleg*innen werden geradezu „entdeckt", sie können durch ihre Skills ihren Horizont über das hauptberufliche Engagement hinaus erweitern, lernen andere Kolleginnen und Kollegen kennen, werden firmenweit für ihre Kompetenz bekannt und können – das scheint mir durchaus auch ein Trigger zu sein – ihre Fähigkeiten in diesem spezifischen Bereich praktisch ausbauen und vertiefen. Nie gesehen habe ich bisher hingegen, dass einer Expertin oder einem Experten Nachteile erwachsen wären aus seinen Fähigkeiten.

Ist jemand wirklich Experte?
Sich für einen Experten halten und ein Experte sein, ist zweierlei. Ich führe ein kurzes Gespräch mit allen, die ich in der Datenbank aufnehme. Schnell wird dabei klar, ob jemand in einem Bereich tatsächlich Expertise hat – oder nicht. Es gibt einen bestimmten Fehler in der Selbsteinschätzung, den man ins Visier nehmen muss: Gerade junge Kolleginnen und (allzu oft und überwiegend leider immer noch) Kollegen überschätzen ihr Können und Wissen. Dann ist es mein Job, das geschmeidig abzumoderieren. Dennoch behalte ich, wenn mir das Thema relevant erscheint, diese Expertise auf meiner „Fahndungsliste" und schaue, ob ich jemanden im Unternehmen finde, der wirklich gut Bescheid weiß. Der gegenteilige Fehler in der Selbsteinschätzung ist hinlänglich in der Literatur als „Hochstapler-Syndrom" beschrieben: Personen, die tatsächlich hohe Kompetenzen auf einem Gebiet haben, wissen auch um dessen Komplexität und fühlen sich – obwohl sie es sind – als nicht sprechfähig. Diesen Kolleginnen und Kollegen nehme ich die Sorge, äußere meine Wertschätzung und trage – nach ihrer Zustimmung – die echten Expert*innen in der Datenbank ein.

*Wie lässt sich die Expert*innen-Datenbank aktuell halten?*
Das war der Haupteinwand des Managements: Viel zu viel Arbeit würde es kosten, eine solche Datenbank nicht nur anzulegen, sondern dauerhaft zu pflegen, aktuell zu halten! Das stimmt nicht.

Die Namen der Kolleg*innen, die das Unternehmen verlassen, kann ich leicht bei der Personalabteilung in Erfahrung bringen. Noch leichter ist ein anderer Weg: Ich nutze den monatlichen Newsletter und schaue unter der Rubrik „verlassen haben uns" nach. Da stehen ein paar Namen, die ich abgleiche. Es ist ein Arbeitsaufwand von weniger als einer halben Stunde im Monat. War es die einzige Person zu einem sehr relevanten Thema, versuche ich einen Ersatz zu finden und trage für ein paar Tage den Platzhalter n.n. ein. Sind weitere Personen aufgeführt, lösche ich den Namen ersatzlos. Und war es die einzige Person, die für ein weniger relevantes Thema stand, so lösche ich den Eintrag ganz. Mehr ist an dieser Stelle erst einmal nicht zu tun, und ob es der Newsletter ist oder eine anderweitige, etwa von der Personalabteilung zur Verfügung gestellte Liste der Austritte, ist irrelevant. Mit großer Sicherheit existieren derlei Listen schon – denn die Info ist auch für andere Abteilungen von großer Bedeutung (IT muss Hardware rückfordern und Zugänge kappen, die Buchhaltung sollte die Gehaltszahlungen einstellen nach dem letzten Arbeitstag, die Kommunikationsabteilung die Namen und Bilder der ausgeschiedenen Personen von der Website nehmen etc.), und so entsteht nicht einmal Mehraufwand, sondern Wissensmanagement kann einfach an der bestehenden Leaver-Liste partizipieren.

Neue Kolleg*innen sehe ich in ihren ersten Tagen. In einer kurzen Onboarding-Session stelle ich ihnen eine Stunde die wichtigsten Informationsquellen für Neueinsteiger*innen vor – auch die Expert Database. Jetzt ist der Moment, sie zu fragen, ob sie etwas Besonderes können! Die Expertise im Flamenco-Tanz nehme ich nicht auf, denn es müssen für die Organisation relevante Skills sein, die gelistet werden; aber es sind heitere Momente, die auch durch solche privaten Episoden entstehen, wenn wir zu viert oder zu fünft uns unterhalten. In der Regel ist bei jeder zweiten Session jemand dabei, die/der eine neue Expertise beitragen kann.

Bleibt der letzte und tatsächlich schwierigste Punkt: Neue Skills und Wissen zu erfassen, die Mitarbeitende während ihrer Arbeit oder durch Weiterbildungen erworben haben. Diese Kolleginnen und Kollegen sind in der Tat schwierig zu erfassen, in diesen Fällen bin ich meist auf deren aktiven Input angewiesen, manchmal erhalte ich die Informationen beim Project Knowledge Capturing, wo ich nach neuerworbenen Skills frage. Drei oder viermal im Jahr sende ich eine Aufforderung an die Belegschaft, weitere Expertisen, Kompetenzen, Fertigkeiten beizutragen und erhalte so weiteren Input. Ein paar positive Rückmeldungen bekomme ich auf die eine oder andere Weise, aber vermutlich haben sich längst nicht alle gemeldet, die neue Kompetenzen erworben haben. Das ist kein Gegenargument, denn das Projekt der Experten-Datenbank beruht ohnehin auf Freiwilligkeit. Wenn es gelingt, 70 bis 80 % der „hidden skills" ans Licht der firmeninternen Öffentlichkeit zu bringen, ist schon viel erreicht.

Die Einführung dieser Datenbank war ein wirklicher Erfolg. Damit sie lebt, muss sie von vielen Mitarbeitenden genutzt werden, sei es, indem sie sich informieren, sei es, indem sie sich mit ihren Skills in die Liste eintragen lassen möchten. Ich ermutige daher wie gesagt nicht nur alle neuen Kolleg*innen, sondern bewerbe die Datenbank regelmäßig in Gesprächen. Ich konnte auch, nachdem die Expert Database etabliert war, einzelne Einheiten gewinnen, ihre teils teamintern gepflegten Informationen zu Skills hier mit einzuspielen – zumindest die, die von allgemeiner Relevanz sind.

Ein flankierendes Instrument haben wir in unserem Unternehmen zusätzlich implementiert: Einen Chat-Kanal, der immerhin knapp die Hälfte der Belegschaft erreicht. Auch hier kann gefragt werden, wer sich mit einem spezifischen Problem auskennt und kurzfristig helfen kann. Das ist keine Konkurrenzveranstaltung zur Experten-Datenbank, sondern ergänzt sich bestens. Ich konnte durch Antworten im Kanal schon drei weitere Kolleginnen identifizieren, deren spezifische Skills ich bisher nicht kannte: Nach Rücksprache durfte ich sie in unsere Expert Database aufnehmen.

▶   Zusammengefasst: Der Aufwand für eine Expert Database hält sich in Grenzen, der Gewinn ist groß: für Produktivität wie für Kohäsion. Es lohnt sich – davon ist mittlerweile auch das zunächst skeptische Management überzeugt!

Kommunikationswege kennen, verstehen und nutzen

Viel von dem, was ich bisher beschrieben habe, basierte auf einer gesteuerten Kommunikation seitens des Wissensmanagements. Ob Intranet oder Experten-Datenbank, ob Projektmanagement-Server oder Zentraldokumente: Information wird gesammelt, gebündelt, teils veredelt, sichtbar gemacht und (teils proaktiv) geteilt. Das ist durchaus die Aufgabe des Wissensmanagers. Überschätzen Sie diese wichtigen Aufgaben jedoch nicht, und unterschätzen Sie nicht die vielen anderen Wege der Kommunikation, die im Unternehmen ganz unabhängig vom Wissensmanagement ablaufen. Versuchen Sie zu verstehen, wo was wie kommuniziert wird, hören Sie zu – mehr noch: Hören Sie genau hin und üben Sie sich in der Kunst des aktiven Zuhörens. Schon ein kleines Unternehmen ist eine polyphone, manchmal kakophone Angelegenheit. Je größer ein Unternehmen, desto vielstimmiger wird die Kommunikation, desto vielschichtiger werden die Kommunikationsgeflechte.

Wollte man die Kommunikation grafisch umsetzen und das Kommunikationsgeflecht visualisieren, wären die großen, offiziellen Linien: der monatlich erscheinende Newsletter, die Rede des Firmengründers auf dem Sommerfest, die Publikationen im Intranet, die E-Mail der Geschäftsleitung an alle Angestellten. Ungleich vielfältiger, verworrener und verflochtener wären die monatlich dutzendfach stattfindenden Teamtreffen, Jour Fixes und Teamroutinen, schließlich in ihrer Vielzahl kaum mehr abbildbar die Kommunikations- und Wissensflüsse zwischen den einzelnen Mitarbeiterinnen und Mitarbeitern. Schätzen Sie sich glücklich, dass dies darzustellen nicht ihre Aufgabe ist, seien Sie sich aber der Komplexität bewusst.

Denn aus der Komplexität folgen einige Ableitungen, die Sie beherzigen sollten. *Nicht* dazu gehört ganz explizit: die Komplexität reduzieren zu wollen.

Machen Sie sich bewusst, dass die „offiziellen" Kommunikationswege nur einen Bruchteil ausmachen. Diese können und sollten vom Wissensmanagement genutzt und bespielt werden. All die informellen Gespräche auf dem Flur, in der Kaffeepause, beim Mittagessen sind mindestens genauso wichtig. Daher sollten Sie stets eine offene Tür, und erst recht zwei offene Ohren haben. Klinken Sie sich bei informellen Treffen, aber eher als Kolleg*in denn als Wissensmanager*in, ein.

Bei meiner Tätigkeit ist mir immer wieder eine große Diskrepanz aufgefallen zwischen dem, was „eigentlich" bekannt sein sollte, und dem, was tatsächlich bekannt ist. Was ich im Newsletter geschrieben habe, ist vielleicht bei der Hälfte der Belegschaft angekommen – das wäre sogar viel. Es ist gut und wichtig, daran erinnert zu werden: Nicht alles, was gesagt oder geschrieben wurde, ist auch gehört oder gelesen worden. So scheue ich mich nicht vor Wiederholungen. Ich brauche diese Wiederholungen ja auch ständig – nur so kann ich mir bestimmte Dinge einprägen. Tatsächlich habe ich kürzlich einen neuen Kommunikationskanal eingerichtet: *Knowledge Management Updates.* Ich poste kurze Hinweise, die ich mit Sicherheit jedem Mitarbeiter, jeder Mitarbeiterin schon mindestens einmal gegeben habe, und die zu wiederholen es sich lohnt. Ich habe schon sechzig Abonnenten, Tendenz steigend. Rückmeldung: klasse Info, echt hilfreiche Tipps und Tricks – *hätte ich das mal früher gewusst!* Ich schreibe das nicht, um mich lustig zu machen über meine Kolleginnen und Kollegen. Ich schreibe es, um vor Augen zu führen, wie wichtig Wiederholungen sind. Ich speise meine Meldungen auch aus den Gesprächen, die ich auf den Fluren führe und bei denen ich mitbekomme, dass die ein oder andere wichtige Information (von der ich dachte, sie sei firmeninternes Allgemeinwissen) doch noch nicht überall bekannt ist. Und es ist wohl mein Versäumnis gewesen, diesen Kanal nicht früher eingerichtet zu haben.

Ich möchte noch einen letzten Punkt festhalten, der mir wichtig erscheint. Wo immer ich eine kleine Anfrage erhalte – ein/e Mitarbeiter*in möchte wissen, wo er/sie dies oder jenes findet –, versuche ich den generellen Punkt herauszuarbeiten, zu abstrahieren. Natürlich helfe ich zuerst der Kollegin/dem Kollegen. Aber dann frage ich mich im Anschluss: Könnte diese Frage auch jemand anderes gestellt haben, oder wird er/sie zukünftig stellen, und sollte ich sie nicht einfach beantworten, bevor sie wieder gestellt wird? Die Antwort lautet meist: Ja. Solche direkten Anfragen erachte ich mittlerweile als Glücksfälle, die das Hinterfragen eigener vermeintlicher Gewissheiten erlauben.

Wissensweitergabe – peer-to-peer

Als ich meine Arbeit bei meinem neuen Arbeitgeber begann, beeindruckte mich von Anfang an ein Format, das ich in seiner Intensität und Regelmäßigkeit so noch nicht kannte. Beim Knowledge Exchange kommen Mitarbeitende zusammen und tauschen sich über ein bestimmtes Thema aus. Vortragende sind fast immer ein oder zwei Kolleginnen und Kollegen, die zunächst thematisch einführen und ihre Position, Erkenntnisse sowie ihr Wissen in diesem Themenfeld erläutern. Anschließend gibt es eine Diskussionsrunde. Diese Veranstaltungen, Knowledge Exchange oder kurz KX genannt, können unterschiedlichste Themen und Anlässe haben: Studienergebnisse werden präsentiert, Erkenntnisse aus laufenden oder abgeschlossenen Projekten. Es können Methoden vorgestellt und diskutiert werden (es gab zum Beispiel einen KX zum Thema Intervision, also zur kollegialen Beratung, und danach gründeten sich vier Intervisionsgruppen), eine Zentraleinheit kann ein neues Tool vorstellen oder aus aktuellem Anlass einen Prozess erklären (zu Jahresbeginn geben Vertreterinnen der Personalabteilung Tipps und Hinweise zu den anstehenden Personalentwicklungsgesprächen). Ich selbst nutze die KX-Sessions, um in regelmäßigen Abständen Tipps und Tricks zu Suchstrategien in internen und externen Quellen zu vermitteln.

WIR LERNEN VONEINANDER!

Es ist ein wunderbares Format, welches zu einem Unternehmen passt, das stark auf Eigenverantwortung und Selbstorganisation der Belegschaft setzt. Es funktioniert ganz ohne Anreizsystem: Niemand bekommt irgendwelche KX-Punkte oder hat die Aufgabe vom Vorgesetzten als Jahresziel aufoktroyiert bekommen, einen KX zu halten. Vieles geht hier „wie von selbst" – und doch habe ich als Wissensmanager die Aufgabe, bestimmte Strukturen aufzubauen, für Transparenz zu sorgen, einen Großteil der Organisation zu übernehmen: Vom Versenden der Einladung übers Management der Teilnehmenden und der späteren Veröffentlichung der gehaltenen Präsentation und der Videoaufzeichnung des kollegialen Wissensaustauschs.

Bei einem meiner vorherigen Arbeitgeber habe ich dieses Peer-to-Peer-Format ebenfalls eingeführt. Wir nannten es „Innovation Club". Es war ungleich schwieriger, Themen zu identifizieren und Personen als Vortragende zu gewinnen. Die erste Abfrage an die Belegschaft (ebenfalls etwa 250 Mitarbeiter*innen wie beim hier beschriebenen Arbeitgeber) lief faktisch ins Leere. Niemand brachte Ideen ein, geschweige denn meldete sich als Vortragender. Um das Format, von dem meine Vorgesetzten und ich annahmen, dass es erst einmal angenommen würde, wäre es aus der Taufe gehoben, nicht schon im Vorfeld scheitern zu lassen, diktierte mir der Chef der Gruppe Themen und gab Hinweise auf Personen, die anzusprechen wären. Wir haben es auf diese Weise geschafft, den „Innovation Club" zu etablieren, und etwa alle zwei Monate fand eine Session statt. Wie vermutet war die Resonanz positiv, die Belegschaft nahm das Angebot gern an – doch blieb es bis zum Ende schwierig, Freiwillige für den Impulsvortrag zu finden. Nur ein einziges Mal in zwei Jahren kam ein Kollege mit einer eigenen Idee und dem Versprechen, selbst dieses Thema vorzutragen, auf mich zu. Aktuell werden mir solche Vorschläge mindestens einmal pro Monat unterbreitet.

Formate zum Wissenstransfer, das zeigt diese Episode, müssen zum Unternehmen passen. Das Peer-to-Peer-Format ist oft eine sehr gute und effiziente Möglichkeit, Wissen weiterzugeben – besser als jede/r externe Vortragende weiß der/die interne Referent*in, worauf es im Arbeitskontext des Unternehmens ankommt; zudem ist das Format niedrigschwellig, man kennt sich untereinander gut, was oft zu einer breiten Beteiligung in der Diskussion führt. Es fallen, von den Arbeitsstunden abgesehen, keine zusätzlichen Kosten an; schließlich stärken solche Veranstaltungen den internen Zusammenhalt. Es gibt aber auch andere Formate, die man eher im Schulungskatalog von HR finden wird, und wenn Mitarbeitende mehrtägige Software-Schulungen von zertifizierten Trainern benötigen, hat auch das seine Berechtigung und kann nicht durch ein Peer-to-Peer-Learning ersetzt, allenfalls flankiert werden.

Doch zurück zum Knowledge Exchange. Dieses Format hatte ich einfach „geerbt": Zuvor wurde es von einer Kollegin, die neben ihrer Projektarbeit zusätzlich einige organisatorische Aufgaben für die Geschäftsleitung übernommen hatte, organisiert. Mit der Übernahme hatte ich auch die Aufgabe der Weiterentwicklung erhalten. Dabei konnte ich Seiteneffekte anderer Handlungsstränge nutzen. Zur selben Zeit war klar geworden, dass ich mich um das Intranet kümmern, es aufräumen, erweitern und besser organisieren würde. So lag es auf der Hand, die Excel-Tabelle, in der bisher die Veranstaltungen geplant wurden (und die vergangenen *getrackt*), aus ihrem Schattendasein auf einem File-Server-Laufwerk zu befreien. Ich erstellte eine neue Intranetseite, auf der sich seitdem alle Mitarbeitenden informieren können, welche KXe in den kommenden Wochen geplant sind und dokumentierte parallel die vergangenen Veranstaltungen, indem sie dort gelistet und mit Links zu Dokumentationen (meist Präsentationen und/oder Video-Aufzeichnungen) versehen sind. Ich kann kurze Inhaltsangaben hinterlegen, den Vortragenden ankündigen und beschreiben, wer die Zielgruppe für die jeweilige Veranstaltung ist. Kürzlich habe ich die Seite um ein kleines Feature erweitert: Per Klick kann man sich im Vorfeld direkt anmelden, noch bevor die Einladungsmail verschickt wird. Was den besten Zeitpunkt für den Einladungsversand angeht, war ich übrigens länger auf der Suche; es gibt hier sehr unterschiedliche Bedarfe innerhalb der Belegschaft. Viele Kolleginnen und Kollegen können eine Woche vor dem KX gut abschätzen, ob ihr Arbeitsaufkommen den Besuch eines KX zulässt – oder eben nicht. Die Kolleginnen und Kollegen mit Projekt-, Personal- und Budgetverantwortung haben oft einen volleren Terminkalender und können sich im Intranet vorab informieren und so Termine blocken, lange bevor die Einladungsmail von mir verschickt wird. Aber auch kurzfristige Anmeldungen sind möglich, ich kann bis wenige Minuten vor Beginn des Online-Meetings reagieren. Derzeit finden fast alle Veranstaltungen im virtuellen Raum statt. Bei aller berechtigen Hoffnung und dem sehnlichen Wunsch nach mehr physischen Meetings haben die virtuellen Veranstaltungen aus Sicht des Wissensmanagements durchaus positive Effekte. Auf der Hand liegt die Möglichkeit zur Teilnahme an anderen Standorten oder im Home Office, aber auch aus Dokumentationsperspektive bestehen Vorteile, da sich ein Online-Meeting viel besser aufzeichnen lässt als eine Präsenzveranstaltung.

Inhaltlich versuche ich auf ein ausgewogenes Programm zu achten, ein gutes Maß an inhaltlichen Inputs (Projektberichte, Studien-Vorstellungen, Highlights aus den Arbeitsgruppen) und eher technisch-unterstützenden Inputs (Software-Trainings, Hinweise zu Bildrechten, die oben erwähnte Info zu Personalentwicklungsgesprächen etc.) zu gewährleisten.

Wo es möglich und sinnvoll ist, versuche ich zudem, bei der zeitlichen Planung politische und gesellschaftliche Ereignisse zu berücksichtigen. Zwei Beispiele: Unser Unternehmen hatte die Koalitionsbildung 2022 sehr genau verfolgt. Unsere erfahrensten Politikberater berichteten zwei Tage nach seiner Veröffentlichung ihre Sicht auf den Vertrag insbesondere in Hinblick auf die Implikationen für unsere Arbeit. Mehrere Kolleginnen und Kollegen waren 2021 zur COP gereist, der weltweit wichtigsten Nachhaltigkeitskonferenz. Sie berichteten den Zuhausegebliebenen in kurzen inhaltlichen und persönlichen Statements vom Erlebten.

Bleibt noch die Frage: „Wie viel KX darf es sein"? Letztlich ist das auch eine Managemententscheidung. So sehr grundsätzlich Wissenstransfer gefordert, gewollt und gefördert wird, so muss man auch die zeitliche Investition sehen. Bei mehr als 60 Knowledge Exchanges, die durchschnittlich eine Stunde dauern und bei denen etwa 25 Personen teilnehmen, investiert das Unternehmen mehr als 1300 Arbeitsstunden der Angestellten pro Jahr. Das ist ein gehöriges Engagement und entspricht nicht ganz, aber fast einem Jahr Arbeitszeit, die ja an anderer Stelle fehlt. Ich war über die Großzügigkeit ehrlich erstaunt und erfreut. Wir haben zum Jahresende eine Auswertung vorgenommen und gesehen, dass die meisten Mitarbeitenden zwischen drei und fünf Veranstaltungen wahrnehmen – grob gesprochen eine pro Quartal. Je nachdem, von welcher Perspektive man sich die Zahlen anschaut, erscheinen sie hoch, niedrig oder genau das angestrebte Maß treffend. Das Unternehmen, für das ich tätig bin, macht übrigens keinerlei Vorgaben, wie oft jede/r Angestellte mindestens teilnehmen sollte oder höchstens teilnehmen darf. Wir verlassen uns auf die Mitarbeiterinnen und Mitarbeiter, die am besten selbst einschätzen können, ob der Besuch eines KX „mit ihrer sonstigen Arbeit im Einklang steht", wie es in der Formulierung meiner Einladungen heißt. Im Zweifel kann das mit den direkten Vorgesetzten kurz besprochen werden. Dieses Vertrauen, so hat die erwähnte Statistik gezeigt, hat sich ausgezahlt – niemand nutzt die recht laxe Regelung aus, und ich erspare mir unnötigen Verwaltungsaufwand.

Zwei besondere Reihen innerhalb des KX-Formats seien noch erwähnt. Nach einer weiteren Ausdifferenzierung unseres Projektportfolios und der damit einhergehenden organisatorischen Änderung, der den jeweiligen Fachgruppen, Programme genannt, mehr Autonomie einräumt, schien es ratsam, einer möglichen Silobildung dadurch entgegenzuwirken, dass jedes der zwölf Programme binnen eines Jahres sich den anderen Programmen präsentiert. Dieses Format beinhaltete eine Vorstellung des Teams, der wichtigsten Themen und Projekte meist mehrerer Kolleg*innen aus einem Programm, an die sich ein kollegialer Austausch anschloss und mögliche Kooperationen zwischen den Programmen diskutiert wurden. Ich werde, nach viel positiver Rückmeldung, dieses Format leicht anpassen und kommenden Jahr wieder aufnehmen. Auf Projektebene hatte ich zunächst eine Reihe zu etablieren versucht, die ich „Project Insights" nannte und die 45 min auf ein Projekt fokussierte. An der weniger starken Beteiligung konnte ich ablesen, dass diese Reihe noch nicht passte. Mit einigen Kolleginnen und Kollegen überlegte ich, wie darauf zu reagieren sei, wie wir sie so anpassen könnten, dass Projektergebnisse und -einsichten ein größeres Publikum erreichten – die Lösung viel mir allerdings in den Schoß. Während unserer alljährlichen Mitarbeitenden-Versammlung gab es mehrere Projekt-Kurzvorstellungen von 10 bis 12 min, die bei der Belegschaft sehr großen Anklang fanden. Aus den „Project Insights" wurden die „Project Pitches": Drei herausragende Projekte werden jeweils in einer knappen Viertelstunde vorgestellt. Die Veranstaltung hat viel positive Energie und findet nun tatsächlich den von uns erhofften großen Anklang. Obwohl die Beteiligung schon sehr hoch ist, zeichne ich diese Veranstaltungen auf, da Kolleginnen und Kollegen, die nicht teilnehmen können, sich im Nachgang ansehen können, welche Leuchtturm-Projekte im Unternehmen aktuell laufen oder gerade abgeschlossen wurden.

▶   Insgesamt kann ich sagen, dass das KX-Format, ähnlich wie das nun durchgängig genutzte Intranet, sehr stark zur Reputation des Knowledge Managements beigetragen hat und immer noch beiträgt. Über einen gesonderten E-Mail-Account erhalten alle Mitarbeiter*innen etwa einmal pro Woche ein Angebot, das sie wahrnehmen können. Das wird als Wertschätzung der sonst geleisteten Arbeit verstanden – und ist es auch. Aus dieser breiten Palette der Knowledge Exchanges pickt sich jede/r das für sie/ihn Interessanteste, Spannendste, Relevanteste heraus. Anders als die mögliche Teilnahme an den ein- oder zweitägigen Seminaren, über die schon früh im Jahr im Personalgespräch entschieden wird, sind die KX-Veranstaltungen ein das ganze Jahr über bestehendes Angebot, das nicht nur zur Produktivität durch Wissensweitergabe beiträgt, sondern dessen „Wohlfühl-Faktor" für den inneren Zusammenhalt nicht zu unterschätzen ist.

Realitäts-Check: Sounding Board KM

Eine Frage stelle ich mir mindestens einmal im Quartal: Bin ich noch auf dem richtigen Weg? Vielleicht klingt mein bisheriger Bericht so, als wäre er stets einem klaren, vorgedachten Masterplan gefolgt. Das ist nicht der Fall. Ich habe immer wieder neu auf die sich stets veränderte Situation geschaut und mir tatsächlich jeden Monat neu überlegt, ob der eingeschlagene Weg noch der richtige ist. Ich mache es auch nach drei Jahren noch und sehe das eigene Hinterfragen weder als Schwäche, noch als übergroße Bedenkenträgerei an. Manche Dinge muss man einfach ausprobieren: Ausgang ungewiss. Hypothesengetrieben denkend und durch langjährige Berufserfahrung unterstützt kann ich zwar erahnen, wie ein guter nächster Schritt aussehen könnte, welches Thema höherpriorisiert werden sollte, welches warten kann, doch ganz sicher bin ich mir dabei nur in den seltensten Fällen. Und so erfreulich jahrzehntelange Erfahrungswerte sind: Sie können auch fehlleiten. So ist es mir auch mit einigen Arbeitspaketen gegangen, von deren positiver Umsetzung ich sicher ausging, da sie in den vergangenen zwei Jahrzehnten immer positiv aufgenommen wurden. Doch siehe da: Es klappte nicht – weil die Pakete im Arbeitsumfeld dieses Unternehmens einfach keine so große Rolle spielen und meine Energie und Arbeitskraft (und die der Belegschaft) für andere, hier wichtigere Aufgaben benötigt wurde.

Doch wie findet man das im Vorfeld heraus, also bevor eine Initiative angestoßen wird und dann scheitert? Ich habe berichtet, wie ich zu Beginn mit vielen einzelnen Personen auf den unterschiedlichsten Ebenen und den verschiedensten Rollen gesprochen habe, von den studentischen Hilfskräften bis zum Geschäftsführer. Um Feedback etwas systematischer und kontinuierlicher zu erhalten, um Ideen für geplante Arbeitsstränge erstmal einem kleineren Kreis vorzustellen, statt gleich das *placet* der Geschäftsleitung einzuholen und das Arbeitspaket umzusetzen, habe ich ein *Sounding Board Knowledge Management* zusammengestellt. Etwa ein Dutzend Kolleginnen und Kollegen, die meisten schon seit einigen Jahren im Unternehmen, halfen mir in etwa anderthalbstündigen Besprechungen, meine Sicht zu ergänzen oder kritisch zu hinterfragen. Teils wussten sie von ähnlichen Vorhaben, die schon Jahre zuvor einmal angegangen wurden und dann grandios gescheitert sind. So konnte ich fragen: Woran lag das? Wo gibt es (für mich) unsichtbare Widerstände? Lag es an der Sache, oder lag es an der mangelhaften Planung und Umsetzung? Auch wenn ein Vorschlag für einen neuen Service meinerseits nur sehr zögerlich diskutiert oder mit Skepsis betrachtet wurde, waren das für mich wertvolle Hinweise.

Ein Sounding Board kann wirklich helfen. Wenn Sie im Wissensmanagement allein oder in einem kleinen Team sind, brauchen Sie Menschen im Unternehmen, mit denen Sie sich austauschen können, mit denen Sie Dinge durchdiskutieren und zweite, dritte und vierte Meinungen einholen können. Denn was kommt in solch einem Board eigentlich zum Klingen? Es sind – klar, durch Ihre selbst gesetzte Agenda – Feedbacks zu

Ihren Vorschlägen. Aber da klingt und schwingt noch viel mehr: Sorgen, Ungewissheiten, Wünsche, Hoffnungen. Wieder gilt: Hören Sie genau hin! Ich bin zweimal mit
einem vermeintlich gut durchdachten Vorschlag in solch ein Sounding Board gegangen,
durfte während der Diskussion die geringen Chancen auf Umsetzung erfahren, kam aber
mit einem anderen Arbeitsauftrag heraus, den wir gemeinsam während der Sitzung ent-
wickelten. Gerade am Anfang, nach der ersten Orientierungsphase – ich würde sagen
zwischen dem 6. und 15. Monat, war mir dieses Gremium besonders wichtig und hilfreich.

Sorgen, Ungewissheiten, Wünsche, Hoffnungen – sprechen wir von Wünschen und
Bedürfnissen. Wissensmanagement ist keine Wunscherfüllungsmaschine, die Knowledge
Managerin leider keine Zauberin. Sie werden nie alle Wünsche erfüllen können. Aber
hören Sie dennoch zu und wiegeln Sie nichts ab. Manches Mal wird ein Wunsch
geäußert, der nicht direkt, wohl aber indirekt erfüllt werden kann. Nehmen Sie solche
Äußerungen ernst, schreiben Sie sie auf ihre *Long List*. Was Ihnen heute unrealistisch,
ja utopisch erscheint, kann in ein paar Monaten zum Greifen nah sein: Das Spiel ändert
sich ständig.

Wie Sie mit Wünschen, gerade mit kaum realistischen umgehen, ist weniger entscheidend als der Umgang mit den Bedarfen der Mitarbeitenden. Wenn Sie diese
ignorieren, wird das Projekt Wissensmanagement scheitern. Es ist ganz entscheidend
zu verstehen, wo „der Schuh drückt", wo „die Pain Points liegen", was aus Sicht der
Mitarbeiter*innen „dringend verbessert werden" sollte, was aus deren Sicht „eine
riesige Arbeitserleichterung" wäre. Je genauer Sie diese Bedarfe erfassen, desto besser.
Das Sounding Board bietet die Möglichkeit zu klären, ob es sich hier um Partikular-
interessen und -bedürfnisse handelt, oder ob es eine breite Zustimmung gibt. Faust-
regel: Wenn etwa die Hälfte eines Sounding Boards die Sache unterstützt und die andere
Hälfte nicht heftig widerspricht, sind Sie bereits auf einen ziemlich relevanten Punkt
gestoßen. Ich nutze auch noch die individuellen Nachgespräche ein oder zwei Tage nach
dem Sounding Board, um den Kern der Punkte wirklich zu verstehen. Niemand wird Sie
wegen Ihrer Nachfragen für begriffsstutzig halten – Ihre Nachfrage ist eher als Wertschätzung empfunden. Fragen Sie nach.

Es sei aber auch gesagt: Ich bin nicht immer auf sämtliche Wünsche und Bedürfnisse
eingegangen. Es ist gut, ein Korrektiv zu haben, aber letztlich muss der Wissensmanager
verantworten, was er umsetzt und was nicht. Ich priorisiere und rechtfertige das vor mir,
vor der Belegschaft, vor den Führungsgremien. Ich nehme gerne Anregungen auf, ich lasse
mir nicht gänzlich durchdachte Ideen korrigieren – deshalb frage ich nach, deshalb suche
ich die Diskussion. Im Sounding Board besteht die Möglichkeit für einen intensiven Austausch. Ich sehe vor allem Vorteile in diesem Format, aber ich sehe auch die hier genannten
Grenzen. Das Sounding Board entbindet mich als Wissensmanager nicht von der Pflicht,

Entscheidungen für die Ausrichtung des Wissensmanagements, nun abgesichert durch breitere Meinungsfindungsprozesse, selbst zu treffen und zu verantworten.

Formulierung einer Wissensmanagement-Strategie und Entwicklung von Leitplanken

Die konkrete Ausformulierung der Wissensmanagement-Strategie erfolgte in dem hier geschilderten Fall relativ spät. Das mag verwunderlich sein, hatte aber gute Gründe. Zu Beginn war ich damit beschäftigt, Bedarfe zu erfassen, bereits vorgegebene Aufgabenpakete der Geschäftsführung oder auch neu definierte durch die Belegschaft abzuarbeiten sowie Quick Wins umzusetzen. Nach etwa einem Jahr hatte ich genügend Verständnis für die Besonderheiten des Unternehmens und einen Überblick, der ausreichte, um eine Strategie zu formulieren. Warum war dies überhaupt nötig geworden? Hätte ich nicht einfach weiter meine Arbeitspakete abarbeiten können? Und noch genereller gefragt: Braucht jedes Wissensmanagement eine dezidiert ausformulierte verschriftlichte Strategie?

Die Antwort lautet: Nein, aber zu einem bestimmten Zeitpunkt wird sie hilfreich. Sie kann ein guter Anlass für eine grundsätzliche Diskussion des Wissensmanagements mit dem Führungspersonal sein. Sie ist ein Statement gegenüber der Belegschaft, dass das Knowledge Management nunmehr im Unternehmen verankert ist, dass Wissensmanagement nicht im operativen Alltag aufgeht, sondern die vielen einzelnen Stränge und Arbeitspakete zusammengehalten werden, indem sie einer Leitidee folgen. Schließlich, und das ist bei der Formulierung der Wissensmanagement-Strategie für das Unternehmen entscheidend gewesen, kann sie als Maßstab genommen werden, wenn aktuelle und zukünftige Aufgaben und Arbeitspakete priorisiert werden müssen.

Den letzten Punkt muss ich erläutern. Quartalsweise überlege ich mir und stelle der Geschäftsleitung vor, an welchen Themen ich in den kommenden Monaten arbeiten will. Eine Auswahl ist dabei notwendig, alle Ideen aufzugreifen, alle Wünsche und Bedürfnisse auf einmal zu befriedigen, ist nicht möglich. Zu Beginn reichen dafür die Fokussierung auf die „Pain Points" der Belegschaft, auf die klar formulierten Aufträge der Geschäftsleitung und auf die Quick Wins. Nach einer Zeit aber werden Begründungen wie „ist wichtig", „muss schnell angegangen werden" oder „ist ein priorisierter Auftrag" unbefriedigend. Woran misst sich Relevanz und daraus abgeleitete Priorität? Bei der Formulierung der Wissensmanagement-Strategie bei meinem Arbeitgeber habe ich Leitplanken entwickelt: *Produktivität* und *Kohäsion*. Maßnahmen im Wissensmanagement sollten entweder die Produktivität steigern (oder anders herum formuliert: Ineffizienzen abbauen) oder zur Kohäsion, zum inneren Zusammenhalt der Firma beitragen. Idealerweise sogar beides.

Innerhalb dieser Leitplanken kann ich meine Arbeitspakete verorten. Manche, wie etwa die Einführung, Durchsetzung und Pflege von Standardvorlagen, zahlen deutlich auf die Produktivität ein – nicht jede/r fängt wieder neu an, Protokollvorlagen oder Templates für Teilnehmende zu entwickeln, sondern greift auf die Dokumente zu, die im Corporate Design mit korrekt platziertem Logo und in den richtigen Schriftgrößen und -farben mit einem Mausklick sich öffnen und nutzen lassen. Zum inneren Zusammenhalt tragen die Standardvorlagen hingegen nicht bei. Ein anderes Arbeitspaket, das eher die Kohäsion, das Wir-Gefühl stärkt und nur kleinere Anteile an Effizienzsteigerung mit sich bringt, sind die „Programme Highlights", bei denen einzelne Arbeitsgruppen von ihrer Arbeit berichten. Es mag zu Effizienzerhöhungen kommen (etwa, wenn Information vermittelt wird, die direkt für den ein oder anderen Zuhörer und deren Arbeit relevant ist), aber dies steht nicht im Vordergrund. Dennoch haben beide Maßnahmen ihre Berechtigung.

Für alle neu zu definierenden Arbeitspakete sind Kohäsion und Produktivität die Messlatten: Je mehr sie zu einem der beiden, *idealiter* zu beiden beitragen, desto höher werden sie priorisiert. Ist bei einem Vorschlag hingegen weder die Kohäsion noch die Produktivität klar zu erkennen, muss kritisch hinterfragt werden, ob er tatsächlich ins Projektportfolio des Wissensmanagements aufgenommen werden soll. Die Ablehnung oder zumindest niedrige Priorisierung ist so deutlich besser begründet als ein flapsiges „habe dafür keine Zeit" oder „das kann ich jetzt nicht auch noch zusätzlich machen".

Leitplanken müssen Wissensmanager mit der Unternehmensführung gemeinsam abstimmen und verabschieden und dabei die Bedarfe und Wünsche der Belegschaft fest im Blick haben. Bei uns haben sich Kohäsion und Produktivität als Leitplanken bewährt. Es können aber auch andere sein – das ist wieder sehr abhängig von dem, was die Firmenleitung und die Belegschaft vom Wissensmanagement erwartet und wie Sie Ihre Rolle als kollaborativer Wissensmanager definieren und ausgestalten. Wenn Sie in einer der modernen Firmen arbeiten, in denen es schon einen „Feel-Good-Manager" gibt, ist das Thema des inneren Zusammenhalts wahrscheinlich bereits anderweitig abgedeckt. Wenn Sie in einem sehr stark auf Produktivität ausgerichteten Unternehmen arbeiten, dass bereits ein starkes Prozess- und Qualitätsmanagement ausgebildet hat, wird das nicht die wichtigste Aufgabe von Ihnen sein, da sie schon an anderer Stelle wahrgenommen wird. Vielleicht sind es dann ganz andere Größen, an denen Sie sich messen lassen wollen. Es müssen auch nicht unbedingt zwei sein: Wenn Sie mit einer einzigen Größe klarkommen, ist das ebenso gut, auch drei wären sicher noch gut abbildbar, etwa in einem dreiachsigen Koordinatensystem. Es kommt ganz auf den Kontext an, in dem das Wissensmanagement aufgebaut wird, und den müssen Sie erst einmal kennenlernen – darum rate ich von voreiligen und sowieso von vorgefertigten Strategieentwürfen ab.

Im Fall der Strategieformulierung wird eine Schwäche des Wissensmanagements zur Stärke: Definitorisch ist beim Wissensmanagement viel weniger klar festgelegt, was es, als Abteilung, also Koordinationsstelle, zu leisten hat – anders als bei der Finanzbuchhaltung, bei der IT, im Marketing. Nutzen Sie diese Spielräume! Und um sie gut und richtig zu nutzen, müssen Sie erst einmal die Firma verstehen. Das braucht Zeit, und letztlich ist das der Grund, warum ich dazu rate, eine Strategieformulierung für das Wissensmanagement anzustreben, dies aber nicht in den ersten Wochen zu tun. Für die ersten Wochen und Monate werden Ihnen die oben beschriebenen Fokussierungen auf jeden Fall ausreichen.

Wissensmanagement-Strategie und Leitplanken
Es ist sinnvoll, im Laufe der Arbeit eine Wissensmanagement-Strategie festzulegen und diese auch zu formulieren. Es sollte aber nicht der erste Schritt sein! Ein Wissensmanagement, das eine Strategie formuliert, bevor eine eingehende Analyse der Strukturen des Unternehmens und der Bedarfe und der Wünsche der Belegschaft erfolgt ist, wird höchstwahrscheinlich scheitern. Es sind die Topdown-Methoden in der Umsetzung, die dem Wissensmanagement von Beginn an einen schlechten Stand bereitet haben. Im kollaborativen Wissensmanagement macht es keinen Sinn, eine Setzung vorzunehmen und an dieser – allen Widerständen zum Trotz – festzuhalten, nur weil Management und Wissensmanagement sie einmal beschlossen haben. Die Idee, aus gesetzten Prämissen die korrekten Schlussfolgerungen und praktischen Umsetzungen erwarten zu dürfen, ist im

philosophischen Bereich durchaus relevant. Doch die deduktive Vorgehensweise verhindert es, die höchstrelevanten Impulse in die Strategie aufzunehmen, die stets schon da sind. Es lohnt sich, einen mäandernden Weg einzuschlagen, induktive wie deduktive Kräfte zuzulassen.

Das Einzige, was nicht hinterfragt werden kann im kollaborativen Wissensmanagement ist: das Adjektiv *kollaborativ!* – So beginnt die gemeinsame Arbeit; und so kann eine passgenaue Wissensmanagement-Strategie entwickelt werden. In vielen Unternehmen muss umgedacht werden nach Jahren einer an Strategieberatern ausgerichteten Sicht auf eine Einheit „Knowledge Management", die in deren Sicht nur ein verlängerter Arm des Managements ist.

Fast alle der Arbeitspakete, mit denen Wissensmanager*innen betraut werden, lassen sich in diesem Korridor einsortieren: Wissensabwanderung stoppen, Onboarding beschleunigen, die *Knowledge Sharing Culture* fördern, ein klares geschlossenes Bild nach Außen vermitteln sowie einwandfreies Dokumentenmanagement sicherstellen. Kohäsion und Produktivität haben sich als Leitplanken in meinem Arbeitskontext bestens bewährt. Sie sind aber nicht unumstößlich und *a priori* gesetzt! Es können andere Leitplanken wichtiger sein, es könnte auch – um die Sache zu verkomplizieren – eine Dritte Dimension hinzugefügt werden. Entscheidend ist, dass die induktiven Elemente in die Wissemsmanagement-Strategie und die Formulierung der Leitplanken Einzug erhalten.

Externe Quellen

Zwischen internen und externen Quellen gibt es von Anfang an ein hartes Missverhältnis. Gegen ein paar Hundert Intranetseiten stehen Abermillionen Internetseiten. Gegen unsere Hunderttausend internen Dokumente stehen Milliarden. David gegen Goliath! Nun hat David bekanntermaßen gewonnen in der biblischen Geschichte. Die Asymmetrie bleibt. Da draußen ist millionenfach mehr Wissen zu finden als bei uns intern, doch die Seiten und Dokumente, die wir intern haben, sind für unsere Arbeit meist deutlich relevanter.

Die Frage nach externen Quellen verfolgt mich seit meinem Berufseinstieg ins Wissensmanagement vor über zwanzig Jahren. Geradezu zwangsläufig wird es berechtigte Fälle geben, die zugleich nach internen und externen Informationen zu einem bestimmten Thema fragen. Und da ich nun schon einmal da bin und gern die suchenden Kolleginnen dabei unterstützte, die interne Quellenlage zu prüfen, liegt es auf der Hand, mich auch nach Recherchemöglichkeiten außerhalb des Unternehmens zu befragen. Bei meinem ersten Arbeitgeber hatte ich es leicht: Da gab es eine große Research-Abteilung, die genau diesen Job erledigte. Wir arbeiteten eng zusammen und konnten unseren Anfragenden die gebündelte Info direkt und in einer E-Mail zukommen lassen.

Bei einem anderen Arbeitgeber hingegen gab es keine eigene Research-Abteilung, unsere Kolleginnen und Kollegen recherchierten selbst. Grundlegende Information über die uns zugänglichen Quellen, über bewährte Recherchemechanismen und ein paar operative Hinweise zur generellen wissenschaftlichen Arbeit hatte ich im Intranet zusammengetragen, wo sie allen Mitarbeiterinnen und Mitarbeitern zu Verfügung standen. Als meine Aufgabe verstehe ich allerdings nicht, bei der Suche behilflich zu sein oder selbst in externen Quellen für andere zu recherchieren. Mit der stetig anwachsenden Informationsflut und den gestiegenen Informationsmöglichkeiten eines jeden einzelnen geht zudem eine neue Unübersichtlichkeit einher, die auch gesellschaftlich diskutiert wird. Für unseren Kontext sind nur ein paar Aspekte wichtig:

- Zunächst müssen wir für die Ausgangslage und den Umgang mit externen Quellen generell sensibilisieren. Eigentlich ist es selbstverständlich, und doch lohnt es sich, hier etwas Zeit zu investieren, sollte Ihr Unternehmen keine eigene Research-Abteilung haben. Im Intranet habe ich die erwähnte Seite „Externe Quellen und wissenschaftliches Arbeiten" aufgebaut, die unter anderem auf den *Kodex Guter Wissenschaftlicher Praxis* der Deutschen Forschungsgemeinschaft verweist. Diesen Kodex haben wir uns vorgenommen und ihn für unser Unternehmen „übersetzt", Leitlinien entwickelt, in denen wir Regeln zur Zitation, zum Umgang mit Quellen sowie zum Plagiats-Check aufgestellt haben. Wir, das waren in unserem Fall die unsere profiliertesten und erfahrensten Researcher, die sich in der Vergangenheit bei uns im Unternehmen und zuvor im universitären Kontext im wissenschaftlichen Arbeiten hervorgetan haben – gemeinsam mit dem Leiter des *Business Development* und mir als Wissensmanager. Kollaboratives Wissensmanagement muss hier wie in den meisten Fällen nicht die gesamte Belegschaft mit in die Arbeit einbeziehen, sondern für die für das Arbeitspaket wichtigsten Personen.
- Recherche-Mechanismen können insbesondere noch unerfahrenen Kolleg*innen auf dem Gebiet einen guten Einstieg in die Recherche ermöglichen. Wie fange ich an? Viele Universitätsbibliotheken bieten einen sehr guten Überblick über Fachbücher und Fachzeitschriften – diese Infos sind zugänglich für alle, und auch wenn man nicht mehr an einer Universität eingeschrieben ist, kann man die Informationsquellen nutzen. Bei der Beschaffung gibt es stets verschiedene Möglichkeiten: vom einfachen Kauf eines Buches, das dann physisch in unserer Bibliothek allen zur Verfügung steht (zusätzlich nehme ich es als Information in die ebenfalls im Intranet veröffentlichte Liste der Neuanschaffungen auf und verankere es langfristig in der Literatursoftware) über die Kontaktaufnahme mit der Autorin und anderen Wegen. Weiß man erst einmal, was benötigt wird, finden sich Mittel und Wege (und in der Regel auch ein Budget), um die Information zu beschaffen.
- Ob zusätzliche Quellen sinnvoll sind, hängt wieder stark an der Ausrichtung des Unternehmens ab. Großunternehmen haben oft Rahmenverträge mit global agierenden Datenbankanbietern und Info Brokern. Der großen IT-Abteilung, bei der ich bei meinem vorherigen Arbeitgeber angestellt war und die sich vor allem mit

Standardsoftware befasste, genügten die Abos einiger gängiger und weniger spezifischer IT-Fachzeitschriften. Wenn Statistiken für ein Unternehmen relevant sind, mögen das Statistische Bundesamt in Deutschland, die Pendants in anderen Staaten oder das Statistische Amt der Europäischen Union gute Anlaufstellen sein. Natürlich gibt es auch kommerzielle Anbieter, die diese Statistiken weiter aggregieren, in verschiedenen, direkt verwendbaren Formaten wie als Excel- oder PowerPoint-Datei oder als PDF zur Verfügung stellen und noch mit unzähligen Statistiken aus weiteren Quellen vereinen. Es gibt auch Benchmarking-Anbieter am Markt, die u. a. KPIs von Firmen sammeln und vergleichbar machen. Das Angebot ist mannigfaltig – am Ende entscheiden die Ausrichtung des Unternehmens, die Bedarfe der Mitarbeitenden sowie das bewilligte Budget über das, was im Unternehmen implementiert wird.

Insgesamt ist dieser Themenkomplex nicht zentral für das Wissensmanagement – und daher sollte es auch nicht überschätzt werden. Die Arbeit des kollaborativen Wissensmanagements zu diesem Thema kann darin bestehen, die Bedarfe der Belegschaft zu sammeln und gemeinsam mit Interessierten zu überlegen, wie diese Bedarfe befriedigt werden können. Weiterhin macht es Sinn, die Wissensweitergabe sicherzustellen, also nicht nur die eine Person zu informieren, wenn ein bestelltes Buch angekommen ist und in der Bibliothek aufgenommen wurde, sondern dafür zu sorgen, dass alle diese Information finden können, um Doppel- und Mehrfachgestellungen zu vermeiden; ähnliches gilt für neu erschlossene Quellen oder neu erstellte Richtlinien wie die oben erwähnte zum wissenschaftlichen Arbeiten oder Informationen zu Anwendungen wie der Plagiatsprüfung. Hier bewegt sich Wissensmanagement aber auf einer Metaebene und taucht nicht selbst in die unendlichen Tiefen der externen Quellen ab.

Zusammenarbeit mit internen Einheiten

Ich habe mich bemüht, in den ersten Wochen alle internen Einheiten kennenzulernen und habe ganz bewusst das Gespräch gesucht, formell und informell. Zunächst habe ich nur vage geäußert, was ich bei meinem neuen Arbeitgeber machen, wie ich mich positionieren werde – so genau wusste ich es ja nicht – und habe versucht zu verstehen, was die anderen Abteilungen leisten, wie sie es leisten und ob es bestimmte Berührungspunkte, Schnittstellen oder sogar Schnittmengen in der zukünftigen Zusammenarbeit gibt oder geben könnte.

Tatsächlich gab es einen inoffiziellen Auftrag, der gar nicht auf der Liste der 27 Prioritäten stand. „Kannst Du auch unseren internen Einheiten helfen, die Ablagen besser zu organisieren?", fragte mich nach ein paar Wochen einer der Geschäftsführer. „Ja, klar: Wenn die internen Einheiten das wollen und wünschen!", war meine Antwort. Ein Blick von außen kann helfen, Abläufe in der alltäglichen Arbeit und Ablagestrukturen zu beleuchten, zu hinterfragen, gegebenenfalls zu verbessern – doch dazu muss man eingeladen werden. Niemals sollte man sich anmaßen, mit der Attitüde des arroganten Unternehmensberaters von außen an eine interne Einheit heranzutreten und doch stets schon alles besser zu wissen.

Zuhören hilft auch hier. In den Gesprächen habe ich viel erfahren, auch dass nicht die Ablagen das Problem sind (das war eine Fehleinschätzung), sondern instabile Prozesse. Interessanterweise waren es weniger die internen Prozesse einer Zentraleinheit, da läuft vieles stabil. Berichtet wurde mir eher über die Reibereien, die mit anderen internen Einheiten täglich oder wöchentlich auftauchen, und noch viel häufiger wurde mir erzählt, was mit den operativen Einheiten nicht funktioniert. *Programme melden viel zu spät, dass sie jemanden neu einstellen wollen! Der Projektleiter hat schon wieder vergessen uns zu sagen, dass niemand mehr auf diese Projektnummer buchen darf! Vorgestern stand hier bei uns am Empfang eine neue Mitarbeiterin, aber weder wir waren zuvor darüber informiert, noch war die Vorgesetzte vor Ort!* Es ist gut, all das zu erfahren, so können wir es gemeinsam bei Gelegenheit ansehen – in den ersten Wochen und Monaten war dafür keine Zeit, und es war mir noch unklar, ob ich hier überhaupt einen Beitrag zur Behebung solcher Friktionen beitragen könnte. Ich hatte mir alles notiert und konnte Monate später darauf zurückgreifen.

Es ist wichtig, ja entscheidend, sich mit Respekt anderen Abteilungen zu nähern. Es macht keinen Sinn, den Besserwisser zu spielen – vor allem dann nicht, wenn man es nicht besser weiß! Die Kolleginnen und Kollegen, die schon lange in den Zentraleinheiten arbeiten, sind ungeheuer wichtige, oft unterschätzte Wissensträger*innen. Auch wenn es hier und da bei mir den Impuls gab, vorschnell zu antworten – *ja, kenn ich, schon dreimal an anderer Stelle gesehen, weiß genau, wie wir das zackig in den Griff kriegen* –, ich konnte ihn fast immer unterdrücken. Das eine Mal, wo es mir nicht gelang, führte das prompt zu einer Missstimmung, die wir erst ein paar Wochen später bei einem gemeinsamen Mittagessen aufräumen konnten. Der entgegenzubringende Respekt hat nichts mit Demut zu tun, und schon recht nicht mit Unterwürfigkeit. Niemand braucht einen weiteren schlauen Kollegen, der einem nochmal sagt, wie man die eigene Arbeit noch besser macht. Es schwingt hier viel von der Psyche der internen Einheiten mit: ständig benötigt, und doch meist in der zweiten Reihe gesehen. *Sich verbünden* ist der einzig gangbare Weg. Und der heißt nicht, dass man später nicht, wo es angebracht ist, kritische Töne äußern oder Verbesserungsvorschläge einbringen kann.

Entscheidend ist außerdem, dass die Rolle des Wissensmanagers nicht als Konkurrenz verstanden wird. Als Knowledge Manager bin ich Generalist, habe meist eine ungefähre Ahnung, aber eben nur: eine ungefähre. Die Expertinnen und Experten in den administrativen und unterstützenden Zentraleinheiten haben ihre Gründe, warum sie bestimmte Dinge so machen, wie sie sie machen, auch wenn das im ersten Moment nicht einleuchtend erscheint. Ich stelle Fragen, bin interessiert: Warum läuft das so und nicht anders? Es gibt so viel zu lernen und zu verstehen!

Abschließend noch ein wichtiger Punkt: Keine interne Einheit will von einer anderen internen Einheit belehrt werden. Weder die Personalabteilung vom Office Management, noch die Buchhaltung von der IT. Spannungen sind vorprogrammiert überall da, wo es Schnittstellen gibt (dazu später) – aber wenn die Controller den Personalerinnen erklären wollen, wie letztere ihre internen Arbeitsabläufe zu gestalten haben, ist das eine (als übergriffig empfundene) Einmischung in innere Angelegenheiten.

Hier kommt mir mein Rollenverständnis zugute, nicht als „Head of Knowledge Management" bzw. Leiter der Wissensmanagement-Abteilung zu agieren, sondern eher als Koordinator in Wissensmanagement-Fragen. Dann nämlich kann ich als Kollege handeln, der Hilfe anbietet bei der Neustrukturierung interner Ablagen, beim Hochladen von Dokumenten im Intranet, bei der Verbreitung wichtiger Information aus den internen Abteilungen. Dann ist mein Handeln nicht übergriffig, sondern kann und wird als unterstützend und wertschätzend empfunden. Es gibt in diesem Setup kein reflexartiges Zurückweichen wie bei den anderen Einheiten (wenn die IT der Buchhaltung vorschreiben will…), sondern eine Offenheit, die ich in meiner Sonderrolle als kollaborativer Wissensmanager nutzen kann.

Der Umgang mit Eigeninitiativen

Wissensmanagement geschieht immer und überall, auch unabhängig von der Institution Wissensmanagement. Es ist sinnvoll und wichtig, dass Sie als Wissensmanager*in davon erfahren, denn Sie haben einen abstrahierenden Blick auf das Thema und erkennen mögliche Potenziale einer Einzelinitiative für andere Unternehmenseinheiten oder das ganze Unternehmen. Sie sollten alles Eigenengagement fördern, denn wenn Mitarbeitende die Kraft aufbringen, selbst tätig zu werden in Wissensfragen, dann dürfen Sie sich sicher sein, dass es einen Bedarf gibt. Einen Bedarf, den Sie vielleicht übersehen oder aus guten Gründen herunterpriorisiert haben. Schauen Sie genau hin, versuchen Sie genau zu verstehen, was genau mit einer Wissensinitiative bewirkt werden, welche Leerstelle ausgefüllt werden soll!

Wieder ist das Zuhören entscheidend – wahrscheinlich birgt die Initiative wichtige Hinweise, die Sie als Koordinatorin, als Koordinator für Fragen des firmeninternen Wissens aufgreifen können. In meinem früheren Berufsleben, als das Wissensmanagement hierarchisch und institutionell und konservativ ausgerichtet war, bereiteten mir und meinem damaligen vorgesetzten Chief Knowledge Officer solcherlei Aktivitäten Kopfschmerzen, denn sie waren eine Art Konkurrenzveranstaltung gegenüber dem, was wir zu bieten hatten. Mein Chef versuchte zu intervenieren, zu opponieren, die Initiative kleinzureden – sie stellte aus seiner Sicht eine Gefahr für uns dar. In einem kollaborativen Wissensmanagement gibt es diese kompetitive Situation nicht. Versuchen Sie zu fördern, ja mit Rat und Tat beizuspringen und dabei zu verstehen, in welchen Dimensionen das kleine Projekt für den Rest der Belegschaft nützlich sein könnte, ob es sich skalieren lässt, ob es einen Mehrwert für die gesamte Firma bieten könnte. Nicht

Abwehr, sondern besondere Aufmerksamkeit sind gefragt, wenn solche Nebenprojekte auftauchen, die Punkte tangieren, die in ihrer Dringlichkeit Ihnen entgangen sein mögen.

Sollte der glückliche Fall eintreten, dass die Ihnen quasi in den Schoß gefallene Initiative wirklich für die ganze Firma relevant und sie zudem leicht auszurollen ist: Scheuen Sie sich nicht, die Urheber zu nennen, öffentlich und lautstark. Niemand erwartet von Ihnen, dass Sie großartige Ideen im Wochentakt produzieren. Was von Ihnen als kollaborativer Wissensmanagerin erwartet wird: ins Unternehmen hinein-zuhören, gute Ideen weiterzutragen, auf Skalier- und Übertragbarkeit zu überprüfen und dann idealerweise mit einem kleinen Team umzusetzen. Kollaboratives Wissens-management wird von vielen Kolleginnen und Kollegen getragen; daher ist es auch in der Kommunikation wichtig, diejenigen in den Blickpunkt zu stellen, die eine gute Idee eingebracht haben – in solchen Fällen kann der Wissensmanager getrost in den Hinter-grund treten. Das wichtigste Ziel, dass nämlich eine Initiative direkt in der Belegschaft verankert ist und von ihr getragen und weitergeführt wird, haben Sie in einem solchen Fall ohne den Umweg der Überzeugungsarbeit erreicht.

Starter-Changer-Leaver

Ich selbst fordere neue Mitarbeiter*innen immer wieder auf, sich mit ganz konkreten Fragen an mich zu wenden. Ich helfe gern, das ist der eine Aspekt. Ich will aber auch verstehen, nach was Mitarbeitende suchen, wo sie über Probleme stolpern, Problemlagen, die mir selbst gar nicht bewusst sind. Der frische Blick bringt manches zutage, was im Arbeitsalltag nicht mehr gesehen wird. Außerdem erhalte ich echte Cases für mein kleines Training „advanced search", das ich regelmäßig für alle Mitarbeiter*innen anbiete.

Um was es hier aber geht, ist deutlich größer. Es geht um die Umkehrung der Sichtweise auf Abläufe und Prozesse, die von den verschiedenen „Process Ownern" etabliert und auf-rechterhalten und bestenfalls ständig optimiert werden. Rein interne Abläufe in einer Ein-heit (wie die Buchhaltung die Abrechnungen genau bearbeitet, wer im Team für welche Abrechnungen zuständig ist etc.) stehen dabei nicht im Fokus. Es geht um die Prozesse im Unternehmen – und das sind die meisten –, bei denen eine Interaktion mit den Mit-arbeitenden anderer Unternehmenseinheiten stattfindet. Gerade bei den *Startern*, also den-jenigen, die frisch ins Unternehmen kommen und für die alles aufregend und neu ist, ist das evident: Sie kennen das Zusammenspiel der vielen Einheiten nicht, die teils komplexen Prozesse, die vorbereitet sind und die im Hintergrund ablaufen, damit sie zur richtigen Uhrzeit sich am Empfang melden können, von dort entweder von einem Mitarbeiter der Personalabteilung oder ihrer neuen Vorgesetzten abgeholt und begrüßt werden, ihren Rechner mit allen Zugangsdaten und Passwörtern erhalten, durchs Büro geführt werden etc.

Die Neuankömmlinge brauchen diese hintergründigen Prozesse nicht zu kennen, das ist die Aufgabe der Fachleute. Und doch ist der Blick aus Sicht eines Neuankömmlings unend-

lich wichtig für alle internen Expert*innen und Process Owner. Die „Employee Journey"
(die „Reise eines Angestellten") vom ersten Arbeitstag an über die Einarbeitungsphase
(Starter) über die Beendigung der Probezeit, neuen Aufgaben z. B. als Projektleiter*in,
der ersten Beförderung, dem Antreten oder Rückkehren aus der Elternzeit (Changer) bis
hin zum Ausstieg mit Kündigung, Übergaben, Verabschiedungen, Zeugnissen (Leaver)
wird von allen Mitarbeitenden durchlebt. Das ist die Sicht, die jede und jeder Mitarbeitende individuell auf die Abläufe hat. Dies müssen sich immer wieder diejenigen
vergegenwärtigen, die für die Prozesse zuständig sind. Und zwar im Positiven wie im
Negativen: Wie fühlt es sich an, wenn man zum genannten Zeitpunkt am Empfang steht,
aber anscheinend nicht erwartet wird? Was bedeutet es für den ersten Eindruck, wenn man
die ersten vier Stunden, Tage (oder wie ich es in einem anderen Arbeitskontext vor vielen
Jahren erlebt habe: Monate) mit einem weniger leistungsstarken Ersatzrechner arbeiten
muss, weil die IT-Abteilung nicht informiert war? Schnell wird klar, dass die Dinge, die
im Hintergrund laufen und laufen müssen, hohe Relevanz haben. Es sind eben nicht Hand-
langer-Arbeiten, sondern wichtige Tätigkeiten im Gesamtgetriebe eines Unternehmens. Das
kann Mitarbeitende in den administrativen und unterstützenden Einheiten Stolz machen,
gleichzeitig wird ihnen aus diesem Blickwinkel die Verantwortung bewusst, die sie tragen.

Es ist ein Perspektivwechsel, der hier gefordert und forciert wird. Dieser Blickwinkel aus Sicht des Mitarbeitenden lohnt sich, um die Gegenprobe zu machen, den
Gegencheck bei all dem, was die Personen und Abteilungen, die im Unternehmen
arbeiten und dem Starter, Changer, Leaver einen möglichst guten Einstieg, Wechsel oder
Ausstieg ermöglichen wollen. Er hat den Vorteil, dass damit tatsächlich alle Prozesse, in
denen es Interaktion zwischen dem/der neuen Angestellten und den Fachabteilungen, ja
sogar dem Personalverantwortlichen und dem Management, abgedeckt sind.

Was hat das Ganze nun mit Wissensmanagement zu tun? Sehr viel! Zwar muss auch
hier in Augenschein genommen werden, wie das Unternehmen aufgestellt ist, wie etwa
der Onboarding-Prozess höchstwahrscheinlich von HR initiiert und verwaltet, aus-
gestaltet ist. Doch ist es sehr wahrscheinlich, dass darin der ein oder andere Wissens-
aspekt zu kurz kommt. Das gilt für die beiden nachfolgenden Etappen der Employee
Journey, Changer und Leaver, ebenso.

Wissensmanagement ist immer da gefragt, wo Wissen weitergegeben wird, wo eine
Mitarbeiterin, wo ein Mitarbeiter Informationen benötigt. Das ist allermeist der Fall,
wenn sie mit Neuem konfrontiert sind. Und das ist eben nicht nur bei dem Beginner der
Fall, sondern auch bei derjenigen/demjenigen Mitarbeitenden, die/der vor einer Ver-
änderung steht oder der sich entschlossen hat, das Unternehmen zu verlassen: Während
allen Prozessen ist auch Wissensmanagement, sind Sie als Wissensmanager*in gefragt.
Denn an allen Stellen benötigt die betroffene Person, der Starter, Changer, Leaver, neue
Information, die Sie bereithalten. Idealerweise vorab, in der Realität meist auf den Punkt.
Dann erklären Sie eben nicht nur den Neueinsteigern die Struktur des Unternehmens
anhand einer Intraneteinführung, zeigen ihnen, wo die wichtigsten Vorlagen abgelegt
sind, wie sie die wichtigsten Ansprechpartner*innen finden, sondern ermöglichen Mit-

arbeiter*innen auch, sich schnell in neue Situationen einzufinden oder unterstützen den Prozess des Austritts aus Wissensperspektive.

Starter

In fast jedem Unternehmen wird das Onboarding maßgeblich von der Personalabteilung gesteuert. Nur ihr liegen die Informationen vor, wann genau die/der neue Mitarbeiter*in beginnt, welche Sondervereinbarungen getroffen wurden etc. Schon vor dem ersten Arbeitstag des/der neuen Kolleg*in hat HR viel zu tun: Die IT muss informiert werden, damit die neue Person Rechner, E-Mail und Zugänge zum Starttermin erhalten kann. Das Office Management muss informiert sein, damit es den Neuankömmling in Empfang nehmen und mit ihm/ihr eine erste Tour durchs Büro machen kann. Die Kommunikationsabteilung wird in den ersten Tagen für einen Fototermin sorgen und das neue Mitglied auf die Teamseite des Internetauftritts aufnehmen, und auch die Finanzbuchhaltung sollte über eine neue Person auf der *Payroll* informiert sein. In vielen Firmen organisiert die Personalabteilung nicht nur individuelle Onboardings, sondern auch große Onboarding-Veranstaltungen, bei denen, je nach Unternehmensgröße und Rekrutierungserfolg, monatlich bis vierteljährlich Geschäftsführung und Vertreter*innen einzelner Abteilungen – auch das Wissensmanagement – sich die Zeit nehmen, die Neuankömmlinge willkommen zu heißen und wichtige Informationen zu vermitteln.

Die Sicht des Wissensmanagements auf den Starter-Prozess ist die folgende. Wer in einem Unternehmen neu anfängt, sucht nach Orientierung: Bieten Sie diese Orientierung an! Wenn neue Kolleg*innen beginnen, haben Sie die besten Chancen, sie direkt fürs Wissensmanagement zu gewinnen, ja zu begeistern. Ich gebe allen neuen Kolleginnen und Kollegen die gleiche Einführung, missachte etwaige Level-Übertretungen und schule den Senior gemeinsam mit der studentischen Hilfskraft, denn zu Beginn geht es doch darum, erstens das Unternehmen zu verstehen und zweitens Kontakte zu knüpfen. Wie von selbst werden die berufserfahrenen Kolleginnen den ebenso erfahrenen Kollegen vorgestellt, in den Teams spielen inhaltliche Ausrichtungen eine größere Rolle; doch wer wen am ersten Tag, in der ersten Woche kennenlernt, wird sich ans gemeinschaftliche Erlebnis der Einstiegszeit erinnern. Daher ignoriere ich ganz bewusst Levels: Es ist eine weitere Möglichkeit, den zukünftigen informellen Wissensaustausch auch über die Hierarchieebenen zu fördern.

Neue Kolleginnen und Kollegen sind keineswegs nur Bittsteller, die in die Organisation eingeführt werden müssen. Neue Mitarbeiter*innen bringen oft Kompetenzen und Expertisen mit, die das Unternehmen bis *dato* fehlten! Und das, obwohl die Kompetenz, die Expertise nicht einmal benannt wurde in der eingereichten Bewerbung und somit nicht fassbar über die Personalabteilung. Es ist entscheidend, Neuzugänge nach deren Können zu befragen. Ich habe in den letzten Jahren mehrere schlummernde Talente erweckt, durch einfaches Fragen! Wenn jemand sich in die Expert Database (s. o.) eintragen lässt, ist das nicht die Verpflichtung, sofort alle aktuelle und anstehende Arbeit fallen zu lassen, sollte eine*r die Expertise benötigen. Man einigt sich auf ein Telefonat später am Tag oder in der kommenden Woche, und so ist es eine Win–win-Situation: ein neuer Kollege, eine neue Kollegin kann ihren kleinen Zirkel verlassen und wird jenseits ihres Teams bekannt; der Anfragende muss sich nicht über Internet-Tutorials informieren, sondern hat eine Kollegin, einen Experten innerhalb der Firma, die/den er fragen kann.

Genau darum ist es wichtig, dass der Wissensmanager sich Zeit nimmt für neue Mitarbeiter*innen: Nicht nur zur Vermittlung von Unternehmenswissen, von Strukturen, Ansprechpartner*innen etc., sondern auch Zeit lässt für ein Gespräch, in dem die/der neue Mitarbeitende zu Wort kommt. Welche beruflichen Stationen liegen hinter ihm/ihr, was ist sein/ihr Aufgabenbereich im Unternehmen und eben auch, was sind besondere Kompetenzen und Expertisen, die der/die neue Mitarbeiter*in mitbringt?

Bewährt hat sich das Bilden kleiner Gruppen von drei bis vier Personen, wenn es um ein erstes Kennenlernen und eine kurze Einführung geht: So sparen Sie nicht nur Zeit gegenüber einem jeweils individuellen Gespräch, es entstehen gleich noch weitere Verknüpfungen und Vernetzungsangebote zu anderen Neuankömmlingen. Ich selbst fühle mich heute, nach über drei Jahren, den Kolleginnen und Kollegen besonders verbunden, mit denen ich meine dreitägige von der Personalabteilung organisierte Einführungsveranstaltung hatte; im Kleinen biete ich den ähnlichen Effekt. Zudem ermuntere ich alle Neuen, die vielfältigen Angebote, die über die reinen Arbeitsthemen hinausgehen und die von der Belegschaft selbst organisiert werden, aktiv wahrzunehmen. Bei uns gibt es einen Kanal, in dem sich die Stadtradler über alle Themen rund ums Fahrrad austauschen: vom Firmenangebot eines Jobrads über die Verabredung zu einer Fahrradtour oder praktischen Fahrrad-Tipps; einen anderen für „die Gourmets", gegenseitig teilen wir Restaurant-Empfehlungen, selbstgebackene Torten zumindest fotografisch und tauschen Rezepte aus. Solch niederschwellige, auf Eigeninitiative setzende Angebote sind ideal, um das Netzwerk neuer Kolleg*innen jenseits der zugeordneten Teams in der Organisation gleich in den ersten Wochen zu erweitern.

Changer

Angestellte in einem Unternehmen durchlaufen viele Wechsel: Sie werden befördert, erhalten neue Aufgaben, wechseln Teams, werden mit Personalführung betraut, gehen in Mutterschutz oder Elternzeit und kommen daraus zurück, organisieren zum ersten Mal eine größere Veranstaltung, erhalten neue Verantwortlichkeiten als Projektleiter*in etc. Wann diese Änderungen eintreten, ist individuell verschieden. Dass sie irgendwann eintreffen, ist überindividuell und sicher – und genau deshalb sollte das Wissensmanagement darauf vorbereitet sein. Viel davon kann mit (verschriftlichten) Handreichungen abgedeckt werden, es können Erklärvideos hinzutreten – Informationen also, die hinterlegt und jederzeit verfügbar sind, da, anders als beim Onboarding, zeitlich nicht vorhersehbar ist, wann sie benötigt werden. Meist sind diese Prozesse weniger komplex und verlangen weniger Abstimmung als das Onboarding. Was eine Chance ist, führt in der Praxis oft und schnell zu einer Vernachlässigung des Themas. Der junge Projektleiter benötigt für sein erstes Projekt ein gepflegtes und verständliches Projekt-management-Handbuch, wer zum ersten Mal eine Veranstaltung organisiert, braucht eine klar strukturierte Checkliste mit Zeitleiste, die er mit den Expert*innen vom Events-Team besprechen kann. Die Personalabteilung muss Handreichungen zu allen Fragen rund um Mutterschutz und Elternzeit bereithalten und allen Mitarbeitenden zur Ver-fügung stellen: Denn es kann gut sein, dass sich jemand vorab schon einmal informieren möchte, ohne mit einer Mitarbeiterin aus dem HR-Department in Kontakt zu treten.

Neunzig, vielleicht sogar fünfundneunzig Prozent der Veränderungsfälle lassen sich voraussehen und somit überindividuell durch Memos und Handreichungen abdecken, in denen alles Wichtige zum jeweiligen Thema steht – das Wissensmanagement sollte die Personal- und andere Abteilungen mit Dokumentenmanagement und Informations-management darin unterstützen, dass die Informationen aktuell und gut auffindbar für alle Mitarbeitenden abgelegt sind. Für die verbleibenden wenigen Prozent ist es entscheidend, dass für individuelle Fragen das Fachpersonal kompetent ansprechbar ist. Wie ist das eigentlich, wenn eine Mitarbeiterin, die für zwei Jahre ins Ausland entsandt wurde, dort in Elternzeit gehen möchte? Wenn ein Teamwechsel stattfindet, die Personalverantwortung für Personen im alten Team aber bestehen bleiben soll, obwohl sonst personelle Verantwortung nur innerhalb der Teams vorgesehen ist? Diese Fragen werden kaum in Memos oder Handreichungen zu finden sein, und dort gehören sie auch nicht hin. Idealerweise haben die zuständigen Abteilungen eine Ablage für diese Sonderfälle, damit sie einen Überblick darüber haben, wie die speziellen Fälle in der Vergangenheit geregelt wurden – auch bei der internen Ablageorganisation kann Wissensmanagement kollegial Unterstützung anbieten.

Leaver

Verlässt eine Mitarbeiterin oder ein Mitarbeiter das Unternehmen, ist das nicht nur Sache der Personalabteilung und des Vorgesetzten, sondern auch der Wissensmanagerin.

Wieder sind die Abläufe komplex, aber planbar – also dem Onboarding Prozess stärker verwandt als den Changer-Abläufen. HR stellt ein Arbeitszeugnis aus, die IT muss die Rückgabe des Equipments ebenso sicherstellen wie das Kappen der Zugänge, die Finanz-buchhaltung überweist ein letztes Gehalt und etwaige Überstunden oder Resturlaubstage, die von HR gemeldet werden. Checklisten und Handreichungen geben Sicherheit, ins-besondere dem Leaver, der diesen Prozess ja zum ersten Mal durchläuft, während es für die Zentraleinheiten zur Routine gehört, mit scheidenden Mitarbeiterinnen und Mitarbeitern ihre jeweiligen To-dos durchzugehen und abzuhaken. Und das Wissensmanagement? Der Knowledge Manager sollte sich in der Bewahrung von akkumuliertem Wissen engagieren. Zum einen geht es um in den Projekten entstandenes Wissen, das übergeben werden muss, wenn das Projekt noch läuft, und archiviert wird (falls noch nicht geschehen), wenn das Projekt abgeschlossen ist. Daneben müssen aber auch Rollen und Verantwortlichkeiten übergeben werden, manchmal Personalverantwortung übertragen werden. Das geschieht in der Regel in den Teams selbst, und doch ist der Wissensmanager gut beraten, das große Ganze im Blick zu haben und die Firmensicht einzunehmen: Die ausscheidende Kollegin war ja über ihr Team hinaus mit Aufgaben betraut, und so muss nicht nur der „inner circle" darüber informiert werden, auf welche Personen einzelne Aufgaben übertragen werden, sondern diese Information muss auch über das Team hinaus transparent werden.

Zusammenfassend soll nochmal betont werden, dass bei der Arbeit an Starter-, Changer- und Leaver-Prozessen stets eine enge Abstimmung mit den involvierten internen Einheiten dringend geboten ist. Wenn es um den Onboarding- oder den Offboarding-Prozess geht, muss die Personalabteilung unbedingt involviert sein, ja idealerweise ist sie im Lead. Wissensmanagement kann einen Teil dazu beitragen, dass eine neue Kollegin, ein neuer Kollege im Unternehmen gut ankommt oder dass der Leaver-Prozess transparent für alle Beteiligten ist. Es sollte weder dem Office Management die erste Führung durchs Büro streitig machen, noch der Personalreferentin das Austrittsgespräch. Es muss genau und behutsam abgestimmt werden, wer was macht. Diese Prozesse neigen dazu, dass bestimmte Punkte unterschlagen und andere doppelt, ja mehrfach berücksichtigt werden. Das Intranet als Informationsquelle wird allen neuen Mitarbeiter*innen ausführlich von mir erklärt; erst kürzlich habe ich verstanden, dass das Intranet genau diesen Personen auch von der IT vorgestellt wird – mit anderen Schwerpunkten, aber mit Doppelungen. Das konnten wir nun bereinigen, und ich habe die für die IT wichtigen Punkte in meiner Agenda für Neuankömmlinge aufgenommen. Gemeinsam mit der Personalabteilung habe ich den Leaver-Prozess beleuchtet und kommunikative sowie inhaltliche Schwachstellen aufgedeckt. Wir haben Checklisten und Handreichungen erstellt, die nun mit allen anderen involvierten Zentraleinheiten abgestimmt sind, was auch eine Reduktion des Arbeitsaufwands für die dort arbeitenden Kolleg*innen bedeutet. Vor allem aber bedeutet es für die/den das Unternehmen verlassende/n Mitarbeiter*in, dass er konsolidierte, widerspruchsfreie Informationen aus einem Guss erhält, nicht vom Office Management, von der IT, vom Wissensmanager und der Personalabteilung separat angeschrieben wird. Von dieser Professionalisierung und Qualitätserhöhung profitieren alle – und bekanntlich ist nicht nur der erste Eindruck entscheidend, sondern auch der letzte sehr wichtig.

▶ **Starter – Changer – Leaver**
Wer sich Abläufe aus Sicht des Mitarbeitenden ansehen möchte, der kann dies vollumfänglich mit den Starter-Changer-Leaver-Prozessen tun. Man wechselt die Perspektive, fragt nicht, welche Abteilungen was tun müssen, wenn eine neue Mitarbeiterin beginnt, sondern was die Mitarbeiterin bei ihrem Einstieg, ihren verschiedenen Wechseln im Unternehmen sowie bei ihrem Austritt benötigt.

Dieser Perspektivwechsel ist oft hilfreich, denn er sensibilisiert für die andere Seite (in unserem Fall die neue Mitarbeiterin) und darauf, wie wichtig es ist, dass interne Prozesse stabil und aufeinander abgestimmt laufen, damit die neue Kollegin einen guten Einstieg erlebt und sich in professionellem Umfeld willkommen fühlt.

Der Perspektivwechsel trägt dazu bei, dass interne Abteilungen verstehen, wie wichtig ihre eigenen Abläufe sind, welchen Beitrag sie leisten. Dieses Bewusstsein kann nicht nur stolz machen, es ist auch ein sehr guter Hebel für Qualitätsmanagement. Denn wenn sich in so komplexen Prozessen wie dem Onboarding alle involvierten Personen und Abteilungen bewusst sind, wie schnell instabile Prozesse zu einem schwierigen ersten Arbeitstag für die neue Kollegin führen, werden sie auf die Einhaltung von Qualitätsstandards und dem reibungslosen Ablauf ihrer Prozessschritte sehr genau achten.

Abschließend sind noch zwei Sonderfälle zu erwähnen: Pre-Starter und Post-Leaver (Recruiting und Alumni). Sie sind die direkt davor und die direkt sich anschließenden Phasen an den Dreiklang Starter-Changer-Leaver. Schon bevor der neue Kollege, die neue Kollegin an ihrem ersten Tag den für ihn/sie vorbereiteten Onboarding-Prozess startet, gibt es Kontakt: Mit der Stellenausschreibung und der eingehenden Bewerbung beginnt die Interaktion. Und auf der anderen Seite der Zeitachse gibt es formelle oder informelle Kontakte über das Arbeitsverhältnis hinaus, wenn nämlich Mitarbeiter*innen in einem Alumni-Netzwerk aufgenommen werden oder sonstige Verbindungen bestehen bleiben. Bisher ist mir kein Wissensmanagement begegnet, in dem diesen beiden Perioden (oder auch nur eine davon) sonderliches Augenmerk gewidmet worden wäre – denkbar wäre es vor allem beim Alumni-Thema, bei dem die Wissensmanagerin ihre Fähigkeiten als Netzwerkerin einsetzen und sich um Informations- und andere Austauschformate kümmern kann. Jedoch ist die Wirkung des Wissensmanagements deutlich stärker und effektiver eingesetzt für die firmenintern ablaufenden Perioden.

Knowledge Capturing/Project Knowledge Capturing

Eine geradezu *klassisch* zu titulierende Aufgabe des Wissensmanagers ist es, im Unternehmen entstandenes Wissen einzusammeln, zu „capturen". Knowledge Capturing ist eine wichtige und oft anstrengende Arbeit. Es verhält sich dabei etwa so, wie Nietzsche ironisch-doppeldeutig das Verhältnis zwischen Wahrheit und Philosophen formuliert: letzterer „kommt immer *dahinter*" – er deckt also nicht nur auf; dahinter heißt auch: hinterher, oft zu spät, nachrangig. So verhält es sich mit entstandenem Wissen und dessen Sicherung und Bewahrung ebenfalls. Spannend wird es da, wo Wissen neu entsteht – der Rest ist einsammeln, aufräumen, durchfegen. Eine meist ungeliebte Arbeit, an der sich die Wissensproduzenten nur ungern beteiligen – und daher umso schwieriger für den Wissensmanager, dem diese Aufgabe anvertraut wird.

Stupide ist die Arbeit mitnichten: Zunächst muss geklärt werden, wo Wissen überhaupt entsteht – nur dann kann die Wissensmanagerin an der richtigen Stelle sich einfinden und mit ihrer Arbeit starten. Dann müssen die Minimal-Standards definiert werden: Welches Wissen muss mindestens fixiert und eingefangen werden? Es müssen

Dokumentationsformen und die Zugriffe darauf diskutiert werden: In welcher Weise soll entstandenes Wissen festgehalten werden, und können alle Mitarbeiter*innen auf alle abgeschlossenen Projekte zugreifen, oder würden bestimmte Vertraulichkeitsklauseln verletzt, die mit Projektvergabe unterzeichnet und von den Projektleitenden bestätigt wurden? Ist es nötig und sinnvoll, dass jeder und jede potenziell Einblick erhalten sogar in die Protokolle von vorbereitenden Workshops, oder ist es nicht besser, eine kleine relevante Auswahl an Dokumenten aus dem Projekt der Belegschaft zur Verfügung zu stellen? Und nochmal zurück zur Dokumentationsform: Ist dem Unternehmen tatsächlich geholfen, wenn es irgendwo ein abgeschlossenes Archiv gibt, das den formal-juristischen Anforderungen der Dokumentenaufbewahrungspflicht Rechnung trägt, sonst aber mit den Erkenntnissen nichts weiter gemacht wird?

Letztlich sind dies offene Fragen – von Unternehmen zu Unternehmen unterschiedlich zu beantworten. Bei projektorientierten Unternehmen entsteht neues Wissen tatsächlich meist auf den Projekten selbst. Das ist ja das Großartige am Geschäftsmodell – man bietet eine Dienstleistung für ein anderes Unternehmen, lernt aber mindestens genauso viel selbst dazu – nur dass das bezahlt wird (*Geschäftsmodell Beratung in nuce*). Daher ist es bei diesen Unternehmenstypen für den Wissensmanager entscheidend, bei Abschluss eines Projektes das (allseits unbeliebte) Project Knowledge Capturing anzustoßen und durchzuführen: Es muss eine Projektreferenz geschrieben werden, idealerweise eine Case Study, die wichtigsten Dokumente werden für alle Mitarbeitenden zugänglich gemacht, um Synergien und Lerneffekte zu erzeugen, aber auch ganz einfach, um in der Akquisephase die Kompetenzanmutung aufrecht zu erhalten: Wir haben genau in Ihrer Branche schon fünfzehnmal die Supply Chain oder das Kundenmanagement optimiert – vertrauen Sie uns, wir sind teuer und gut! In Unternehmensberatungen ist der Wissensmanagerin derjenige, der die entsprechenden Vorlagen verschickt und überprüft, ob die Referenz, die Case Study geschrieben werden, ob die Gesamtdokumentation archiviert wird. Wo dies nicht geschieht, wird nachgehakt, insistiert, abermals erinnert – und wenn die Dokumente endlich vorhanden sind, sind alle Beteiligten froh, einen Haken an die Aufgabe machen zu können. Denn dann kann der Wissensmanager eine Aufgabe von der Liste streichen, und die Unternehmensberaterin hat eine lästige Pflicht erledigt und ist wahrscheinlich längst in einem anderen Projekt involviert.

In anderen Unternehmen jenseits der Unternehmensberatung stehen je nach Branche eher Köpfe im Vordergrund, oft auch Prozesse oder aufgebautes IT-Know-how. Bei einem früheren Arbeitgeber war ein Projekt aus IT-Sicht vor allem Programmier- und Schnittstellen-Arbeit, es interessierte das Zusammenspiel von verschiedenen Softwarelösungen, und das spielte eine ungemein größere Rolle als wirtschaftliche Erfolge oder die Motivation, einem namhaften Unternehmen in entscheidenden Punkten weitergeholfen zu haben. Projekte wurden auch dort natürlich abgeschlossen, doch war das *Project Knowledge Capturing* in anderer Art zum Teil schon erfolgt, steckte in einem Ticketsystem oder war als zusätzliche Lösung in eine Software integriert worden.

Wichtig ist an dieser Stelle zu betonen Mit dem Einsammeln allein ist es nicht getan. Wissen muss an verschiedenen Stellen abgelegt werden, soll zukünftig genutzt werden können und weiterhin fruchtbringend sein. Sicher muss es ein Archiv geben, das die Gesamtdokumentation des eines Projektes enthält, das ist schon aus rechtlichen Gründen erforderlich – Stichwort Dokumentationspflicht. Das allein jedoch genügt nicht. Gibt es eine Referenzdatenbank, so muss die Projektreferenz dort abgelegt werden; wenn während des Projektes eine neue Methode angewendet wurde und diese sich bewährt hat, gehört sie nicht ins Archiv, sondern sollte in die Methodensammlung aufgenommen werden; hat das Projekt neue Vorlagen entwickelt, die auch zukünftig Verwendung finden sollen, gehören diese in die Template-Sammlung – die Reihe der Beispiele ließe sich lange fortsetzen. Diese Aufgabe liegt eindeutig beim Wissensmanagement. Die kollaborative Wissensmanagerin hat den Überblick über Datenbanken, Wissenspools, Ablageorte und kann bei Unklarheiten jederzeit mit der Projektleitung Rücksprache halten.

Collaboration Workshops

Ich hatte erwähnt, dass ich mich bei der Annäherung an die Zentraleinheiten wie IT, dem Office Management usw. Notizen anfertigte, die auf die über die einheitsinternen Abläufe hinausgehenden Prozesse fokussierten – und die ganz offensichtlich nicht reibungslos funktionierten. Nun hatte ich mit den Zentraleinheiten bei der Betrachtung der Starter-, Changer-, und Leaver-Prozesse bereits „über den Tellerrand" hinaus-geschaut – die Kolleginnen und Kollegen waren darin geübt, den Perspektivwechsel zu vollziehen und nicht nur ihre Sicht, sondern auch die des Gegenübers einzunehmen. Bei den S-C-L-Prozessen fragten wir gemeinsam: Wie sieht dies aus Sicht des Mit-arbeitenden aus? Jetzt galt es, die alten Notizen hervorzukramen und die Schnittstellen in Augenschein zu nehmen, die auf der Ebene zwischen den operativen Einheiten (die als „Programme" bezeichneten Arbeitseinheiten) und den Zentraleinheiten lagen.

Hierfür organisierte ich mehrere knapp dreistündige Arbeitstreffen, eines für jede interne Abteilung, Wissensmanagement inklusive. Bei der Besetzung der Meetings achtete ich auf Ausgewogenheit: Es sollten etwa gleich viele Personen von der Zentralfunktion wie Kolleginnen und Kollegen aus den operativen Einheiten teilnehmen. Die Zentralein-heiten waren mit dem Kopf der Einheit und zwei oder drei weiteren Mitarbeiter*innen vertreten. Die Seite der Programme präsentierte sich glücklicherweise sehr heterogen, ins-gesamt waren Kolleginnen und Kollegen mit mehreren Jahren Berufserfahrung bereit, das anzusprechen und nach Verbesserungsmöglichkeiten zu suchen, was sie seit langem schon als Friktionen, als „Sand im Getriebe" bei der Zusammenarbeit empfanden.

Auch wenn die Frage, welche Abläufe nicht gut laufen oder zumindest verbesserungs-würdig scheinen, die wichtigste war – um das zu besprechen, kamen wir ja zusammen – begann ich mit der Sammlung positiver Elemente der Zusammenarbeit. Diese erste Übung setzte den Rahmen in dem wir anschließend in einem kollegialen und wertschätzenden Ton die schwierigen, teils heiklen Themen ansprechen konnten. Dabei galt es für mich, moderierend darauf zu achten, dass es nicht – wie von manchen im Vorfeld befürchtet – zu einer Schieflage zwischen den beiden vertretenen Gruppen kam, dass also nicht die Gruppe der operativ Tätigen mit einem langen Forderungskatalog auftrumpfte, während

VERMITTLER SEIN

die Zentraleinheiten in eine defensive Rolle gedrängt wurden. Dies ließ sich vermeiden, und die Wünsche seitens der internen Einheiten an die Programme konnten genauso klar benannt werden. Das war besonders produktiv an den Stellen, an denen ein und dieselbe Schwierigkeit von zwei unterschiedlichen Seiten beschrieben wurde – und genau diese Punkte, die teils seit Jahren latent schwelten und jetzt offen zutage traten, konnten endlich von beiden Seiten verstanden und Lösungen herausgearbeitet werden.

Um es an einem Beispiel konkret zu machen: Während seitens der Programme in bestimmten Situationen mangelnde Unterstützung seitens der Zentraleinheiten beklagt wurde, formulierten die internen Einheiten das Problem, oft zu spät und auch nur unzureichend mit relevanten Informationen ausgestattet zu werden – wie soll auf dieser Grundlage eine vollumfängliche Unterstützung möglich sein? Das waren Erkenntnisse für die Programme, die durchaus selbstkritisch kommunikative Nachlässigkeiten – nie absichtlich und meist dem Zeitmangel geschuldet – gegenüber den Zentraleinheiten einräumten, sich jedoch erst während des Workshops darüber bewusst wurden, welche negativen Konsequenzen das für die Zentraleinheiten und letztlich deren Dienstleistungsangebote dies hat. Nächste Schritte konnten schnell vereinbart werden. Nach einigen Monaten schauten wir uns das Beschlossene noch einmal an und konnten feststellen, dass die Collaboration Workshops ihre erhoffte positive Wirkung erzielt hatten: Viele der ehemals als problematisch bezeichneten Arbeitsabläufe wurden von beiden Seiten sehr viel positiver bewertet. Gemeinsam haben wir es geschafft, die Qualität der Abläufe zu verbessern, was allen Beteiligten zu Gute kommt.

Qualitätsmanagement

Ohne dass es anfänglich intendiert war, bin ich ins Qualitätsmanagement (QM) eingetaucht. Im Unternehmen gibt es keinen dezidierten Qualitätsmanager. QM ist Aufgabe jeder und jedes einzelnen Mitarbeitenden. Wir arbeiten wissenschaftlich lauter, sorgen für eine korrekte Zitation, wichtige Dokumente werden nach dem Vier-Augen-Prinzip doppelt geprüft und all das, was veröffentlicht wird, muss einen Plagiatscheck durchlaufen, bei dem ein Software-Programm den vor der Veröffentlichung stehenden Text streng überprüft.

Wissens- und Qualitätsthemen liegen oft eng zusammen, und so war es nur konsequent, dass ich mich auch des Qualitätsmanagements annahm. Einige der Aufgaben, die ich im Unternehmen als Wissensmanager übernommen habe, könnten genauso gut unter den Begriff Qualitätsmanagement fallen: Die Vorlagen *up-to-date* zu halten, wichtige Informationen an die gesamte Belegschaft kommunizieren, bei den wichtigsten Dokumenten wie Prozessanleitungen, Memos, Betriebsanweisungen dafür zu sorgen, dass sie tagesaktuell, verfügbar, erreichbar sind.

Wo es bereits einen Qualitätsmanager, eine Qualitätsmanagerin gibt, ist es unerlässlich, zügig den Kontakt zu suchen. So erlebe ich es bei einem meiner vorherigen Arbeitgeber, wo ich eine Kollegin antraf, die mit großem Eifer und persönlichem Einsatz dafür sorgte, die Prozess-Bibliothek auf dem aktuellen Stand zu halten. In solchen Fällen sind bei der Zusammenarbeit die klaren Absprachen, wer welche Aufgaben übernimmt, entscheidend. Seien Sie dann froh, dass es bereits ein/e Kolleg*in gibt, die sich ums Qualitätsmanagement kümmert: Im Wissensmanagement gibt es genug zu tun.

Wenn allerdings das Qualitätsmanagement ans Wissensmanagement gebunden wird, sollte es den Prämissen des Wissensmanagements folgen – es sollte ein kollaboratives Qualitätsmanagement sein. Drei Beispiele, wie ich mit jeweils verschiedenen Gruppen Qualitätsmanagement im Wissensmanagement integriert habe, möchte ich hier nennen: Die Intranetpflege, die alle angeht, die Qualitätssicherung der Zentraldokumente, die ich gemeinsam mit den Ownern bewerkstellige und das Qualitätsmanagement unseres Projektmanagement-Servers, das ich mit einer heterogenen Gruppe von Personen sicherstelle.

1. **Intranet.** Ich habe stets betont, dass das Intranet für alle Mitarbeitenden relevant ist und dass daraus abgeleitet werden kann, dass die gesamte Belegschaft für die Qualität der dort aufzufindenden Informationen Verantwortung trägt. Wo immer Fehler entdeckt werden, sollen, ja müssen sie gemeldet werden. Es kommt (glücklicherweise

selten) vor, dass ein Link nicht funktioniert, dass ein/e falsche/r Ansprechpartner*in genannt wird. In diesem Fall ist es die Pflicht des Mitarbeitenden, der dies bemerkt, mir zu melden, damit ich es umgehend verbessern kann. Kürzlich haben wir eine neue E-Mail-Adresse eingerichtet. fehlerfrei@…, sie funktioniert auch auf Englisch als faultless@… – falls, aus welchen Gründen auch immer, ein/e Mitarbeiter*in mich nicht persönlich ansprechen mag, schreibt er/sie an diese Adresse, die ich täglich kontrolliere. Die Qualitätssicherung des Intranets ist also eine Gemeinschaftsaufgabe, an der sich alle Kolleginnen und Kollegen beteiligen.

2. **Zentraldokumente.** Besonders wichtige Dokumente, insbesondere Memos und Leitfäden, werden bei uns mit IDs versehen und besonders behandelt. Auf den ersten Blick ist sichtbar, wer für das Dokument verantwortlich ist, aus welcher Abteilung es stammt und wann das Dokument veröffentlicht oder zum letzten Mal aktualisiert wurde. Ich führe diese Dokumente in einer Liste zusammen und sorge für deren Vollständigkeit, während die Verantwortung der Dokumente bei den jeweiligen Ownern liegt. Diese sind für die regelmäßigen Updates, für die Korrektheit und Aktualität ihrer Dokumente zuständig. Etwa 20 Owner, die meisten davon Mitarbeiter*innen aus internen Abteilungen, sind damit verantwortlich für die Qualität dieser Dokumente. Ich selbst führe regelmäßig Kontrollen zur Qualitätssicherung durch (überprüfe z. B. die in den Dokumenten angegebenen Links auf ihre Funktionalität) und sende in gemeinsam beschlossenen Zeitabständen Erinnerungen, dass die routinemäßige Qualitätskontrolle ansteht, zugleich biete ich meine Hilfe beim Dokumentenmanagement, etwa dem Upload oder dem Ersetzen einer alten Version durch eine neue im Intranet an.

3. **Projekt-Management-Server.** Hier sammeln und teilen wir die Dokumente, die für das Projektmanagement wichtig sind und die immer wieder benötigt werden – potenziell von allen, die Projekte leiten oder an ihnen mitarbeiten. In einer projektorientierten Organisation ist dies ein nicht geringer Teil der Belegschaft. Entsprechend groß war das Interesse, als eine unserer erfahrensten Projektleiterinnen mit mir gemeinsam dazu aufrief, das Thema voranzutreiben. Zunächst einigten wir uns auf eine neue, ausdifferenziertere Struktur der Ablage, fragten anschließend nach Best Practice Dokumenten in Bezug auf Projektmanagement und konnten auf diese Weise einige Dokumente ergänzen. Da die Gruppe aber weniger stabil, größer und heterogener ist als etwa die der Owner unserer Zentraldokumente, ist von meiner Seite mehr organisatorischer Aufwand zu betreiben, und ich nutze die ruhigeren Sommerwochen, um mir einmal im Jahr alle Dokumente anzuschauen auf mögliche Verbesserungen und Korrekturen. Diese Änderungen diskutiere ich gemeinsam mit ein paar erfahrenen Projektleiter*innen, bevor ich die neuerlich abgestimmten und verbesserten Dokumente der gesamten Belegschaft zugänglich mache und darüber in verschiedenen Kommunikationskanälen informiere.

Mit einem letzten konkreten Beispiel möchte ich abschließen, das zeigt, wie Qualitätsverbesserung im alltäglichen Wissensmanagement mitgedacht werden kann. Mitarbeiter

Klaus sucht die richtige Ansprechpartnerin im Controlling für eine Frage der Projekt-abrechnung. Da er ihren Namen nicht ausfindig machen kann, zudem seit zwei Tagen auf seine Antwort wartet, die er an eine generische Adresse controlling@… geschrieben hat, wendet er sich ans Wissensmanagement. Es muss jetzt zügig die Frage geklärt werden, wer zuständig ist. Durch zwei Telefonate ist das getan: Die Hauptansprechpartnerin ist kurzfristig erkrankt, eine Kollegin, die das Postfach nicht geprüft hat, springt ein und kann zügig weiterhelfen. Den Namen der Kollegin schickt der Wissensmanager an den Mitarbeiter Klaus per E-Mail und setzt die Controlling-Kollegin gleich mit in Kopie.

Damit ist der konkrete Fall gelöst, aber wenn man es mit der Qualitätssicherung ernst nimmt, sollte man sich als Wissensmanager*in fragen: Was ist da schiefgelaufen? Wieso konnte sich Klaus nicht mit der richtigen Kollegin in Verbindung setzen? Darauf könnte es verschiedene Antworten geben, die allesamt zu weiteren Aufgaben für das Wissens-management führen.

- Es ist im Unternehmen tatsächlich nicht hinterlegt, welche Personen im Controlling für welche Themen zuständig sind. Die Controlling-Abteilung selbst kennt die Zuständigkeiten allerdings sehr genau und hat ein Organigramm mit klaren Ver-antwortlichkeiten bei sich intern abgelegt. Daher wäre die Frage: Kann dieses Organi-gramm veröffentlicht (z. B. im Intranet zugänglich gemacht) werden? Wenn ja, wäre das sicher eine Erleichterung für alle. Doch prompt stellen sich Anschlussfragen:
  - Genügt das Dokument bereits den Ansprüchen einer firmenweiten Publikation, oder müssen zuvor Fachtermini oder Controlling-interne Abkürzungen etc. in für alle verständliche Sprache „übersetzt" werden?
  - Wer sorgt für die regelmäßigen Aktualisierungen des Dokuments? Geschieht das, sobald sich etwas ändert, oder gibt es eine (z. B. vierteljährliche) Routine oder beides?
  - Wo genau soll die Übersicht veröffentlicht werden?
- Die Information war einsehbar, aber Kollege Klaus hat sie nicht gefunden. Dann sollten Wissensmanager*innen fragen: Woran lag es, dass Klaus die Info nicht fand? Auch hier sind verschiedene Möglichkeiten gegeben:
  - Ist die Information schwer auffindbar, muss sie besser verschlagwortet werden. Liegt die Information „versteckt" in einem schwer zugänglichen Unterordner, muss sie gegebenenfalls einen anderen Ablageort erhalten oder alternativ muss an einer prominenten Stelle auf das Dokument verwiesen, muss ein Link auf das Dokument gesetzt werden.
  - Ist die Information leicht auffindbar, aber Klaus fand sie trotzdem nicht? In diesem Fall muss überlegt werden, ob Klaus (und wahrscheinlich auch viele andere) weitere Informationen benötigt. Vielleicht müssen weitere Suchbegriffe hinter-legt werden, die Information besser verschlagwortet oder noch deutlicher hervor-gehoben werden, vielleicht benötigt Klaus aber auch eine kurze Schulung in der Suche nach internem Wissen.

- Weiter abstrahierend und qualitätssichernde Kreise ziehend könnte man fragen: War das nur für Controlling ein spezifischer Fall, oder ist auch unklar, wer bei der IT, wer bei der Personalabteilung und anderen internen Einheiten die Ansprechpartner*innen sind? Dann leiten sich daraus größere Aufgaben ab.

Dieses letzte Beispiel verdeutlicht, wie eng verzahnt Wissensmanagement mit Qualitätsmanagement ist. Gerade mit dem breiten Blick auf das Unternehmen sollte die Wissensmanagerin nicht bei der schnell herbeigeführten Lösung stehenbleiben, sondern abteilungsübergreifend denken und Aufgaben erkennen und benennen (und mittelfristig mit den richtigen Verbündeten kollaborativ lösen), die dem Unternehmen und seiner Belegschaft helfen, dauerhaft effizient und qualitativ hochwertig zu arbeiten.

Wissensmanagement und Qualitätsmanagement

Wie Wissensmanagement, so ist auch Qualitätsmanagement eine Gemeinschaftsaufgabe. Als Wissensmanager bin ich zumindest zu Teilen Qualitätsmanager, muss es sein. Denn ich bin für die mir anvertrauten Teilbereiche auch qualitativ in der Pflicht. Das gilt etwa für das Dokumentenmanagement im Intranet. Mit einer alle internen Einheiten berücksichtigenden Initiative ist es gelungen, alle Zentraldokumente auf ein neues Niveau zu heben, indem wir uns auf eine gemeinsame Nomenklatur und Standards festgelegt haben: Ein Zentraldokument erhält eine Ordnungsnummer, wird mindestens alle sechs Monate auf seine Qualität geprüft, führt ein Veröffentlichungs- und das letzte Änderungsdatum in den Metadaten sowie einen Owner – also eine für das Dokument verantwortliche Person, nicht nur eine Einheit, die für die Richtigkeit und Aktualität des Dokuments verantwortlich zeichnet.

Zudem sind die Intranetseiten gut verschlagwortet, die wichtigsten Vorlagen alphabetisch gelistet, Ansprechpartner*innen stets aktuell gehalten, es gibt klare Verantwortlichkeiten, klare Strukturen, sogar eine kleine Prozessbibliothek. Wenn Wissensmanagement für den reibungsfreien Zugang zu Dokumenten sorgt und zur Transparenz im Unternehmen beiträgt, hat das oft ganz entschieden mit Qualitätsmanagement zu tun. Der Wissensmanager muss dafür sorgen, dass Wissen korrekt abgelegt und auffindbar ist – unweigerlich muss er daher Entscheidungen treffen oder herbeiführen, wenn Dubletten und widersprüchliche Informationen existieren. „Wissen bewerten" ist ein oft genannter Bereich, aber auch eine große Unbekannte aus der theoretisierenden Wissensmanagementliteratur: Konkret wird die Aufgabe, wenn man mit anderen Zentraleinheiten dafür sorgt, dass wirklich alle Raumpläne, Handlungsketten, Arbeitsanweisungen, Vorlagen aktuell gehalten werden.

Wieder ist klar, dass man hier nur kollaborativ erfolgreich sein kann. Nur den kleinsten Teil – etwa die Dokumente, die von mir erstellt wurden, bei denen ich Ownership übernommen habe – kann ich unabhängig qualitätssichern. Für viele andere Bereiche, etwa die Summe der Zentraldokumente, kann ich einen Rahmen

schaffen, in dem es allen Beteiligten möglich ist und leicht fällt, Qualitätsmanagement zu betreiben. Mit gutem Vorbild gehe ich voran, um dort, wo es nicht
ausgeprägt ist, für Qualitätsfragen zu sensibilisieren. Aber Qualitätsmanagement
ist wie Wissensmanagement – ich wiederhole es: eine Gemeinschaftsaufgabe.

Prozessmanagement

Tatsächlich ist das Prozessmanagement wie das Qualitätsmanagement angrenzend an das
Wissensmanagement, und es kann Überlappungen geben. So, wie Sie für die Aktualität
von Informationen und Dokumenten sorgen (im Grenzgebiet zwischen QM und WM),
so kann es sein, dass Sie bei der Schnittstellenarbeit (s. o.) mit Prozessen nicht nur in
Berührung kommen, sondern diese auch aufnehmen, besprechen, grafisch umsetzen
oder zur Abnahme vorbereiten. Business Process Model and Notation (kurz BPMN) ist
der verbreitete Standard, mit dem (Geschäfts-)Prozesse visualisiert werden können. In
meiner Praxis hat sich gezeigt, dass wenige der in BPMN2.0 bereitgestellten Symbole
ausreichen, um Abläufe, zum Beispiel im Personalbereich, aufzuzeichnen. Auch hier
gehe ich kollaborativ vor, biete meine Hilfe an (stehe, neben anderen Kolleginnen,
auch als Experte für BPMN in der Expert Database) und unterstütze diejenigen, die die
Prozesse verantworten oder ausführen dabei, die Handlung, die sie mir beschreiben, in
einen grafischen Prozessfluss zu übersetzen. Dabei ist es meine Aufgabe, die richtige
„Flughöhe" zu treffen, also nicht zu kleinteilig den Gesamtprozess aufzunehmen, aber
eben nicht so generell, dass er unkonkret bleibt.

Wichtiger als die Nutzung des BPMN-Standards in seinem vollen Umfang ist
die Beschreibung, die dem Schaubild mitgegeben wird. Diese hilft vor allem denjenigen Kolleginnen und Kollegen, sich dem Thema erst einmal nähern müssen und
bisher zwar in die Prozesse tagtäglich involviert waren, sie jedoch als solche gar nicht
wahrgenommen haben. Aber nicht nur für sie: Für eine spätere Einarbeitung neuer
Kolleg*innen ist es erleichternd, auf eine Prozessbibliothek zurückgreifen zu können.

Prozessdenken hilft, tägliche Abläufe zu abstrahieren, zu analysieren, ja, sie überhaupt erst einmal bewusst zu machen. Bei dieser Gelegenheit zeigt sich oft Ver-
besserungspotenzial, das genutzt werden kann, um etwa Prozesse zu vereinfachen,
zu verschlanken. Vor allem aber fördert die Beschäftigung mit Prozessen eine
Sensibilisierung für Rollen und Verantwortlichkeiten – egal, ob es um den Gesamtprozess oder einzelne Prozessschritte geht. Dieses Denken in Rollen ist wichtig, wenn
verschiedene Personen dieselben Prozesse ausführen. Dann kann vermieden werden,
dass es zu Abweichungen kommt, wenn unterschiedliche Kolleg*innen daran arbeiten.
Hier zeigt sich abermals die Nähe zum Qualitätsmanagement: Über Prozesse lässt sich
eben auch Qualität steuern, lassen sich Qualitätsstandards einhalten. Prozessmanagement
und Wissensmanagement sind miteinander verbandelt.

Hilfreich ist die Sensibilisierung auch in Hinblick auf die eigene Verantwortlichkeit in komplexen Prozessen (wie etwa dem oben erwähnten Onboarding-Prozess), bei denen verschiedene Personen aus unterschiedlichen Einheiten interagieren. Was im Arbeitsalltag für die Mitarbeiterin der Personalabteilung „nur eine weitere E-Mail" ist, stellt sich im Gesamtprozess als ein wichtiger Schritt in einer Prozesskette dar, die bricht, wenn diese Aktion nicht ausgeführt, diese E-Mail nicht geschrieben wird. So kann das Prozessmanagement zu einem besseren Gesamtverständnis und einer Wertschätzung der Arbeit anderer Kolleg*innen beitragen – schließlich sind Prozesse für die Menschen da, nicht die Menschen für die Prozesse. Diesen einfachen und wichtigen Satz rufe ich mir selbst und allen, die mit Prozessen im Unternehmen arbeiten, immer wieder ins Gedächtnis. Tatsächlich kann das prozessuale Denken den Blick auf die Welt verändern; es ist so mächtig, weil es sich auf fast jedes Gebiet anwenden lässt. Umso wichtiger ist es, dass die menschliche Komponente nicht zu kurz kommt, dass es in berechtigten Fällen zu Abweichungen kommen darf und wir uns im professionellen Kontext zwar den Prozessen und Standards bewusst sind, uns aber eben nicht sklavisch daran halten. Die Ausnahmen bestätigen die Regel, und mit der Zeit entwickelt man ein Gespür dafür, wann Abweichungen notwendig sind.

Intranet, abermals

Zum Abschluss möchte ich noch einmal auf das bereits vielfach erwähnte Intranet kommen, das ich ein Jahr lang aufgeräumt habe und anschließend in neuer Gestalt erschien. Das Intranet in unserem Unternehmen ist seitdem beliebter geworden, es gilt als zuverlässige Informationsquelle. Man sollte meinen, dass nun alles Berichtenswerte gesagt ist, dass es „nur noch" darum geht, qualitätssichernd die Inhalte aktuell zu halten – doch die Geschichte ging noch weiter, und anders als von mir erwartet.

Kann man Opfer seines eigenen Erfolges werden? Die Antwort lautet: Ja – unser Intranet hat das geschafft. Mit dem Relaunch wandten sich auch verstärkt der erfahrene Teil der Belegschaft und die Geschäftsführung dem Intranet zu. Sie erkannten darin nun eine tatsächlich wieder nützlich gewordene Plattform, eine Möglichkeit, aktuelle Firmenmeldungen zu lancieren, die veröffentlichungspflichtigen Dokumente der gesamten Belegschaft zugänglich zu machen etc. Das Intranet sah einfach besser aus, wir konnten den teils simplen Dokumentensammlungen und -listen hübsche grafische Elemente vorschalten und diese sogar als Navigationselemente nutzen. Die neue und in dieser Weise unerwartete Beliebtheit führte zunächst zu einem *Ausbau* des Intranets, dann zu einer kritischen Frage nach seiner *Struktur* und warf schließlich abermalige *Design*-Fragen auf.

Der Ausbau um einzelne Intranetseiten erfolgte Schritt für Schritt. Beim ersten Relaunch hatte ich nur wenige neue Seiten angelegt, die notwendig geworden waren: Eine Covid-19-Seite, auf welcher eine Anwesenheitsliste geführt und auf der alle Informationen zur internen Regelung im Umgang mit dem Virus veröffentlicht wurden, auf der es weiterführende Hinweise rund um das leidige Thema gab.[2] Direkt damit verwandt die Startseite der neu ins Leben gerufenen *Taskforce Digitales Arbeiten,* auf der ich alle Informationen rund um Arbeiten im Home Office, Bestellung von IT Equipment, Erfahrungen mit virtuellen oder hybriden Veranstaltungen etc. vereinte. Nun aber wollten einzelne Gruppen, zum Beispiel unsere Projektassistenten, eine eigene Seite haben. Die neu entworfenen und verabschiedeten Prozesse bekamen mit der Prozessbibliothek eine Heimat im Intranet, ein groß angelegtes Firmentreffen wurde beworben, eine Seite für Zentraldokumente eingerichtet, um nur einige Beispiele zu nennen.

---

[2] Mit Redaktionsschluss habe ich diese Seite abschalten können, endlich!

Die vorherige Struktur wurde insbesondere an der Stelle überlastet, die durchaus bieder als „Organisationshandbuch" bezeichnet wurde und den größten Teil der Intranetseiten ausmachte. Beim ersten Relaunch hatte ich den Aufbau, die Anordnung von Seiten und Unterseiten, weitgehend so belassen, wie ich ihn am ersten Tag meiner Arbeit vorfand; ich hatte mich auf die Inhalte fokussiert. Nun, nachdem ich einige weitere Seiten angelegt hatte, kam diese Struktur, zehn Jahre alt und für ein damals noch viel kleineres Unternehmen entworfen, an ihre Grenzen. So versuchte ich neu zu gruppieren, zusammenzufassen, tragfähige und ausbaufähige Kategorien zu entwickeln. Nach einigen Diskussionen und noch mehr Umgruppierungen konnte ich die drei Hauptkategorien „Company Units", „Groups & Boards" sowie „Information Center" in einem von der IT zur Verfügung gestellten Testumgebung implementieren und sie mit einer Testgruppe besprechen. Nach abermaligen Anpassungen hatte ich die neue, leicht zu navigierende Struktur gefunden und konnte auch diese Verbesserung beim zweiten Relaunch implementieren.

Obwohl es bereits erhebliche grafische Verbesserungen bei der ersten Umstellung des Intranets gab – genannt seien hier einheitliches Design und Nutzung der Corporate Colors, Einbinden von navigierbaren Grafiken statt reine Textseiten, bessere und wieder einheitliche Icons auf den Seiten, die intuitiv die Nutzer*innen an die richtigen Stellen leiten (oder zumindest leiten sollen) – trotz dieser Verbesserungen wurde der Ruf nach einer weiteren grafischen Verbesserung laut. Da unser Unternehmen immer wieder umfängliche Websites für Auftraggeber erstellt, gibt es bei vielen Angestellten, in der Geschäftsleitung ohnehin, ein ausgeprägtes Bewusstsein für die Relevanz guten Designs in der Außen- aber eben auch in der Innendarstellung. Zu Recht! Ich will nicht behaupten, dass unser Intranet nach dem zweiten Relaunch grafisch so viel hermacht wie die von uns entworfenen Internetpräsenzen, doch muss man sich vergegenwärtigen, dass dort meist fünfstellige Beträge ausgegeben werden, dass Programmierer spezielle Anforderungen umsetzen, während für Design bei unserem Intranet kein Budget vorgesehen ist. Mithilfe unseres Mediendesigners konnte ich ein paar weitere Anpassungen vornehmen (etwa bei Schriftgrößen und -farben), auf die ich alleine nicht gekommen wäre, die aber tatsächlich große Wirkung haben.

Die Situation beim zweiten Intranet-Relaunch war eine völlig andere als beim ersten – auch für mich persönlich. Bei meinen ersten Änderungen im Intranet bewegte ich mich selbst teils noch tastend voran: Die Struktur schien mir an manchen Stellen nicht ganz sauber durchdacht, doch wollte ich als Neuankömmling keine Fundamentalkritik üben und konzentrierte mich daher auf die Inhalte. Ich kannte die Zuständigkeiten nicht und musste sie mir erarbeiten bzw. sie mit den bisher wichtigsten Einheiten in Sachen Intranet, IT und Kommunikation, festlegen und selbst Ownership übernehmen. Viele technische Details konnte ich schlicht noch nicht einschätzen, wusste noch zu wenig über die Möglichkeiten und Limitationen, die die Software, auf der unser Intranet basiert, bot.

Das war beim zweiten Relaunch anders – zum Glück! Denn da kannte ich mittlerweile die Bedarfe der Kolleg*innen, hatte sie gemeinsam mit ihnen herausgearbeitet. Mein mich unterstützender Projektassistent hatte seit zwei Jahren immer wieder intensiv mit dem Intranet gearbeitet und in dieser Zeit fundiertes Wissen über die Möglichkeiten aufgebaut, die die Softwarelösung uns bot. Schließlich hatte ich erst ein kleines Kernteam aus Kolleginnen und Kollegen gebildet, die das neue Intranet in der Testumgebung prüften und mir einige Hinweise aus Anwender*innensicht nannten, die mir entgangen waren. In einem letzten kollaborativen Akt vorm Relaunch hatten sich auf meinen Aufruf hin etwa 25 Kolleginnen und Kollegen – glücklicherweise gut gemischt vom Geschäftsführer bis zur Studentischen Hilfskraft – gemeldet, um *unser gemeinsames* Intranet in der Testumgebung zu evaluieren. Nach positivem Feedback konnte ich an den Relaunch gehen: zuversichtlich und voll Vertrauen. Vertrauen in die Gruppe, denn kollaboratives Wissensmanagement bringt eben den Aspekt mit sich, dass man als Wissensmanager nicht auf sich selbst gestellt ist, wenn man sich zuvor den Rat und die Meinung der Kolleg*innen sichert.

Im Vorfeld hatte ich von der IT und dem Mediendesigner Hilfe erhalten, am Tag des Relaunches halfen mir drei unserer Projektassistenten von morgens bis abends – denn leider ließ sich aus technischen Gründen nicht einfach die Testumgebung ins Livesystem übertragen, sondern im Livesystem mussten sämtliche Änderungen vorgenommen werden. Dank der tatkräftigen Unterstützung, vor allem aber Dank der überragenden Planung und dem tiefgreifenden IT-Verständnis meines Projektassistenten, wurde der Rollout zu einem vollen Erfolg: ohne Katastrophen, ja sogar fehlerfrei vollzogen wir einen zweiten Intranet-Relaunch, der für die User trotz der Arbeit im Livesystem praktisch ohne technische Einschränkungen ablief. Dennoch bin ich froh, dass jetzt kein dritter Relaunch mehr ansteht… die nun aufgebaute Struktur ist auf Jahre hinaus zukunftsfähig. Es werden in den kommenden Jahren weniger neue Seiten hinzukommen als es in den letzten Jahren der Fall war; und das Design haben wir auf ein Niveau gehoben, dass sich sehen lassen kann – auch hier rechne ich in den kommenden Jahren mit wenig Veränderung.

Um einen möglichst großen Teil der Belegschaft mit dem neuen Intranet und seinen Möglichkeiten vertraut zu machen, bot ich über zwei Wochen jeweils über die Mittagspause viertelstündige Live-Demos an (abwechselnd auf Englisch und Deutsch), die sehr großen Zulauf fanden; erst mit diesem letzten Kommunikationsschritt war für mich der Intranet-Relaunch vorläufig abgeschlossen. Der große Stein ist mir allerdings am Abend des Relaunches selbst vom Herzen gefallen. Die Kommunikation war dann für mich und meine kollegialen Helfer*innen bereits das Ernten der Früchte unserer Arbeit, denn es gab nun große Zustimmung auch von den Kolleg*innen, die im Vorfeld des Relaunches nur am Rande involviert waren oder gar nichts davon erfahren hatten. Als letzten Baustein einer guten Verankerung habe ich eines meiner Live-Demos als Video aufgezeichnet, so ist es jederzeit in unserer Videothek verfügbar und abrufbereit.

Dass die Intranet-Arbeit immer noch weitergeht, auch nach dem Abschluss, zeigt die letzte Episode. Dank technischer Linkchecks erkenne ich recht zügig, wenn im Intranet ein Link ins Leere führt. Was das Tool natürlich nicht erkennen kann, ist, ob der Link an die richtige Stelle führt, der Link „Reiserichtlinie" auf das entsprechende Dokument und der Link „Travel Policy" auf die englische Version des Dokuments. Trotz einiger

Qualitätsschleifen können Fehler passieren. Dann sind alle Mitarbeitenden gefragt, denn als kollaborativer Wissensmanager bin ich dafür verantwortlich, dass das Intranet qualitativ hochwertige Informationen bereithält, die leicht aufzufinden sind – nicht aber für jedes kleinste Detail. Wenn Mitarbeitenden irgendwo Tippfehler oder eine falsche Verlinkung auffallen, dann können sie das ganz einfach melden: Wir haben seit neuestem eine E-Mail-Adresse: fehlerfrei@... (und ihr englisches Pendant: faultless@...), bei der die gesamte Belegschaft niederschwellig Fehler melden kann. Ich überprüfe das Postfach regelmäßig und nehme die Änderungen meist direkt vor bzw. leite sie an die verantwortlichen Personen weiter. So halten wir unser Intranet gemeinsam auf einem hohen Niveau, ja wir verbessern die Qualität im kollegialen Miteinander täglich.

Arbeitsorganisation: Umgang mit Erreichtem und Hilfe in der Umsetzung

Reflexion und Dokumentation des Erreichten

Zum Schluss dieser Fallstudie sei noch ein Punkt angesprochen, der, anders als die Kapitel zuvor, nicht die inhaltliche Arbeit betrifft, sondern deren Organisation, Reflexion und Dokumentation. Die große Aufgabe Wissensmanagement muss selbst organisiert, gemanagt werden. Wie die Planung der Arbeitspakete unter Einbeziehung der Belegschaft und innerhalb meiner Leitplanken funktionieren kann, habe ich bereits hinlänglich beschrieben. Am anderen Ende stehen die abgeschlossenen, dazwischen die auf den Weg gebrachten Arbeitspakete – ihnen sei hier die Aufmerksamkeit gewidmet.

Bei aller Euphorie, die gelingende Projekte mit sich bringen und dafür sorgen, dass man den Flow genießen kann, mag eine kurze, bewusste Pause der Reflexion helfen, das bereits Erreichte zu würdigen und abzusichern. Es geht um ein kurzes Innehalten, ein vielleicht eintägiges Zurücktreten vom Alltagsgeschäft. Teams machen das in „Retreats", und auch, wenn man kein Team hat, sollte das kein Hinderungsgrund sein, ein paar Stunden nicht in die E-Mails zu schauen, sondern auf die letzten zwölf Monate zurückzublicken.

Diese Reflexion ist wichtig. In der alltäglichen Arbeit kommt sie meist zu kurz, da ein Teilprojekt sich ans nächste anschließt, ein Arbeitspaket dem nächsten folgt. Es geht nicht um Selbstbeweihräucherung, es geht schlicht darum, mit einem distanzierteren Blick „von oben" oder „von außen" auf das Geleistete zu blicken: nicht nur vergnüglich, sondern durchaus auch kritisch. Eine reelle Schwierigkeit besteht darin, dass viel von dem, was geleistet wurde, in den Emails dokumentiert ist: die ersten Planungen, die Abstimmungen, die Erfolgsmeldungen. Sobald aber das E-Mail-Programm gestartet ist – diesmal um Vergangenes nachzuzeichnen – werden neue E-Mails einprasseln. Entweder ignoriert man nervenstark die Inbox, oder man nutzt andere Wege.

Ich habe mich für ein separates Tracking meiner Aufgaben entschieden, welches ich mindestens alle zwei Monate anschaue und komplettiere: Bei derzeit über 20 aktiven, parallel laufenden Arbeitspaketen verliere ich selbst durchaus den Überblick. Ich halte diese Arbeitsbeschreibungen in einem Dokument nach, das jederzeit von der Geschäftsleitung eingesehen werden kann, um nicht nur für mich den Überblick zu wahren, sondern auch zu jedem Zeitpunkt auskunftsfähig zu sein über die einzelnen Arbeitsstränge, für die ich ja unterschiedliche Sponsoren in der Geschäftsleitung habe. Dieses Dokument entlastet mich zudem, wenn es darum geht, Prioritäten zu setzen: Jeder Geschäftsleiter hat die drei, vier oder fünf Projekte im Fokus, die er mit mir vorantreibt. Dass es etwa zwanzig andere gibt, zeigt meine Liste an.

Diese Reflexion ist auch deshalb wichtig, weil sie den Veränderungsprozess dokumentiert, ja bewusst werden lässt. Viele der Aufgaben im Wissensmanagement sind nicht statisch, sondern müssen auf neue Gegebenheiten reagieren: Ein überlappendes Projekt wird seitens einer anderen Einheit gestartet – Abstimmung wird nötig; zwei unerwartete, hochpriorisierte Aufgaben landen bei Ihnen auf dem Schreibtisch – andere Aufgaben müssen warten, Zeitpläne angepasst werden; ein neues IT-Tool wird eingeführt, das bestimmte Fragestellungen verändert, die Sie verfolgt haben. Solcherlei geschieht ständig, und das ist *per se* nicht negativ, muss aber irgendwo festgehalten werden. Führen Sie Buch über Ihre Aktivitäten und die Verschiebungen, denen die Aktivitäten in einem dynamischen Unternehmen zwangsläufig unterworfen sind!

Hilfe bei der Umsetzung

Im Kap. Grundlagen wurde erwähnt, dass kollaboratives Wissensmanagement quasi wie von selbst mitwächst, dass keine proportionale Anpassung der Belegschaftsgröße an die personelle Aufstellung des Wissensmanagements erforderlich ist, ja dass diese zu Teilen tatsächlich entkoppelt ist.

Ich habe meine Arbeit aufgenommen in einem Unternehmen mit etwa 200 Festangestellten, dreieinhalb Jahre später geht die Zahl in Richtung 300 Beschäftigte. Die Gruppe ist nicht nur größer, sondern diverser geworden, doch einen zweiten Knowledge Manager einzustellen, kommt weder mir noch dem Management in den Sinn: Anders als beim Controlling oder dem Kommunikationsteam oder in der Personalabteilung können und sollen die Aufgaben des Wissensmanagements zwar zentral koordiniert, jedoch zumindest in größeren Teilen von der Belegschaft selbst getragen und zu Teilen sogar umgesetzt werden.

Was allerdings unerlässlich ist: Eine Person, die Ihnen einen Teil der operativen Arbeit zuverlässig abnimmt. Wir arbeiten oft mit studentischen Hilfskräften, und ich hörte das mahnende Wort meines Vorgesetzten sehr wohl, als ich meine Stelle antrat: „Sorg für jemanden, der mit Dir die Arbeit wegschafft. Du hast bald mehr auf Deinem Schreibtisch, als Du Dir jetzt vorstellen kannst!" – Ein Großteil meiner Antwort war ein konsequentes kollaboratives Wissensmanagement, das ich damals so noch nicht formulieren konnte. Ein Glücksfall war, dass sich ein engagierter, vielseitig begabter Physikstudent mit breiten IT-Kenntnissen und ebenso starken sozialen Kompetenzen bei mir bewarb: Dominik und ich arbeiteten fast drei Jahre zusammen und konnten kollegial viele Dinge vorantreiben, die ich allein nicht geschafft hätte. Unsere Kompetenzen ergänzend, voneinander lernend, haben wir gemeinsam das Intranet umgestaltet, haben wir Memos veröffentlicht, Prozesse stabilisiert, hat Dominik über 100 Kolleginnen und Kollegen (auch mich) in Excel geschult, während ich die großen Reihen im Peer-to-Peer-Learning organisierte, mit dem Management diskutierte, das kollaborative Wissensmanagement in seiner Tiefe und Breite etablierte. Nach dieser Erfahrung lautet mein Rat: Kompetenzen zu ergänzen, eher komplementär zu den eigenen Expertisen seinen helfenden Mitarbeiter oder seine unterstützende Mitarbeiterin zu suchen.

Die Zukunft

Es ist klar, dass mit dem zweiten Intranet-Relaunch die Aufgaben des Wissensmanagements nicht erledigt sind. Das Intranet-Beispiel ist ja gerade ein anschaulicher Beleg dafür, wie aus erfolgreich getaner Arbeit neue Arbeit entsteht. Viele der in dieser ausführlichen Case Study genannten Arbeitspakete und Themenkomplexe sind nicht abgeschlossen, werden es auf absehbare Zeit nicht sein. Dennoch wird sich die Arbeit verändern. Es werden neue Aufgaben – sicher auch in den Bereichen Big Data, Digitalisierung und Künstliche Intelligenz – hinzukommen, von denen ich bisher nichts weiß oder zumindest nur ahne, wie sie aussehen könnten (dazu mehr im Ausblick). Es werden sich Prioritäten verschieben sowie Arbeitspakete abgeschlossen werden.

Ich bin zuversichtlich, dass einzelne Module meiner Arbeit als kollaborativer Wissensmanager irgendwann auch ohne mich funktionieren, dass die Belegschaft die jetzt eingeübten Formen der Wissensweitergabe, der Identifikation, des Einsammelns, Speicherns und Wiederverwendens von Wissen, bewusst und aus Überzeugung in den Arbeitsalltag integriert werden. Viele Dinge sind in den letzten knapp vier Jahren geschehen, die den Fliehkräften, die in einem wachsenden Unternehmen in Wissensfragen herrschen, entgegenwirken. Aus Rückmeldungen der Belegschaft und des Managements erfahre ich immer wieder, dass wir als Unternehmen in Wissensfragen deutlich besser dastehen als vor vier Jahren – eben nicht, weil es einen Wissensmanager gibt, dem man die Wissensarbeit auf den Schreibtisch legt und sich verabschiedet, sondern weil Kolleginnen und Kollegen wieder sicherer geworden sind im Umgang mit Wissen. Sie wissen, wie der *self service* organisiert ist, wie sie, ohne in einem zentralen Wissensmanagement anzufragen, an die richtigen Ansprechpartner*innen herantreten, wo die relevanten Dokumente abgelegt sind, und sie verstehen, wie sie sich aktiv am Wissensmanagement beteiligen können, wohin Feedback gespielt werden kann, was zu tun ist, wenn ein Fehler bemerkt wird. Wir haben mittlerweile eine sehr gute, eine *reflektierte* Wissenskultur erreicht – was zu Gründungszeiten und in den ersten familiären Jahren des Unternehmens einfach geschah: Die selbstverständliche Wissensweitergabe, das gegenseitige Lernen bei Gesprächen etc., ist nun bewusst geworden. Die Wissenskultur eines Betriebes kann niemand alleine, weder von oben noch von unten oder von außen ändern. Leider gibt es in Chefetagen noch immer Manager, die davon ausgehen, wenn *Knowledge Sharing* ordentlich incentiviert und die Weigerung zum Teilen hart genug sanktioniert werde, könne man die Belegschaft dazu zwingen, eine *Knowledge Sharing Culture* zu etablieren. Auch wenn es einen Treiber braucht, einen Wissensmanager, der das Wissen-Teilen in den Mittelpunkt der eigenen Arbeit stellt, ist es nie möglich, der Belegschaft eine Wissenskultur aufzuoktroyieren. Eine positive Wissenskultur kann nur kollaborativ entstehen und muss sich langfristig etablieren. Kollaboratives Wissensmanagement ist ein erfolgsversprechender Ansatz, um auf die Wissenskultur eines Unternehmens positiv einzuwirken.

Fallstudie 2: Wissensmanagement im Großprojekt

Einleitung

Neben dem Wissensmanagement in Unternehmen und Institutionen (Ministerien, Behörden etc.) ist das zweite große Betätigungsfeld des Wissensmanagements das der Projektarbeit. Die Ausgangslage ist hierbei gänzlich anders. Denn Projekte sind zeitlich terminiert, sie werden, anders als eine Firma nicht „gegründet", sondern „aufgesetzt". Schon an dieser sprachlichen Differenz zeigen sich die unterschiedlichen Charaktere. Zeitlich ist das Projekt klar umrissen, es gibt einen Start und einen (mehr oder weniger) fixen Endpunkt, für das Projektteam den Ab- oder Übergabetermin, auf den hingearbeitet wird. Selbst bei Großprojekten ist die Aufgabenstellung in der Ausschreibung klar formuliert. Der potenzielle Projektnehmer reagiert in der Regel mit einem Projektangebot, in dem er genau beschreibt, mit welchen Ressourcen und in welchem Zeitraum er die Aufgabe zu lösen gedenkt, ist der Projektplan aufgeführt, sind die Referenzen ausgewiesen, die Methoden beschrieben etc. Im IT-Kontext sind es Plichten- und Lastenhefte, die all die Aufgaben festhalten, die abzuarbeiten sich ein Projektnehmer verpflichtet.

Für die Besetzung eines Projektes wird das Unternehmen auf Mitarbeiter*innen zurückgreifen, die zusammen einen sehr guten Mix an Skills und Expertisen mitbringen, um das Projekt erfolgreich zu gestalten und zeitgenau abzuarbeiten. Inhaltliche Expertinnen und erfahrene Projektleiter bilden gemeinsam mit Kolleginnen, die die relevanten methodischen und sprachlichen Skills mitbringen, ein Team, werden dabei auch noch unterstützt von der zuarbeitenden Projektassistenz und können auf Ressourcen ihres Unternehmens, etwa der IT, zurückgreifen. Für einen bestimmten festgelegten Zeitraum bilden sie also eine mehr oder weniger stabile Gemeinschaft, um ein Ziel

R. Grasshoff, *Kollaboratives Wissensmanagement*,
https://doi.org/10.1007/978-3-658-40503-8_3

zu verfolgen, um eine komplexe Aufgabe gemeinsam zu lösen. Es ist selbst bei einem großen und komplexen Projekt alles viel klarer definiert und eben nicht „historisch gewachsen", wie eine der häufigsten Entschuldigungen und Ausreden im Firmenkontext lautet, wenn die Sprache auf die vielen Ungereimtheiten firmeninterner Verantwortlichkeiten, Strukturen und Prozesse kommt. Braucht es im Projekt-Setup also tatsächlich eine Wissensmanagerin?

Die Antwort lautet: Es kommt darauf an. Es kommt darauf an, wie komplex das Projekt ist, was sich nicht allein im zeitlichen Umfang, sondern auch im inhaltlichen Umfang sowie der Projektstruktur zeigt. Es gibt Projekte, die über Jahre stabil mit einem kleinen Projektteam laufen und die bestens ohne eine eigene Wissensmanagerin auskommen – die Aufgaben des Wissensmanagements werden explizit oder implizit vom kleinen Team selbst getragen. Es gibt intensive, dabei zeitlich deutlich begrenzte Projekte, bei denen in wenigen Monaten eine enge Zusammenarbeit zwischen allen Beteiligten stattfindet, und dann das gewünschte Ergebnis erreicht ist – auch hier ist es unwahrscheinlich, eine Projekt-Wissensmanagerin anzutreffen. Wo es aber unübersichtlich zu drohen wird, wo in einem Großprojekt die Gesamtprojektleitung mit der Steuerung des Projektes und seiner vielen Unterprojekte und Arbeitspakete mehr als ausgelastet ist und wo Wissensfragen unterzugehen drohen, da macht ein eigenes Wissensmanagement Sinn.

Wissensmanagement in Projektkontexten ist nichts Neues. Bestimmte Aufgaben wie eine umfassende Dokumentation auf Basis eines wohlstrukturierten Dokumentenmanagements – eine klassischen Wissensmanagement-Aufgabe – werden von Auftraggeberseite eingefordert und müssen projektseitig eingehalten werden. Diese Aufgaben übernimmt manchmal die Projektleitung selbst, manchmal die Projektassistenz. Wo das Projekt mit einem/r Wissensmanager*in ausgestattet ist, da wird es wohl in seinen/ihren Aufgabenbereich fallen, die Dokumentenbasis sauber zu halten und für ihre kontinuierliche Pflege zu sorgen.

Von diesem althergebrachten Projekt-Wissensmanagement ist hier nicht die Rede. Diese Aufgaben müssen fraglos erledigt werden, doch wäre zu fragen, ob es wirklich die Aufgabe des/der Wissensmanager*in ist. In dieser Fallstudie soll ein Projekt-Wissensmanagement vorgestellt werden, das den Grundsätzen des kollaborativen Wissensmanagements folgt, indem es dem Projektteam Tools, Strukturen und Hilfestellungen zur Verfügung stellt, damit es in Wissensfragen sicher wird und das Projekt-Wissensmanagement selbst kontinuierlich verbessern kann.

Die Ausgangssituation

Die Ausgangslage ist komplex. Zwei etwa gleichgroße Unternehmen bilden ein Konsortium, gewinnen ein millionenschweres Projekt im öffentlichen Sektor, das im Fokus der Öffentlichkeit steht und stehen will. Etwa 30 Personen bilden das Kernteam – mit unterschiedlichen technischen Voraussetzungen: von den E-Mail-Adressen und Kalendern über die Erreichbarkeit von gemeinsamen kollaborativen Tools bis über unterschiedliche Laufwerkstrukturen. Höchste Ansprüche seitens des öffentlichen Auftraggebers an IT- und Sicherheitsstandards wollen erfüllt werden. Verschiedene Projektpartner verlangen nach Transparenz und Integration. Etwa einmal pro Woche wird in überregionalen Zeitungen oder im Funk über das Projekt berichtet.[1]

In der Ausschreibung wurde das Wissensmanagement explizit genannt und damit für das Projekt vorgesehen. Allerdings in gewisser Weise „versteckt" in einem Arbeitspaket, und dort in einem Unterpunkt erwähnt. Jedoch wurde schnell klar, dass das Projekt eine übergeordnete, teils strukturierende Wissensmanagement-Unterstützung benötigte, wie sie sich in der Wissenslandkarte des Projektes im weiteren Verlauf etablierte – doch dazu später mehr.

Wenn zwei ähnlich große Firmen ein gemeinsames Projekt gewinnen, lassen sich Synergien nutzen, da beide Partner Kompetenzen und Expertisen einbringen, die sich ergänzen – das ist ja eine der Hauptgründe für die Zusammenarbeit. Die Situation wirft aber auch Fragen auf, die geklärt werden müssen. Diese betreffen die Projektorganisation wie die IT. Die Verantwortlichkeiten müssen klar geregelt sein, was im einen oder anderen Fall schwer ist oder gar fallweise entschieden werden muss. Welche IT-Systeme führend sind, auf welche Ablagestrukturen man sich einigt – das sind Themen, die durchaus Konfliktpotenzial in sich tragen. Idealerweise wird „so rational wie möglich" entschieden. Die Umstellungen etwa auf eine andere als die gewohnte Kommunikationsplattform oder Ablagestruktur können dennoch für die Beteiligten anstrengend sein.

Hier zeigt sich bereits eine erste Aufgabe des Wissensmanagements: Der/die kollaborative Wissensmanager*in bietet allen Projektbeteiligung Hilfe zur Selbsthilfe, und so kann es sinnvoll sein, kleine Schulungen oder zumindest Hilfestellungen in Form vorformulierter und schriftlich fixierter hinterlegter Antworten auf die drängendsten Fragen zu geben. Im beschriebenen Fall war es eine kleine Sammlung einiger wichtiger Links zu unterschiedlichen Ablageorten und IT-Anwendungen, die immer wieder verwendet wurden, die aber – zumindest empfanden das die Projektmitarbeiter*innen so – weit verstreut waren und so immer wieder die Frage aufkam, wo denn überhaupt der Einstieg zu finden sei. Für den Anfang genügte diese bescheidene Sammlung, die die Basis für eine spätere große Erweiterung war. Prinzipiell kann man sagen, dass Knowledge Management in einem Projekt mit dem Projekt sich entwickeln sollte. Es ist denkbar, ein Regelwerk von Anfang an aufzubauen, auch umfängliche Ablagestrukturen, doch macht es oft mehr Sinn, evolutiv vorzugehen und auf die aktuellen Bedarfe der Projektleitung sowie der Teammitglieder einzugehen.

---

[1] Auch diese Fallstudie ist, wie die erste, authentisch wiedergegeben; sie wurde an zwei Stellen um relevante und mitteilenswerte Erfahrungen erweitert, die in einem vorherigen, ganz ähnlichen Kontext des Projekt-Wissensmanagements vom Autor gemacht wurden.

Setup eines Wissensmanagements im (Groß-)Projekt

Zu Beginn ist es für den/die Wissensmanager*in wichtig, das Projekt zu verstehen: nicht nur seine Zielsetzung, sondern auch die Hintergründe. Mehr als die Ausschreibung ist das (erfolgreiche) Projektangebot das dafür entscheidende Dokument. Es kostet einige Stunden, sich einzudenken, doch hat sich die zeitliche Investition stets bewährt. Aus der Perspektive eines Wissensmanagers werden sicher die Absätze, in denen die Begriffe „Wissensmanagement", „Wissensbasis", „Dokumentenmanagement" etc. vorkommen, sofort ins Auge springen. Doch es ist wichtig, nicht nur kursorisch auf diese *trigger words* hin zu lesen, sondern beim Lesen des Proposals breiter zu denken und zu überlegen, wo insgesamt Wissensmanagement helfend unterstützen kann, wo Felder sich auftun könnten, die kollaboratives Wissensmanagement verlangen. Und das wird in der Regel deutlich über das hinausgehen, was explizit vom Proposal-Team ins Angebot geschrieben wurde.

Nach der Lektüre, dem ersten Schritt der Einarbeitung, werden einige Punkte geklärt sein. Hingegen wichtiger sind die Fragen, die durch die Lektüre entstanden sind. Diese müssen nun mit der Projektleitung geklärt werden. Wahrscheinlich gibt es aus dem Projektangebot direkt abzuleitende Aufgaben – das können etwa die präzise Dokumentation oder die Sicherstellung des Zugriffs seitens des Auftraggebers auf besonders wichtige Dokumente sein. Darüber hinaus aber besteht ein großer Spielraum, den die Wissensmanagerin ausgestalten kann – je nachdem, wie „das Projekt tickt", welche Aufgaben beim Projektmanagement, der Projektassistenz, dem Wissensmanagement gesehen werden. Genau das gilt es zu klären, und es hat sich bewährt, dies nicht abstrakt, sondern anhand von ganz konkreten Aufgaben zu definieren. Generalisierende Aufteilungen schlagen meist fehl und es kommt zu Überlappungen. Wenn man vage bleibt und nur grob definiert, wird das zwangsläufig zu Unklarheiten führen: „Die Projektleiterin kümmert sich um die Gesamtsteuerung und die Kommunikation mit dem Auftraggeber, die Projektassistenz um das Operative und das Wissensmanagement um alle Fragen rund ums Wissen". Konkrete Aufgaben könnten z. B. so definiert sein: „Der Entwurf, die Pflege und die Weiterentwicklung einer Ablagestruktur für gemeinsam genutzte Dokumente obliegt dem Wissensmanagement". Aber auch gemeinsame Aufgaben können gut in ihrer Verantwortlichkeit aufgeteilt werden: „Die ‚File Naming Convention' wird vom Wissensmanagement vorgeschlagen, von der Projektleitung verabschiedet und kommuniziert, von allen Projektmitgliedern angewendet und vom Wissensmanagement regelmäßig überprüft".

Den ÜBERBLICK SICHERSTELLEN

Wichtig ist an dieser Stelle bereits, das Verhältnis von Projektmanagement und Wissensmanagement zu thematisieren. Ich habe vor einigen Jahren in einem anderen Kontext einen Projektleiter kennengelernt, der das Wissensmanagement despektierlich als „Staubsauger" und den Wissensmanager damit als Putzkraft definierte, die „halt im Nachgang saubermacht und aufräumt". Wenn das Wissensmanagement so verstanden wird, ist es zeitlich derart nachgelagert, dass es während des Projektes sein Potenzial nicht entfalten und dem Projektteam nicht zu Gute kommen kann. So wichtig Aufräumarbeiten sind – sie sollten nicht der Fokus des Wissensmanagers sein. Das abschließende *Project Knowledge Capturing* ist nur eine der vielen vom Wissensmanagement initiierten und koordinierten Gemeinschaftsaufgaben aller Projektmitglieder rund um Wissensorganisation und -verwaltung. Während des Projektes kann kollaboratives Wissensmanagement ganz anders wirken, und genau dafür kann und muss die Projektleitung recht früh im Projekt sensibilisiert werden.

Im konkreten Fall bedeutete diese Anfangsphase also für mich als Wissensmanager: lesen, zuhören, nachfragen. Ich musste mich eindenken und ein Gespür dafür entwickeln, in welchen Bereichen Wissensmanagement den größten Nutzen haben könnte. Neben dem Projektangebot und den Gesprächen mit der Projektleitung war es wichtig, das Team kennenzulernen. Darum habe ich von Beginn an den (meist virtuellen) Teamsitzungen teilgenommen. Selbst wenn ein guter Teil nicht direkt das Wissensmanagement betrifft, so ist es doch unterschwellig oft ein Thema, insbesondere in der Anfangsphase, in der verschiedene Konsortialpartner auf unterschiedliche Wissenspools zurückgreifen, in der Prozesse noch nicht klar definiert, geschweige denn eingeübt und stabilisiert sind, in der Friktionen seitens der IT auftreten und vollkommen verständlich noch längst nicht alle Projektmitarbeitenden gleich intensiv ins Projekt eingestiegen sind.

Priorisieren von Wissensmanagement-Aufgaben im Projekt
Wie priorisiert man die verschiedenen Aufgaben? In einem Projekt benötigt es für die Beantwortung dieser Frage keine ausgefeilte Wissensmanagement-Strategie. Es genügt das Augenmaß kombiniert mit einer Abstimmung zwischen den relevanten Personen auf verschiedenen Levels.

- **Quick Wins** sind zu Beginn wichtig. Gehen Sie die Punkte an, die offensichtlich leicht zu lösen sind, die aber von vielen Mitarbeitenden als störend empfunden werden. Manchmal sind es technische Kleinigkeiten, die große Wirkung erzeugen können, manchmal ist es das Sichtbarmachen der Möglichkeiten, die in Bezug auf Recherche, auf Kollaboration etc. bestehen.
- **Welche Wissensmanagement-Aufgaben haben für Projektleitung wie für Projektteam eine ähnlich hohe Bedeutung?** Versuchen Sie diese zu identifizieren. Hier liegt der größte Hebel. Braucht es eine gute Ablagestruktur? Ein Verzeichnis der wichtigsten Dokumente? Eine stets aktuelle Liste der Teammitglieder? Braucht es vielleicht ein von Ihnen organisiertes und ggf. moderiertes Austausch-Format?
- **Die Wissens-Arbeit muss sichtbar werden.** Es wird schnell zum Problem, wenn das Wissensmanagement sich um Netzwerke bemüht, zukünftige Strukturen andenkt, Kategorien definiert, Maßnahmen für die Einbindung aller Kolleginnen und Kollegen plant – und dann nichts oder nur wenig davon zu sehen ist. Das biedere Dokumentenmanagement bietet sich an. Sie brauchen ein

Konzept, ein paar Vorgaben (etwa die *file naming convention,* einen geeigneten (wahrscheinlich schon existierenden) Ablageort), dann können Sie loslegen.

- **Verantwortung übernehmen.** Bisher wird die Liste der Teammitglieder „irgendwie" gepflegt – das heißt: nicht konsequent. Vielleicht ist es die Aufgabe einer Projektassistenz, vielleicht hat jemand, der definitiv nicht dafür langfristig die Verantwortung tragen sollte, aus der Not heraus eine Liste erstellt. Wenn sich die Wissensmanagerin bereit erklärt, Verantwortung zu übernehmen für solch eine teamübergreifend wichtige Sache, dann ist allen schnell klar: Wissensmanagement wird ernst gemeint, wird im Projekt gelebt. Übernehmen Sie Verantwortung für bestimmte Prozesse, für ausgewählte Dokumente, die für das ganze Team von Relevanz sind.

Projekt-Software – nicht nur eine Frage für PM und IT

Das IT-seitige Setup eines Projektes wird meist unabhängig vom Wissensmanagement gesetzt – doch das muss nicht immer der Fall sein. Stattdessen kann es eher ein Vorteil sein, wenn die Wissensmanagerin nicht vor vollendete Tatsachen gestellt wird. Um überhaupt mitdiskutieren zu können, ist natürlich ein Grundverständnis für die Tools und Software-Lösungen notwendig, die für das Projekt gewählt und zusammengestellt werden sollen. Idealerweise kann man bereits auf bestehende Kenntnisse oder auf im Vorfeld des Projektes erworbene Erfahrungen zurückzugreifen. Doch selbst, wenn dies nicht möglich ist, darf dem Wissensmanager die IT-Perspektive des Projektes nicht egal sein, wie ich nun anhand dieses Fallbeispiels zeigen werde.

Bei der Softwareauswahl für das Projektmanagement wurde ich einige Wochen nach Projektbeginn konsultiert. Bis dahin war die Annahme, dass man das Projekt ohne speziell dafür gedachte Software managen könnte. Doch die hohe Komplexität ließ die Gesamtprojektleitung nun erwägen, das Projekt Tool-unterstützt zu managen. Ich konnte zwei verschiedene Software-Optionen präsentieren. Dafür fragte ich bei unseren internen Experten nach, die dem Projektteam Vor- und Nachteile der jeweiligen Software-Lösungen erläuterten. Als Wissensmanager habe ich in dieser Situation eine Vermittlerrolle eingenommen, entscheiden musste das Projektteam auf Basis der Expertenmeinungen und den eigenen Bedarfen. Das Team entschied sich schließlich gegen eine umfängliche Lösung mit viel administrativen Aufwand und für eine agile(re) Lösung, um das Projekt in seiner Gesamtheit zu steuern.

Anders als beim Tool für die Gesamtprojekt-Steuerung verhielt es sich mit der Plattform für die gemeinsame Dokumentenablage: Hier lag die Lösung auf der Hand und hatte sich bereits in vorherigen gemeinsamen Projekten zwischen den Partnern bewährt. Allerdings hatte man nie zuvor ein so großes Projekt bearbeitet, und allein die Größe brachte zwei besondere Herausforderungen mit sich: die der Ablagestruktur und die des Zugriffsmanagements. Während ersteres vorerst dadurch gelöst wurde, dass die Verantwortlichen der Teilprojekte (oder in diesem Projekt: der Arbeitspakete) die Strukturierung ihrer Bereiche übernahmen (später sollte das Delegieren dieser Aufgabe ohne klare Vorgaben zu Problemen führen), konnte das Management der Freischaltungen tatsächlich vom Wissensmanagement übernommen werden. An dieser Stelle habe ich meine Rolle durchaus dienstleistend interpretiert, allerdings mit kollaborativem Hintergedanken: Während ich auf der einen Seite dem Projektteam administrative Arbeit abnehmen (und damit Wissensmanagement abermals positiv konnotieren) konnte, hatte ich die Möglichkeit erlangt, frühzeitig mit den neuen Projektmitgliedern in Kontakt zu treten. Bei der ersten Welle, also dem dreißigfachen Anlegen neuer User mit Namen, Passwort und Berechtigungen war es mir vor allem darum gegangen, den Nutzen des Wissensmanagements für das Projektteam sichtbar werden zu lassen – in der intensiven ersten Projektphase sind Projektleitung und Projektteam gleichermaßen dankbar, wenn ihnen operative Arbeit abgenommen und zuverlässig erledigt wird. Seit dieser Erstbefüllung sind 12 neue Kolleg*innen zum Team hinzugestoßen, und diese direkt zu Beginn kennenzulernen, ist für den Wissensmanagement-Ansatz des Projektes sehr wichtig. Neben den Zugangsdaten sende ich den neuen Kolleg*innen im Projekt gleich einen Termin, in dem ich in etwa 30 min auf die wichtigsten Dokumente, Quellen und Prozesse hinweise und zudem die Grundsätze des kollaborativen Projekt-Wissensmanagements erkläre.

Große Hoffnungen setzte meine Wissensmanagement-Kollegin, die seitens des zweiten Konsortialpartners mit Wissens-Fragen beauftragt war, gemeinsam mit mir in das Content Management System (CMS), das ein fester Bestandteil des Projektes werden sollte. Wie die Projektleitung und das Projektteam hofften wir auf eine „einfache Lösung für alles", hofften wir auf eine IT-Lösung, die uns erlauben würde, alle Aufgaben (vom Dokumentenmanagement über die Kommunikationskanäle, vom Kundenmanagement bis hin zum Reporting und der Literaturverwaltung etc.) abzudecken. Schnell wurde allerdings klar, dass es auch in diesem Fall keine einfache Lösung geben kann, dass das Projekt mit unterschiedlichen Tools würde arbeiten müssen. Nach kurzer Ernüchterung kümmerten wir uns also um die Frage nach den verschiedenen notwendigen Anwendungen und deren Schnittstellen.

Derzeit gibt es ein gut funktionierendes, aber vorläufiges CMS, das nach außen gerichtet die Website des Projektes ist – dort können alle, die Internetzugang haben, die Angebote des Projektes einsehen und in Kontakt treten.[2] Einige Funktionen, die

---

[2] Man merkt hier leicht, dass es nicht um ein „klassisches" Consulting-Projekt handelt, das für den Auftraggeber beratend und optimierend einzig nach innen wirkt. Teile des Teams stehen als Expert*innen beratend denjenigen zur Verfügung, sie sich zu bestimmten Fragen informieren möchten. Diese können per E-Mail Anfragen stellen, an vom Team organisierten Vor-Ort-Seminaren partizipieren oder tatsächlich deutschlandweit an Online-Sprechstunden teilnehmen – unsere Expert*innen stehen dann mit fundiertem Wissen zur Verfügung.

programmiert werden müssen, werden erst noch im Laufe der Zeit hinzukommen. Doch schon jetzt erfüllt das vorläufige CMS einige wichtige Funktionen, und wüsste man nicht, was alles noch geplant ist, so würde man wahrscheinlich nicht ahnen, dass im Hintergrund an einer viel größeren Lösung gearbeitet wird. Nach innen gerichtet kann schon das aktuelle CMS viele relevante Funktionen abdecken, die exklusiv vom Projektteam genutzt werden (nach außen, also auf der Website, ist davon nichts sichtbar und nichts zugänglich). Es können z. B. unveröffentlichte Datensätze und Dokumente verwaltet oder Zusatzinformationen für die Teammitglieder hinterlegt werden sowie Kategorien gebildet, *tags* vergeben werden, und auch der projektspezifische Thesaurus wird dort hinterlegt.

Schließlich gibt es firmenspezifische Strukturen, die für alle Partner weiterhin relevant sind und die berücksichtigt werden müssen, weil sie langlebiger sind als das Projekt, das abzuarbeiten man sich vorgenommen und dafür mit einem Partner zusammengeschlossen hat. Die File Server von Unternehmen gehören zu diesen Strukturen. Sie sind für die firmeninterne IT ein unverzichtbarer Bestandteil der IT-Landschaft, schon aus datenschutzrechtlichen Gründen unabdingbar. Daten, die hier gelagert werden, sind jenseits des Firmennetzwerkes nicht zugänglich und damit besonders geschützt: kein Drittanbieter – wie etwa bei Cloud-Lösungen – muss mit der Datenspeicherung beauftragt werden. Was aus Perspektive der IT-Sicherheit gut und sinnvoll ist, muss respektiert werden vom Projekt – und vom Wissensmanagement. Wahrscheinlich führt dies an manchen Stellen zu der sonst strikt zu vermeidenden Doppelablage von Dokumenten, doch lässt sich in diesem Fall eine Ausnahme von der Grundregel des Dokumentenmanagements rechtfertigen. Hochrelevante Dokumente wie der geschlossene und unterzeichnete Vertrag, Dokumente für das Projektcontrolling, das finale Projektangebot, später auch der Abschlussbericht und einige andere Dokumente müssen firmenintern abgelegt sein; zugleich ist das Projektangebot ein für alle Teammitglieder so relevantes Dokument, dass es jederzeit online verfügbar sein sollte. Damit kann es nicht allein auf dem Fileserver einzig des einen oder des anderen Partners liegen, denn sonst hätten der jeweils andere Partner und seine von ihm gestellten Projektmitarbeitenden keinen Zugriff. Es wird also dreimal abgelegt: auf zwei Fileservern und zusätzlich auf der kollaborativen Plattform. Hier haben wir also einen typischen Fall, der die grundsätzliche Regel „jedes Dokument nur einmal ablegen" durchbricht – und das zu Recht.

IT und Wissensmanagement sollten – dies sei abschließend und zusammenfassend festgehalten – miteinander kooperieren. Beim Setup wird die IT eine führende Rolle spielen, doch kann, wo etwa zwei oder drei verschiedene Tools mit ähnlichem Scope zur Verfügung stehen, durchaus das Wissensmanagement dafür sorgen, dass die für das Projekt und den Projektkontext bestmögliche Auswahl getroffen wird. Zudem ist es wichtig, das Projekt nicht alleinzulassen mit den IT-Tools – einzig der Verweis und Handbücher oder Betriebsanleitungen hilft wenig, überfordert die meisten Kolleg*innen. Das Wissensmanagement kann durch gezielte Schulungen, kleine Einführungen und niederschwellige Angebote Friktionen abbauen oder sie erst gar nicht entstehen lassen. Besser als der IT-Fachmann weiß der Wissensmanager, was nicht nur die operativen

Anforderungen, sondern die täglichen Herausforderungen des Projektes und der Projekt-mitglieder sind. Darauf zu reagieren, ist eine Aufgabe des Wissensmanagements, das in vielerlei Hinsicht – vor allem mit konkreter Unterstützung und Hilfe zur Selbsthilfe – positiv zum Projekt beitragen kann.

Meetings und Absprachen

Jedes Projekt wird Teamroutinen und -meetings haben, in denen regelmäßig der Projektstatus und -fortschritt der einzelnen Arbeitsstränge sowie des Gesamtprojektes besprochen wird. Zu Beginn sollte die Wissensmanagerin mit dabei sein, um sich zügig im Projekt zu orientieren, die aufkommenden Projektfragen aus erster Hand mit-zubekommen und das Team kennenzulernen. Ich war bei jedem Meeting optional ein-geladen und klärte im Vorfeld mit der Projektleiterin, welche Punkte auf der Agenda standen und ob es aus ihrer Sicht lohnenswert sei, wenn ich teilnehmen würde. Es ergab sich, dass nicht jedes Meeting für mich gleich wichtig war, und manchmal konnten die Punkte, die seitens des Wissensmanagements relevant waren, an den Anfang des Meetings geschoben werden, damit ich das Projekttreffen früher verlassen konnte.

Entscheidend für ein kollaboratives Wissensmanagement im Projekt ist, dass nicht nur der Projektleiter, sondern alle Mitglieder des Projektteams die Möglichkeit haben, mit der Wissensmanagerin in Kontakt zu treten. Was eigentlich selbstverständlich sein sollte, musste ich vielfach wiederholen, denn gerade aufseiten der Partner, die nicht zu dem Unternehmen gehören, für das ich arbeite, gab es Hemmungen – es war eher wie die Kommunikation mit einem Externen: andere E-Mail, keine Einsicht in den Kalender, auch die hausinternen Chat-Funktionen funktionieren nicht. Daher war es mir wichtig und hat sich bewährt, immer wieder in Meetings dabei zu sein und Aufmerksam-keit zu schaffen für das Wissensmanagement generell sowie für die Möglichkeit, mich zu kontaktieren. Als besonders hilfreich, mögliche Schwellen abzubauen, hat sich das „mini-Onboarding" bewährt, das ich oben beschrieben habe. Auf der Startseite unserer gemeinsamen Kollaborationsplattform habe ich deutlich sichtbar meine E-Mail und den Hinweis hinterlegt, mich jederzeit anschreiben zu können. Auf diese Weise konnte ich mancher Kollegin, manchem Kollegen direkt helfen und ein spezielles Problem lösen: z. B. einen Zugang zu einer Quelle oder einen technischen Trick; diese Lösungen wurden in FAQs und kleinen Handreichungen festgehalten und so mit dem gesamten Team geteilt.

Beim Großprojekt gibt es zudem Meetings, die das große Ganze ins Auge fassen und bei denen neben dem Status auch die strategische Ausrichtung des Projektes diskutiert wird. Es lohnt sich, bei solchen Meetings dabei zu sein – denn in diesen werden oft die noch vage gefassten Lösungen angesprochen, bei denen Wissensmanagement eine Rolle spielen kann. Bei einem dieser Meetings kam die Frage nach der prozessualen Dokumentation des Projektes auf, die seitens des Auftraggebers gewünscht, ja gefordert war. Schnell wurde klar, dass ganz unterschiedliche Verständnisse vorlagen von dem, was in der Ausschreibung unter „Prozesse und Prozessdokumentation" gefasst war, obwohl man gemeinsam – und erfolgreich – im Projektangebot dazu Stellung bezogen hatte. Zudem variierten die Vorkenntnisse in Prozessthemen stark. In diesem Fall entwickelte sich für mich als Wissensmanager eine neue Aufgabe, die in Richtung Qualitäts- und Prozessmanagement deutete.

Projekt-Prozesse und deren Aufnahme und Management

Verschriftlichte und visualisierte Prozesse helfen, Abläufe und Handlungsketten zu verdeutlichen, die im Projekt von Bedeutung sind. Es geht nicht darum, jeden noch so kleinen Ablauf in seinen Detailschritten darzustellen, sondern darum, Kernprozesse für alle Teammitglieder nachvollziehbar, aber eben auch verbindlich zu machen. Warum dies nützlich ist, das Projekt in seiner Effizienz fördert und wie Wissensmanagement dabei unterstützen kann, dazu möchte ich zwei Beispiele geben.

Bei einem komplexen Projekt gibt es eine Vielzahl ständig sich wiederholender Abläufe. Das können Meetings mit oder ohne externe Beteiligung sein, bei denen im Vorfeld die Einladung verschickt, die Rückmeldungen getrackt, die Agenda vorbereitet werden muss. Nach dem Treffen wird das Protokoll verfasst, abgelegt, die Teilnehmenden sowie diejenigen, die nicht teilnehmen konnten und auch diejenigen, die von Beschlüssen betroffen sind, werden informiert. Solange das in einer Hand liegt, beim Projektassistenten oder dem Project Management Office (PMO) zum Beispiel, wird der Ablauf kaum variieren. Sind mehrere Personen dafür zuständig (z. B., weil die Aufgabe rotiert), kann es sinnvoll sein, diesen Prozess zu verschriftlichen, damit er stabil abläuft, unabhängig von der Person, die ihn ausführt. Nicht nur die einzelnen Prozessschritte, also die einzelnen Aufgaben, werden notiert, sondern auch die Verantwortlichkeiten pro Prozessschritt und die zeitliche Dimension. Es ist, um im Beispiel zu bleiben, für die Aufgabe „Einladung versenden" nicht nur erforderlich, die Zuständigkeit und den Adressatenkreis zu hinterlegen, sondern auch eine Zeitangabe, etwa „mindestens 10 Werktage vorm Meeting". Die verschriftlichten Prozesse sind hilfreich, um eine gleichbleibend hohe Qualität von Abläufen zu garantieren. Wenn etwa neue Mitarbeiter*innen mit der Aufgabe betraut werden oder durch Abwesenheit der sonst ausführenden Person ein anderes Teammitglied einspringen muss, bieten die Prozesse eine hervorragende Grundlage, um die Aufgabe zu übernehmen.

Andere Prozesse im Projekt sind weitaus komplexer. Komplexität zeigt sich nicht nur in der Länge eines Prozesses, sondern in seiner Struktur, wenn es etwa verschiedene Verzweigungen gibt, wenn (in der BPMN) Rauten verschiedene Optionen (meist Ja/Nein) anzeigen, und aus denen unterschiedliche nächste Schritte folgen: Komplexität zeigt sich aber auch dort, wo Prozesse ineinander übergehen, ein Prozess also nicht einfach endet, sondern den nächsten Prozess direkt auslöst; Komplexität zeigt sich schließlich an der

Anzahl der Personen oder Rollen, die involviert sind. Gerade die Komplexität durch mehrere involvierte Personen ist im hier beschriebenen Projekt eine häufige Fehlerquelle gewesen, der wir im Laufe unserer Prozessarbeit auf die Schliche gekommen sind. Ab und zu gibt es Fälle, in denen ein Prozess stockt, weil eine notwendige Aufgabe nicht ausgeführt wird. Für diese ist aber der Prozessverantwortliche gar nicht zuständig, sondern auf die Zuarbeit anderer Projektmitglieder angewiesen. Wir verfassen im Projekt Quartalsberichte für unseren Auftraggeber, und es gibt eine klare Verantwortlichkeit, ebenso vorgegebene Berichtsvorlagen, Ablagestrukturen, Verteilerkreise etc. Wenn nun ein einziges der vielen Arbeitspakete den Input nicht rechtzeitig zuliefert, gerät der Gesamtprozess ins Stocken. Der Bericht kann nicht finalisiert und somit nicht pünktlich abgegeben werden. Manch einem Verantwortlichen für ein spezifisches Arbeitspaket war das bewusst, aber eben doch nicht in der Konsequenz. Gibt es hingegen einen visualisierten Prozess, sieht man direkt, dass jede/r Verantwortliche zwingend seine Information pünktlich bereitstellen muss.

Welche Prozesse sind in einem Projekt so wichtig, dass ihnen gesondertes Augenmerk geschenkt werden sollte? Das fragte ich die Projektleiter der einzelnen Arbeitspakete sowie des Gesamtprojektes. Wir kamen auf etwa 25 sich ständig wiederholende, für das Projekt relevante Prozesse, deren Nichteinhaltung zu teils gravierenden Folgen führen würde – dies waren ab sofort unsere Kernprozesse. Gerade bei Kommunikationsfragen, in die der Auftraggeber involviert werden will und ohne dessen Freigabe eine Kommunikation an die Öffentlichkeit untersagt ist, gab es aufgrund mangelnder Kenntnis anfängliche Aufregungen und hohe Wogen, die seitens der Projektleitung mit dem Auftraggeber geglättet werden mussten.

Ob es nun zehn, zwanzig, dreißig oder vierzig Prozesse sind, die in eine Projekt-Prozessbibliothek aufgenommen werden sollten, ist abhängig vom spezifischen Projekt. Was hingegen übergeordnet gilt, will ich anhand des hier vorgestellten Projektes erläutern.

Das Prozessverständnis ist innerhalb des Projektteams und auch innerhalb der Teilprojektverantwortlichen sehr unterschiedlich ausgeprägt. Hier eine gemeinsame Basis zu schaffen, hatte ich mir auf die Fahnen geschrieben und eine deutlich abgespeckte Form der BPMN2.0 anhand eines Beispiels und einer Vorlage vorgestellt. Die Feinheiten habe ich absichtlich übergangen: Diese mögen für IT-gesteuerte Prozesse ihre Relevanz haben, nicht aber für die handfeste Projektarbeit. Mit wenigen Symbolen – dem Feld für eine Aufgabe, einer exklusiven und parallelen Verzweigung (der Raute mit oder ohne+), Zeichen für Tabelle und Datenbank sowie verbindenden Pfeilen und Anfang- und Endpunkt – gelang es mir mit dem Team, die Prozesse zu visualisieren; die Einfachheit der Darstellung erlaubte allen das schnelle Eindenken.

Damit wir zügig vorankamen, hatte ich zunächst einfach die (vorläufigen) Namen der Prozesse gesammelt und sie mir anschließend in halbstündigen Calls und Meetings erklären lassen. Auf dieser Basis konnte ich ein erstes Schaubild erstellen, das als Grundlage für den Feinschliff diente – ich engagierte mich in dieser Phase des Projektes vornehmlich als Prozesscoach. In den allermeisten Fällen fiel nun den Verantwortlichen auf, dass noch ein oder zwei wichtige Prozessschritte fehlten, dass die Verantwortlichkeit für einen speziellen Schritt an anderer Stelle lag, dass sie an einer bestimmten Stelle von einem anderen Prozess abhängig waren. Nach und nach vervollständigte sich das Bild, wir hatten bald eine veritable Prozessbibliothek, die wir, für alle Projektteam-Mitglieder jederzeit einsehbar, auf unserer Kollaborationsplattform verankerten.

Günstig ist die Aufnahme der Prozesse durch *eine* Person, in diesem Fall durch mich, da so eine ähnliche Granularität und „Flughöhe" getroffen werden kann. Bei sehr schematisch beschriebenen Prozessen konnte ich nachfragen und die wichtigsten Zwischenschritte mit aufnehmen, ohne den Prozess unübersichtlich werden zu lassen; dort, wo feingliedrig der Weg vom Prozessbeginn zum Prozessende beschrieben wurde, konnte ich zusammenfassen und straffen. Auf diese Weise entstanden recht homogene Prozessdarstellungen, was deren Verwendung durch die Projektmitglieder deutlich beförderte.

Entscheidende weitere Punkte waren die syntaktische und semantische Prüfung, die Kommentierung und Beschreibung einzelner Projektschritte, schließlich die exakte Bezeichnung sowie die eindeutige Benennung der Tabellen und Datenbanken, die im Prozess beschrieben wurden. Die syntaktische Prüfung fiel mir leicht: Hierzu muss man „nur" die Zeichensprache verstehen und z. B. wissen, dass aus einer Raute, die das Zeichen für eine Entscheidung und Verzweigung ist, nicht nur ein Pfeil, sondern mindestens zwei Pfeile laufen müssen, dass kein Pfeil ins Leere deuten darf etc. Inhaltlich ist es deutlich schwieriger, und hier mussten die Prozessverantwortlichen selbst prüfen und schließlich, manchmal erst nach weiteren Veränderungen, ihre Zustimmung geben. An Stellen, wo es hieß „Information in Tabelle eintragen" oder „Kontaktdaten in Datenbank einspeisen", war es zwingend erforderlich, die Tabelle oder Datenbank eindeutig zu identifizieren, denn im Projekt gibt es dutzende Tabellen und diverse Datenbanken, die gemeint sein könnten. Als diese Schritte erledigt waren, versuchte ich noch einmal die Probe: War es mir, der ich selbst nicht tief in den Arbeitspaketen steckte, möglich, dem Prozess zu folgen, wäre es mir möglich gewesen, ihn auszuführen? Als auch diese letzte qualitätssichernde Hürde genommen war, konnte die Gesamtprojektleitung den Erfolg vermelden. Seitdem überprüfen wir die Prozesse, die zu größten Teilen stabil sind, regelmäßig und erfassen Änderungen und Updates mit der Versionierung, die wir im Dokument mit angeben.

Projekthandbuch?

In anderen Großprojekten unseres Konsortialpartners hatte sich ein sogenanntes Projekthandbuch bewährt, das eine Übersicht über die verschiedenen Kontaktpersonen, alle wichtigen Abläufe, Ablagestrukturen, Prozesse, Routinen und Regeln des Projektes beinhaltet. Das war ein interessanter und erfolgsversprechender Ansatz, hatte er sich doch in der Vergangenheit bewährt. So beschäftigten wir uns zunächst mit den möglichen Inhalten und parallel dazu mit einer günstigen Struktur für das Handbuch, wobei wir auf die Vorarbeit zurückgreifen konnten. Ich versuchte also, eine ähnliche Struktur mit analogen Inhalten zu füllen.

Doch nach einigen Bemühungen kam das Vorhaben ins Stocken. Zwar hatte ich mittlerweile die wichtigsten Ansprechpartner und Ablageorte zusammengetragen, konnte Einwahldaten für wiederkehrende virtuelle Calls ebenso listen wie Hinweise zum Umgang mit Materialien, die uns unser Auftraggeber überlassen hat – was eine durchaus wertvolle und handlich aggregierte Information für mich, vor allem aber für das Projektteam darstellte. Doch eine abermalige Auflistung wäre redundant gewesen und hätte automatisch zu Doppelarbeit geführt. Denn wir hatten die meisten Informationen, die im Projekthandbuch platziert werden sollten, bereits auf unserer Kollaborationsplattform veröffentlicht. Die dort abgelegte Excel-Liste mit Projektverantwortlichkeiten und projektinternen Expertisen war stets aktuell – auf sie musste verwiesen werden, eine Doppelung ohne Mehrwert und dafür mit Mehraufwand und großer Fehleranfälligkeit machte keinen Sinn, kam nicht infrage.

Die Lösung lag auf der Hand: Wir würden natürlich auf die abgelegte Excel-Liste verweisen, anstatt die Information doppelt zu dokumentieren. Je mehr ich mich mit dem Projekthandbuch beschäftigte und diese Prämisse berücksichtigte, wurde klar, dass dieses Vorgehen für fast alle anderen aufgeführten Inhalte galt. Statt den vermuteten zwanzig bis dreißig Seiten hatte ich durch meine Arbeit auf einmal ein ganz anderes Ergebnis generiert: Ein Text-Dokument von zweieinhalb Seiten mit etwa 30 Links, die meisten davon führten auf die gemeinsame Kollaborationsplattform.

War dieses Resultat dadurch schlechter? Die Information war nicht weniger relevant als die des Vorbilds, ja sie war dem gesamten Projektteam genauso dienlich. Und doch stimmte etwas nicht. Erst nach einem Wochenende wurde mir bewusst: Die Information ist genau richtig und wichtig, aber die Form stimmte nicht! Ich hatte wertvolle Informationen vorliegen, aber kein Handbuch mehr, sondern eine Linksammlung. Hätte ich diese auf unserer Kollaborationsplattform hochladen sollen? Dieses Vorgehen schien mir absurd, und doch musste die Information mit all den wichtigen Links direkt zugänglich gemacht werden. Die Lösung war eine von mir entworfene und in einem Workshop präsentierte Wissenslandkarte.[3]

---

[3] Für dieses Projekt taugte ein Projekthandbuch nicht – in anderen Projekten hat es sich bewährt. Es kommt sehr darauf an, wie das Projekt technisch ausgestattet ist. Wenn es sich um ein kleines Projekt handelt, das tatsächlich vor allem in einer File Server-Struktur arbeitet, dann kann es durchaus sinnvoll sein, ein solches Zentraldokument anzulegen. Eleganter scheint mir die Lösung einer navigierbaren Wissenslandkarte zu sein, wenn die technischen Voraussetzungen dafür gegeben sind. Ist dies nicht der Fall, können kleine Hilfsmittel wie ein navigierbares Inhaltsverzeichnis, Anker und anzuklickende Verweise im Dokument etc. hilfreich sein, um das Projekthandbuch anwenderfreundlich zu gestalten. Aber auch hier muss unbedingt darauf geachtet werden, dass die Pflege, und das heißt vor allem die Aktualisierung des Dokuments eine Gemeinschaftsaufgabe ist, die weder allein den Wissensmanager, noch der Projektassistenz auferlegt werden kann. Nur kollaborativ lässt sich diese Aufgabe bewerkstelligen.

Die Wissenslandkarte

Unsere Wissenslandkarte hat sich als ein hervorragendes Instrument bewährt, um auf einen Blick die relevantesten Informationen sichtbar zu machen. Dabei ist die Idee nicht neu, die „Knowledge Map" oder „Knowledge Landscape" wird allerdings firmenintern viel häufiger verwendet als bei Projekten – zu Unrecht, wie sich an diesem Fallbeispiel zeigt. Denn im beschriebenen Fall war die Wissenslandkarte nicht nur eine entscheidende Hilfe für das gesamte Projektteam, das unübersichtlich zu werden drohende Großprojekt wieder übersichtlicher werden zu lassen, sondern es war auch der Beweis für den Nutzen eines Wissensmanagements in seiner kollaborativen Ausprägung. Aber der Reihe nach.

Wissenslandkarten bilden Wissen ab. Sie stellen eine Verweisstruktur dar, so wie Landkarten auf Landschaften und geologische Formationen verweisen. Sie tun dies – ebenso wie Landkarten oder Stadtpläne – durch Reduktion und Vereinfachung. Es werden diejenigen Informationen bereitgestellt, die für die Gesamtheit der Projektmitglieder, oder doch einen großen Teil von ihnen, von Relevanz sind. Individuelle Belange bedient die Wissenslandkarte nicht – wer hier einen Link auf ein Dokument in einem Unterarbeitspaket sucht, auf das nur ein oder zwei Personen regelmäßig zugreifen, der sucht vergeblich: für solcherlei können von jedem Projektmitglied individuelle Lesezeichen gesetzt und personalisierte Linklisten erstellt werden.

Ich habe dem Projektteam einen ersten Entwurf der Wissenslandkarte vorgeschlagen, die auf dem „Projekthandbuch" bzw. der Linkliste basierte. Das Team hat in einer gemeinschaftlichen, kaum 30-minütigen Session die Inhalte abgeändert und vervollständigt. Meine Aufgabe bestand lediglich in der Moderation sowie im kritischen Hinterfragen, wenn mir die zu verankernden Punkte auf der Wissenslandkarte zu spezifisch vorkamen.

Optisch gesehen ist die Wissenslandkarte weit weniger komplex als eine richtige Landkarte: weder Höhenmeter sind eingetragen, noch verweisen Piktogramme auf landschaftlich oder kulturell bemerkenswerte Orte. Es ist eine Linksammlung, die aber deutlich über das hinausgeht, was mir im Text-Dokument möglich war. Ich konnte nun – deutlich eleganter und übersichtlicher in digitalen Zeiten – auf unserer Kollaborationsplattform die Startseite nutzen, um in Bildschirmbreite und in Kategorien aufgeteilt die gesamte Navigation auf einen Blick bereitzustellen. Entstanden ist eine Kachelstruktur: drei mal drei Kacheln mit Überschriften, unter denen die Links zu Dokumenten, zu den Dokument-Bibliotheken, zu wichtigen Wissensquellen und der Website des Projektes gelistet und direkt anklickbar sind.

Ownership für die Wissenslandkarte habe ich als Wissensmanager übernommen. Jedes Teammitglied kann Änderungswünsche an mich herantragen, und als Verantwortlicher kann ich ohne Rücksprache mit den Projektverantwortlichen Anpassungen direkt vornehmen. Erst kürzlich hat eine neue Projektmitarbeiterin mich darauf aufmerksam gemacht, dass ein zentrales Dokument noch nicht aufgeführt sei – uns, die wir im Projekt schon seit über einem Jahr beschäftigt sind, ist das nicht aufgefallen. Natürlich habe ich das Dokument unter der Kategorie „wichtige Dokumente" sofort aufgenommen. Ab und zu erhalte ich den Hinweis, dass ein Link nicht mehr funktioniert. Meist hat eine Kollegin, hat ein Kollege den Dokumentennamen geändert, was eigentlich nicht geschehen soll, da wir gleichbleibende Dokumentennamen nutzen und die Versionierung oder das Datum nicht im *File Name* mitführen, sondern im Dokument selbst. Für mich ist das stets die Möglichkeit, die Vereinbarungen im Dokumentenmanagement ins Gedächtnis zu rufen.

Neben den Links zu den Dokumenten und den wichtigen Informationsquellen habe ich eine weitere Information auf der Wissenslandkarte verankert: Die Verantwortlichkeiten für die Dokumente, Dokumentgruppen oder Arbeitspakete. Diese Information ist höchst hilfreich nicht nur für die neuen Projektmitarbeiter*innen, sondern auch für diejenigen, die schon seit Beginn im Projekt arbeiten, aber aufgrund der Projektgröße nicht immer den Überblick behalten können. Für die Außenkommunikation haben wir zum Beispiel eine Kommunikationsexpertin im Projekt, die für alle grafischen Themen zuständig ist: Wo das Logo des Projektes auf einer Pressemitteilung platziert wird, wie die Hintergründe aussehen dürfen bei offiziellen Videokonferenzen etc. Hat jemand eine Idee für einen weiteren virtuellen Hintergrund in der Videokonferenz, oder technische Schwierigkeiten (ist etwa die Auflösung eines grafischen Elements nicht hoch genug, wird das Farbschema nicht sauber übertragen usw.), kann unsere Expertin schnell Abhilfe schaffen – und nur sie sollte das tun, da sie als Owner für diesen Teil des Projektes – und eben die dazugehörigen Dokumente – gesamtverantwortlich ist. Indem die Anfrage an sie adressiert wird, können wir sicher sein, dass alle anderen Projektmitglieder von einer Verbesserung profitieren und die Anfrage nicht im kurzfristigen individuellen Trouble-shooting endet und dann im Sande verläuft, bis das nächste Projektmitglied dasselbe Problem hat. Die Listung der Verantwortlichen ist wichtig für die Transparenz – und abermals Ausdruck der kollaborativen Aufgabe Wissensmanagement. Als Owner für die Wissenslandkarte bin ich als Wissensmanager nicht verantwortlich für alle Wissens-elemente des Projektes – sondern dafür, dass diese korrekt verlinkt sind.

Ein besonders schlagendes Beispiel dafür ist die Kachel, die sämtliche Arbeitspakete (in anderen Kontexten würde man wahrscheinlich von Workstreams, Teil- oder Unter-projekten sprechen) listet. Wer nicht an einem der sieben Arbeitspakete mitarbeitet, der kann per Klick auf den dort hinterlegten Link dennoch leicht Zugriff auf die Dokumente dieses Arbeitspaketes erhalten – innerhalb des Projektteams gibt es so gut wie keine Einschränkungen im Berechtigungsmanagement, ausgenommen sind ein paar wenige Dokumente der Gesamtprojektleitung, die an einem anderen Ort gelagert sind. Besser beraten ist das Teammitglied, das sich für ein Arbeitspaket interessiert, allerdings, auch mit einem/r der gelisteten Ansprechpartner*innen Kontakt aufzunehmen. Die Arbeits-pakete differieren zu stark, als dass eine exakt gleiche Ablagestruktur sinnvoll gewesen wäre – die würde bei der Orientierung helfen, aber auch für diejenigen, die täglich darin arbeiten, wie ein Korsett wirken, drum haben wir uns entschieden, die Ablagestrukturen der Arbeitspakete so ähnlich wie möglich, aber nicht exakt gleich zu gestalten. Wer also spezifische Fragen hat, kann sich an eine/n der Teilprojektleiter*innen wenden, in deren Verantwortung eben auch die Ablagestruktur ihres Teilprojektes liegt. Meist ist das aber gar nicht nötig, weil die Teilprojektdokumente von allgemeinem Projektinteresse ohne-hin über die Wissenslandkarte anzusteuern sind. Auch in diesem Projekt hat es sich bewährt, Wissenspools klar zu benennen, zu beschriften, mit den Namen der verantwort-lichen Ansprechpartner*innen versehen: also eine Struktur aufrecht zu erhalten und nicht alle Information in einem einzigen Pool, einer einzigen großen Dokumentenbibliothek zusammenfließen zu lassen.

Ein besonders wichtiger Aspekt der Wissenslandkarte ist die integrative Tendenz, die dem oft geäußerten Wunsch „alles an einem Ort zu haben", begegnet. Die meisten der aufgeführten Links führen von der Startseite unserer Kollaborationsplattform auf die Unter- und Unterunterseiten und den dort liegenden Dokumenten. Doch ist es genauso möglich, auf Inhalte jenseits der Plattform zu verweisen. Dafür gebe ich zwei unterschiedliche Beispiele:

- Das Projekt, das starke kommunikative Elemente aufweist und nicht rein intern, sondern explizit an Außenstehende gerichtet ist und diesen Angebote macht, hat eine eigene Website, auf der themenspezifisch relevante freigegebene Informationen zu finden sind: Neben den Broschüren und anderen Publikationen sind das u. a. auch eine Liste mit Veranstaltungen, die das Projekt für sein Klientel plant, ebenso die freigegebenen (Erklär-)Videos. Diese Informationen sind für die im Projekt arbeitenden Berater*innen relevant, da sie häufig danach gefragt werden. Es lohnt sich also durchaus, die Website (und die Unterseiten mit den Veranstaltungen und den Videos) auf der Wissenslandkarte zu verzeichnen, da die Projektmitglieder häufig diese Information suchen. Die administrative Arbeit, von der Planung bis zum Dreh und der Freigabe des Videos, ist auf der gemeinsamen Kollaborationsplattform im entsprechenden Arbeitspaket dokumentiert. Doch ist es sinnvoller, nicht auf Zwischenstände, in Planung oder im Freigabeprozess befindliche Videos zu verweisen (einen genauen Überblick darüber muss nur die Leiterin des Arbeitspakets und ihre Mitarbeiter*innen haben), sondern auf die vorzeigbaren Ergebnisse, die für einen Großteil des Projektteams relevant ist.
- Bei unserer Literaturdatenbank verhält es sich anders. Hierfür nutzt das Projekt eine eigenständige Software, die mit Passwortschutz versehen ist und die separat gestartet werden muss. Auf sie kann ich auf der Wissenslandkarte nicht verlinken, denn das Programm hat ja keine Adresse, auf die ich verweisen könnte. Dennoch habe ich auf vielfachen Wunsch den Punkt „Literaturdatenbank" in einer der Kacheln aufgeführt. Denn wer zum ersten Mal oder nur selten damit arbeitet, muss sich erst neu orientieren und verstehen, wie die Software zu starten ist und welche Regeln zu beachten sind. Der Link auf der Wissenslandkarte verweist also nicht auf die Software direkt, sondern stattdessen auf ein kleines *Step-by-Step-Manual* für die Software mit FAQs sowie Angaben zu Ansprechpersonen, das ich geschrieben habe. Mein kleines Manual ist seit einigen Monaten unverändert –alle häufigen Fragen sind beantwortet.

Zusammenfassend kann man konstatieren, dass der Wunsch nach einem „One Stop-Shop" von der Wissenslandkarte erfüllt, das Versprechen nach einer klaren Übersicht in einem fast unübersichtlich großen Projekt eingelöst werden kann, auch ohne den falschen Einflüsterern zu folgen, die „alles Wissen an einer Stelle" gespeichert sehen wollen. Die Wissenslandkarte erfüllt den gerechtfertigten Wunsch nach Übersicht, ohne in die Falle zu tappen, durch Vermengung unterschiedlicher Wissenstypen neue Verwirrung zu stiften. Sie fördert die Selbstkontrolle und die Eigeninitiative im Projekt in Qualitätsfragen, weil sie zur Einhaltung der *File Naming Convention* verpflichtet und die Möglichkeit bietet, sofort mit den richtigen Ansprechpersonen in Kontakt zu treten.

Sie lässt genügend Spielraum für Veränderung und Erweiterung, sie lässt sich zeitnah etwaigen geänderten Bedarfen anpassen (wenn etwa Dokumente, die in einer nächsten Projektphase nicht mehr relevant sind, zugunsten neuer, nun relevanter Dokumente ersetzt werden) und ist damit kein starres, sondern ein adaptives Tool für das Projekt, zu dessen Veränderung alle Mitarbeitenden beitragen können. Sie trägt kollaborative Züge, ist Ausdruck eines gemeinschaftlichen Projekt-Wissensmanagements. Ihr hauptsächlicher Gewinn für das Projekt ist es, dass die mit Wegweisern ausgestattete Wissenslandkarte in einer heterogenen, diversen, teils verschlungenen Projektlandschaft den Weg in die richtige Richtung, zu den relevanten Dokumenten und Ablagen, zu den korrekten Ansprechpartner*innen und Verantwortlichen weisen kann. Und das ist für ein Großprojekt viel.

Die Wissenslandkarte – ein Erfolgsmodell

In unserem Projekt hat sich die Wissenslandkarte bestens bewährt. Hier die wesentlichen Vorteile:

- Transparenz und Übersichtlichkeit: die Wissenslandkarte bietet in einem großen Projekt Übersicht und Sicherheit, ist „demokratisch" und bietet die ideale Hilfe zur Selbsthilfe
- Effizienz: Die einfache Navigation macht schnelles Auffinden von Dokumenten und Ansprechpartner*innen für alle Projektmitglieder möglich; einmal erstellt, ist der Pflege- und Anpassungsaufwand fürs Wissensmanagement gering
- Vermeidung von Unübersichtlichkeit durch Vermengung: weiterhin gibt es klare Strukturen, individuelle Bedarfe etwa innerhalb einzelner Arbeitspakete bleiben erhalten
- *One-Stop-Shop:* Die Wissenslandkarte bietet einen hervorragenden Einstieg für alle, die neu im Projekt sind, denn hier findet sich alles Wichtige!
- Kollaborativer Ansatz: Alle Projektmitglieder können Ideen und Wünsche einbringen, sind mitverantwortlich – und somit direkt ins Wissensmanagement des Projektes einbezogen
- Awareness für Rollen und Verantwortlichkeiten: Durch die Nennung und Verankerung der richtigen Ansprechpartner*innen auf der Startseite werden diese leicht von anderen Projektmitgliedern gefunden und können direkt eingebunden werden, was zu höherer Qualität und weniger Doppelarbeit führt
- Produktivität: Die Wissenslandkarte entlastet die Vorgesetzten, da anhand der Übersicht ein Teil des Projekt-Onboardings vom Wissensmanager übernommen werden kann und weil auch im Projektverlauf weniger generelle Nachfragen zu beantworten sind

Für die Zusammenarbeit in Wissensfragen sensibilisieren

Nach dem Plädoyer für die Wissenslandkarte muss aber auch konstatiert werden, dass die Wissenslandkarte kein Allheilmittel für erfolgreiches Wissensmanagement in Projekten ist. Sie kann dazu beitragen; doch nur, wenn auch andere Parameter stimmen, wird Wissen eben nicht nur wieder aufgefunden, sondern auch weiterhin an den richtigen Stellen eingespeist werden.

Damit Wissen akkumuliert und an den richtigen Stellen eingespeist werden kann, muss es zuerst erkannt werden. Das aber ist nicht trivial, denn dazu müsste man wissen, wo Wissen entsteht, wo es sicht- und greifbar wird. Zwar gibt es Momente, in denen Wissen abgefragt wird: Das ist zum Beispiel bei Feedbacks am Ende eines Workshops der Fall oder bei Auswertungen von Seminaren. Nach Abschluss eines Vortrags wird die Referentin gebeten, ihre Präsentation mit dem Projektteam und dem Zuhörerkreis zu teilen. Noch viele andere Situationen ließen sich anführen, in denen klar ist, dass Information gesammelt und weiter verarbeitet werden muss. Doch kommt es im Prozess der Wissensidentifikation und -speicherung häufig zu Schwierigkeiten – die Gründe sind offensichtlich: Sie müssen von der Projekt-Wissensmanagerin nicht nur benannt und offengelegt werden, es müssen Strategien entwickelt werden, wie relevantes Projektwissen von allen Projektteam-Mitgliedern so behandelt wird, dass das ganze Team davon profitiert.

Wo entsteht Wissen oder vielmehr, wo kann relevantes Wissen auftauchen? Diese Frage, sollte man meinen, sei leicht zu beantworten. „Im Projekt" – ja meistens, aber wo genau? Das ist schon nicht mehr klar. „Im Ohrensessel" – tatsächlich auch, wenn man bei der Lektüre eines Zeitungsartikels Informationen erhält, die auch für das Projekt von Relevanz sind; „im kollegialen Austausch, im Gespräch, beim gemeinsamen Mittagessen", auch dort nicht selten.

Wissen ist eine fluide, kaum zähmbare Größe. Ständig und überall kann uns relevantes Wissen begegnen – und die Frage ist nun, wie man (sich) dafür sensibilisiert und wie man, wenn man es denn erkannt hat, damit umgeht. Jenseits des Projektkontextes kann man nur appellieren, Augen und Ohren offenzuhalten. Es sollte der Anspruch des kollegial agierenden Projektteams sein, dass Wissen, welches während der Projektarbeit „aufpoppt", zum Nutzen des Gesamtprojektes fruchtbar zu machen. Doch auch dann scheitert die Einspeisung neuen Wissens nur allzu oft. Das hat vor allem drei Gründe:

1. Feedback oder anders erhaltene Info wird gespeichert – aber an der falschen Stelle, wo die Information ungenutzt bleiben muss
2. Relevante Information wird als solche nicht erkannt, weil der Blick zu sehr auf die eigene Aufgabe gelenkt ist und andere Teilbereiche nicht mitgedacht werden
3. Wichtige Information wird als solche erkannt, es ist (oder erscheint) aber entweder aufwendig, sie nutzbar zu machen, oder es ist den Teammitgliedern unklar, wohin überhaupt die Information getragen werden soll

ad 1

Der Fall ist klar und bekannt – und doch geschieht es immer wieder, dass wichtige Informationen einfach abgelegt und nicht weiter verwendet werden. In unserem Projekt bieten Berater*innen Seminare und Sprechstunden zu spezifischen Themen an, die gut angenommen werden. Das Feedback, das von den Teilnehmenden eingesammelt wird, muss ausgewertet werden. Es reicht nicht, dass die Bögen eingesammelt und archiviert werden. Je nachdem, was für Information das ist, betrifft es die Organisation des Seminars/der Sprechstunde, die Inhalte der Veranstaltung oder noch weitere Punkte. Während bei den ersten beiden Punkten das Feedback für den/die Berater*in relevant ist die das Feedback auswertet, können im Freifeld „weitere Anmerkungen und Anregungen" alle möglichen Punkte aufgeführt werden. Eine Teilnehmerin entpuppt sich als mögliche Referentin für ein Thema, ein Teilnehmer möchte mit auf die Distributionsliste für das Seminarthema und weitere Themen gesetzt werden, um weiterhin und kontinuierlich Informationen zu erhalten. In den letzten beiden Fällen muss das Feedback an die entsprechenden Stellen – die Seminar-Koordination bzw. die Kommunikationsabteilung des Projektes – weitergeleitet werden. Das geschieht oft, aber längst nicht immer.

ad 2

Ein Mitarbeiter sitzt am Wochenende nach dem Frühstück im Sessel und liest Zeitung. Er stolpert über eine interessante Besprechung einer Studie, die genau zum Thema des Projektes passt. Es sind viele spannende Aspekte genannt, auch einige innovative, die auf neuen Forschungsergebnissen beruhen. Der Mitarbeiter liest den Zeitungsartikel mit großem Interesse – und geht dann über zum weiteren Wochenendprogramm. Wahrscheinlich ist es ein Artikel, den diejenige Mitarbeiterin, die die Aufgabe hat, die Projektbibliothek aufzubauen, sehr gern in ihre Literaturliste einspeisen würde. Doch sie wird nicht informiert, weil der Mitarbeiter schlicht nicht daran denkt, ihr am Montag darauf eine E-Mail mit dem Hinweis auf die Studie oder den Zeitungsartikel zu schicken – er hat andere Aufgaben im Projekt, der Ausbau der Projektbibliothek gehört nicht dazu. Spätestens hier wird deutlich, dass auch die Identifikation und der Aufbau von Wissen eine kollaborative Aufgabe ist, eine gemeinschaftliche Aufgabe, die ein Denken in größeren Kontexten voraussetzt. Projektrelevantes Wissen wird in den meisten Fällen im Projektkontext (im Gespräch, während einer Recherche) erkannt, doch wie im genannten Beispiel kann es sich sogar außerhalb der Projektarbeit zeigen. Dann gilt es wachsam zu sein – und kollegial! Das heißt eben auch, den Kollegen oder die Kollegin zu informieren, für deren Arbeit die Information besonders wichtig ist.

ad 3

Wenn wichtige Informationen als solche erkannt, aber nicht weitergeleitet werden, weil die Art und Weise der Weiterleitung unklar oder unbekannt ist, dann spätestens ist der Wissensmanager des Projektes gefragt. Denn dann liegt es an den Strukturen oder an mangelnder Kommunikation, dass Wissen verlorengeht. Bei unserem Projekt versuche ich über die Prozesse sowie über die prominent gelisteten Ansprechpartner*innen deutlich zu machen, wer idealerweise kontaktiert wird mit der neuen relevanten Information. Für unklare Fragen und „nicht zu kategorisierende Wissenselemente" (so die Formulierung) habe ich auf der Wissenslandkarte einen Link gesetzt, der ganz niederschwellig nichts weiter als eine E-Mail im Mailsystem aufruft, die an mich mit dem Betreff: „Neues Projekt-Wissen" geschickt wird. In der E-Mail kann kurz erklärt werden, worum es geht – es sind meistens nur ein oder zwei Sätze, die mich auf diesem Weg erreichen, und im weiteren Prozedere ist es in solchen Fällen günstig, zum Telefonhörer zu greifen oder einen Videoanruf zu tätigen, um eine zügige Lösung herbeizuführen, den richtigen Ablageplatz und Kommunikationskanal zu identifizieren.

Schon durch die zeitliche Dimension, durch das Zusammenwachsen des Projektteams im Laufe der Monate, sind manche Routinen selbstverständlich, sind viele Prozesse bekannter, sind Strukturen im Projekt vertrauter geworden. Doch sich einzig auf den Faktor Zeit zu verlassen, wäre fahrlässig: Als Wissensmanager des Projektes muss ich dafür Sorge tragen, dass die Prozesse und Strukturen auch hinsichtlich des Projektwissens transparent und begreifbar werden. Insgesamt sind wir im Projekt, was die Sensibilisierung der Zusammenarbeit angeht, auf einem guten Niveau. Damit dies so bleibt, muss immer wieder daran erinnert werden; auch das gehört zu den vielen kontinuierlichen und nie abgeschlossenen Aufgaben des Wissensmanagements.

S-C-L in Projekten

Das Thema der Fluktuation ist auch in Projekten relevant. Denn nicht nur in Unternehmen beginnen, wechseln und verlassen Kolleginnen und Kollegen die Firma, eine vergleichbare Situation gibt es in einem Projekt – wenn auch mit anderen Ausprägungen. Im vorgestellten Projekt sind mehr als 30 Personen involviert – allein diese Zahl zeigt an, dass Änderungen in der Teamstruktur keine Seltenheit sind. Das Hauptaugenmerk wird in Projektkontexten meist auf das Onboarding gelegt, also auf die Frage, wie sich neue Mitarbeiterinnen und Mitarbeiter zügig orientieren können, in bestimmte Aufgaben eingearbeitet werden, die Spielregeln des Projektes kennenlernen, mit einem Wort: vollumfänglich arbeitsfähig werden. Dafür gibt es Strukturen und Prozesse, die je nach Projekt unterschiedlich ausgeprägt sind. Im hier beschriebenen Fall wird viel über den im Projekt zuständigen Projekt- oder Teilprojektleiter geregelt; doch gibt es auch Aufgaben, die das Wissensmanagement übernehmen kann, egal, in welchem Bereich das neue Teammitglied beginnt.

Zu diesen vom Projekt-Wissensmanager übernommenen Aufgaben gehört die Vermittlung der Ablagestrukturen und der kollaborativen Plattform, die im Projekt fürs Teilen relevanter Dokumente verwendet wird. Darüber hinaus finden erste Abfragen statt, damit sich die Neuankömmlinge nicht nur aus dem Wissenspool des Projektes und den Expertisen des Teams bedienen, sondern damit sie selbst ihre Skills mit dem Team teilen – Wissensmanagement ist auch im Projekt eine Gemeinschaftsaufgabe, die vom

Geben und Nehmen lebt. Hier und da fehlen Berechtigungen und Freigaben, die zeitnah vom Wissensmanager (natürlich in einmaliger erster Abstimmung mit den Hauptverantwortlichen des Projektes) gegeben werden können.

Wichtig ist nun, dass diese Aufgaben nicht nur zuverlässig erledigt werden, sondern dass alle Teammitglieder darüber im Bilde sind. Wo dies nicht der Fall ist wird die Arbeit ineffizient, werden Informationen doppelt oder dreifach weitergegeben, andere gehen unter. Eine klare Aufgabenverteilung im Onboarding-Prozess ist daher notwendig. Als Wissensmanager*in eines großen Projektes sollte man sich nicht scheuen, diese koordinierende Aufgabe zu übernehmen – wohlgemerkt: nicht alle Aufgaben, sondern die Koordination der effizienten ersten Wissensweitergabe. Viele Details könnte ich als Wissensmanager gar nicht vermitteln, weil mir selbst die Kenntnis darüber fehlt. Aber die so wichtige Hilfe zur Selbsthilfe kann ich ebenso anbieten wie die Hinweise auf die wichtigsten Dokumente und deren korrekte Nutzung; auch die Rollen und Verantwortlichkeiten im Projekt, der Verweis auf unsere Prozessbibliothek, die im Zweifel zu Rate gezogen werden kann – Dinge und Themen also, die für das Projekt generelle Gültigkeit haben, können und sollten vom Wissensmanager vermittelt werden.

Bei einem Wechsel z. B. in der Zuständigkeit, die neue Aufgaben und Verantwortlichkeiten mit sich bringt, sowie beim Ausscheiden von Teammitgliedern aus dem Projekt, vertraut man hingegen häufig auf die Eigeninitiative desjenigen, der wechselt oder das Projekt verlässt. Tatsächlich sehe ich bei Wechseln das Projektteam, das meist im Eigeninteresse sorgfältig diese Wechsel und die zugehörige Wissensvermittlung begleitet, stärker in der Verantwortung als das Wissensmanagement. Doch beim Leaver-Prozess kommt Wissensmanagement wieder verstärkt ins Spiel und sollte als Minimalanforderung dafür Sorge tragen, dass die Wissensübergabe des/der ausscheidenden Mitarbeiter*in ans Team oder an die direkte Nachfolge sehr gut gelingen *kann*. Dafür können etwa stützende Dokumente, Anleitungen, Vorlagen und Checklisten zur Verfügung gestellt werden, damit in der manchmal hektischen Endphase nichts vergessen wird – zum Beispiel, die Verantwortung nicht nur inhaltlich korrekt zu übertragen, sondern dies auch teamintern zu kommunizieren. Oft kommt es vor, dass nicht nur eine Person derjenigen, die gegangen ist, nachfolgt, sondern dass Aufgaben auf mehrere Teammitglieder verteilt werden. Das muss dokumentiert und vom Wissensmanager transparent gemacht werden, etwa, indem auf der Wissenslandkarte die Änderungen sichtbar gemacht werden, die Namen der neuen Verantwortlichen den Namen des Leavers ersetzen.

Um dieses Thema in seiner Breite einmal zu besprechen, hat das Team in einem Präsenz-Workshop Zeit darauf verwandt, all diese Aspekte zusammenzutragen; auch hier kann der Wissensmanager in Vorleistung gehen und schon einmal ein grobes Zielbild skizzieren, wie vom Onboarding über die diversen Wechsel hin bis zum Ausscheiden eines Mitarbeitenden aus dem Team gute Prozesse, gute Informationsflüsse und gute Dokumente aussehen könnten. Eine gemeinsame Diskussion fördert weitere, meist projektspezifische Details zutage, die vom Wissensmanager bei der Finalisierung der Dokumente und Prozesse berücksichtigt werden können. Neben der Passgenauigkeit ist es aber vor allem wieder der kollaborative Aspekt: Wenn gemeinsam eine Sache geplant und durchdacht wurde, ist die Wahrscheinlichkeit, dass sie auf breiter Front akzeptiert und umgesetzt wird, deutlich größer als bei Vorschlägen, die einzig aus der Feder des Wissensmanagers stammen.

Kontinuität, Funktionalität und Stabilität sicherstellen

Kollaboratives Wissensmanagement stimuliert den Wissensaustausch, die Speicherung des Wissens, seine Wiederverwendbarkeit im Projekt stetig. Es ist keine abzuschließende Aufgabe, sondern eine, die kontinuierliches Nachfassen verlangt. Nicht, weil die Projektteilnehmenden unwillig wären, sondern weil Wissensmanagement eine kleine, aber eben doch eine Zusatzaufgabe darstellt. Erst mit dem Projektabschluss, wahrscheinlich sogar erst ein paar Wochen danach, kommt auch das Projektwissensmanagement zu einem Ende.

Ich habe von verschiedenen Aktionsfeldern berichtet: von der Anlage der Prozessbibliothek, von der Hilfe bei der Software-Einführung, von der Unterstützung bei Unklarheiten verschiedenster Arten, von meinen unterstützenden Angeboten für die Neuankömmlinge im Projekt, nicht zuletzt vom Entwurf, der Überarbeitung und der Implementierung und projektgemeinschaftlichen Pflege und Weiterentwicklung unserer Wissenslandkarte.

Viele Aufgaben sind nie abgeschlossen. Es werden weiterhin Prozesse aufgenommen oder überarbeitet (manche können vielleicht irgendwann archiviert werden); Unklarheiten, bei denen ich als Ansprechpartner fungiere, weil „das irgendwas mit Wissen" zu tun hat, werden weiterhin aufkommen; neue Teammitglieder fangen alle paar Wochen bei uns an, und diese benötigen meine anfängliche Unterstützung; auch die Wissenslandkarte ist nicht statisch: Mit Sicherheit werden sich Projektanforderungen ändern, sodass auch die Wissenslandkarte als dynamisches Element der Orientierung angepasst werden muss.

Und es gibt immer wieder Abweichungen vom vereinbarten Prozedere, die für Friktionen sorgen. Gerade im Dokumentenmanagement geschieht das oft, da Projektmitglieder verschiedene Hintergründe haben und sich neue Standards erst aneignen müssen. Was für den Einzelnen ein gutes Ordnungssystem ist oder ein korrekter Umgang mit Dokumenten, kann im Projekt zu Verwirrung führen – und führt in der Praxis tatsächlich zu Unübersichtlichkeit. Wird zum Beispiel eine auf der Kollaborationsplattform abgelegte und für alle zugängliche Datei nach der Bearbeitung umbenannt – zum Beispiel die im Dokumentennamen mit geführte Versionsnummer von 1.7 auf 1.8 geändert – macht das auf den ersten Blick Sinn. Wenn man die Datei im abgelegten Ordner aufruft, sieht man neben der aktuellen Version 1.8 auch die Vorgängerversionen der Datei. Wenn einige Projektmitglieder jedoch nicht über den Ordner, sondern über einen gespeicherten Link auf die Datei zugreifen, der weiterhin auf die alte Version verweist, ist ein Durcheinander vorprogrammiert. Dasselbe gilt natürlich auch, wenn Dateien – eigentlich der Ordnung halber – in Folder verschoben werden, die meist „alt" oder „Archiv" heißen.

Links, die einst auf das Dokument verwiesen, laufen nun ins Leere. Darum überprüfe ich die Wissenslandkarte alle paar Wochen und finde regelmäßig Verweise, die nicht mehr funktionieren. Dann heißt es, nicht nur die korrekte Verlinkung zeitnah wieder herzustellen, sondern mit dem Teammitglied in Kontakt zu treten, das den Dokumentennamen geändert oder die Datei verschoben hat, um ihn oder sie daran zu erinnern, dass es für unser gemeinsames Projekt klare Regeln für das Management von Dokumenten gibt: Die Dokumentennamen werden nicht geändert, sondern im Dokument selbst, in der Kopf- oder Fußzeile werden Versionsnummer und Änderungsdatum mitgeführt.

Dies ist nur eines von vielen Beispielen, das zeigt, dass nicht nur die Planung von Wissensmanagement, sondern die kontinuierliche Pflege und Qualitätssicherung einen nicht geringen Teil des Projekt-Wissensmanagements ausmachen. Ziel ist es auch hier, dass diese Pflege als Gemeinschaftsaufgabe im Projekt gesehen wird und der/die Wissensmanager*in nicht die Aufgabe zuteilwird, hinter den Projektmitgliedern aufzuräumen. Dass dies nicht immer optimal gelingt, ist klar, und der/die Wissensmanager*in sollte serviceorientiert genug sein, um einen entdeckten Fehler selbst schnell zu beheben, empathisch genug, um dem Teammitglied, dem der Fehler unterlaufen ist, nicht vorwurfsvoll, sondern kollegial-wertschätzend anzusprechen, damit eine Wiederholung des Fehlers zukünftig vermieden werden kann.

Aufgaben bei Projektabschluss

Am Ende eines Großprojektes fallen wieder Aufgaben an, die das Wissensmanagement direkt betreffen: das „Project Debrief" und das „Project Knowledge Capturing". Beide können vom Wissensmanagement anberaumt und durchgeführt werden, und Checklisten und Vorlagen, die diese beiden Aufgaben stützen, sollten vorbereitet sein.

Das *Project Debrief* richtet den Fokus auf die Art und Weise, wie die Projektarbeit lief – vom kalkulierten Budget über das Zeit- und Ressourcenmanagement bis hin zur Teamstruktur. Die Idee ist, dass Projektleiter*innen und bei Großprojekten auch Teilprojektleiter*innen zum Ende des Projektes einen reflektierenden Blick einnehmen können, für den im Projektalltag meist keine Zeit ist. Dieser Blick ist wichtig, denn er bringt Erkenntnisse darüber zutage, was gut gelaufen ist, vor allem aber was verbesserungswürdig erscheint – beides ist relevant für das nächste Projekt, das höchstwahrscheinlich schon ansteht. Die Projektleiterin kann Gelungenes wiederholen und die Schwachstellen des eben abgeschlossenen Projektes im nächsten Vorhaben vermeiden. Für einige Projektleiter*innen ist dies eine Routine, aber längst nicht alle. Bei kleineren Projekten sehe ich das Debrief nicht zwangsläufig, doch bei großen Projekten sollte das Project Debrief immer stattfinden. Als Wissensmager habe ich hierfür ein Template weiterentwickelt, das ich von einer Projektleiterin erhielt: Es war spezifisch auf ihre Projekte und deren

Besonderheiten zugeschnitten; ich konnte es generalisieren und anschließend allen Projekt-leiter*innen zur Verfügung stellen. Für das Debriefing planen wir in der Regel 30 bis 45 min ein, und statt einen Fragebogen auszufüllen, stellt der/die Wissensmager*in, alter-nativ ein Projektmitglied, die Fragen und protokolliert die Antworten direkt in die Vorlage.

Beim *Project Knowledge Capturing* geht es darum, das Projektwissen möglichst vollumfänglich zu erfassen. Zum größten Teil ist es eine Aufgabe des Dokumenten-managements. Das hat durchaus rechtlich relevante Aspekte, denn es gibt bestimmte Pflichten der Dokumentenaufbewahrung, die nicht nur die Vertragsseite betreffen. Normaler-weise wird hierbei auf Vollständigkeit gesetzt: Es werden nicht nur die Hauptdokumente (etwa der Vertrag, die Zwischenberichte und der Abschlussbericht zu einem Projekt) ein-gesammelt, sondern im Archiv werden auch alle anderen Dokumente abgelegt, etwa Hinter-grundmaterialien, Dokumentationen von Veranstaltungen, Sitzungsagenden und -protokolle, manchmal sogar besonders wichtige E-Mails zur Dokumentation der Kommunikation.

Als Wissensmanager*in kann man nicht wissen, ob tatsächlich alle relevanten Dokumente vom Projektteam oder der/demjenigen, die/der mit dem Capturing projektseitig betraut wurde, fürs Archiv bereitgestellt wurden. Doch das Wissensmanagement sollte

- eine Struktur für die Archivierung der Materialien anbieten (meist eine Folder-Struktur, in der die Datensätze geschoben werden können).
- das Team von der (auch juristischen) Relevanz überzeugen und dafür sorgen, dass diese Aufgabe zeitnah zum Projektende geschieht (in der Praxis sind es oft Wochen und Monate, bis diese wirklich abgeschlossen ist, da das Einsammeln und Archivieren leider oft nur als unproduktive administrative Arbeit angesehen wird).
- stichprobenartig die wichtigsten Dokumente prüfen und nachfragen, wenn Ungereimtheiten auftreten (wenn zum Beispiel der Ordner „Abschlussdokument" leer ist oder darin mehrere Dokumente liegen, die „Abschlussbericht", „Abschlussbericht_final" und „Abschlussbericht_final2" heißen).

Mit dem Archivieren des Materials ist es aber noch nicht getan. Wenn im Projekt wirk-lich wichtige Erkenntnisse erlangt wurden, wenn neue Tools eingesetzt, neue Methoden verwendet oder gar entwickelt wurden, wenn Bildrechte gekauft wurden oder Team-mitglieder neue Skills erworben haben, dann darf all dies nicht einfach im Archiv ver-schwinden, wo es vielleicht nie wieder angeschaut und genutzt werden wird. Der Aspekt des Wieder- und Weiterverwendens von Wissen ist es ja, der das Wissens-management zur Effizienz des Unternehmens beitragen lässt! Darum sollte sich der/die Wissensmanager*in zum Projektende hin noch einmal ganz fokussiert dieser Aufgabe zuwenden und überlegen, welche Elemente des Projektes in späteren Kontexten wieder relevant werden könnten. Ausführliche Checklisten können dabei helfen und sollten vom Wissensmanagement vorgehalten werden; meine Vorlagen habe ich so gestaltet, dass ich die Antworten auf die von mir abgefragten Punkte direkt eintragen kann und im Anschluss auch als Protokoll verwende, das ich mit dem Projektteam teile. Der/die Wissensmanager*in denkt hier bereits über das Projekt hinaus, was es manchmal nicht leicht macht, das gerade in der Abschlusseuphorie oder im Auflösen sich befindende Projektteam zu überzeugen, dass dies noch eine wichtige Arbeit ist – sie ist es tatsächlich nicht mehr aus Projektsicht, wohl aber aus Sicht der Unternehmen, die das Projekt erfolgreich abgeschlossen haben.

Hat das Wissensmanagement erkannt, welche Elemente und Erkenntnisse besonders relevant sind für zukünftige Arbeit, muss dafür Sorge getragen werden, dass die einzelnen Elemente an die jeweils richtige Stelle gelangen: Die erworbenen Bilder, bisher in der Bildsammlung des Projektes abgelegt, werden nun in die Bilddatenbank des Unternehmens eingespeist, die neu erworbenen Fähigkeiten der Mitarbeitenden in die Skills Database aufgenommen, und bei herausragenden Projekten könnte eine interne Kommunikation oder eine interne Veranstaltung stattfinden, die alle Interessierten an den wesentlichen Erfolgen und Erkenntnissen teilhaben und das Projektteam für den erfolgreichen Projektabschluss hochleben lässt. Es können, das soll nicht unterschlagen werden, noch kleinere Arbeiten anfallen, etwa das Schreiben einer Projektzusammenfassung für die Website oder als Referenz, die für künftige Ausschreibungen wichtig sein kann. Auch diese Arbeiten weisen bereits über das Projekt hinaus und betreffen die Zeit nach dem Projektabschluss.

Es ist evident, dass es verschiedene Ausprägungen und Intensitäten des Project Knowledge Capturings gibt und geben muss, denn je nach Projekt sollte das Capturing angepasst werden. Was hingegen klar ist, ist die die Art und Weise, wie Capturings grundsätzlich zu gestalten sind: im Konsens und in Abstimmung mit Mitgliedern des Projektteams. Wie generell beim kollaborativen Wissensmanagement gilt auch hier, dass der sorgsame Umgang mit Projektwissen zu Projektende zwar von der Wissensmanagerin koordiniert, stimuliert und vorangetrieben werden kann, dass es aber letztlich eine Gemeinschaftsaufgabe ist, das Projekt in seiner Gänze zu archivieren und seine besten Teile auch über das Projektende hinaus noch fruchtbar zu machen.

Die generelle Rolle des Wissensmanagements in Projekten

Aus dem geschilderten Fall möchte ich ein paar generelle Punkte ableiten, die für jedes Wissensmanagement in einem Großprojekt relevant sein können. Es ist klar, dass die Aufgaben deutlich variieren, je nachdem, wie das Projekt inhaltlich gelagert und personell aufgestellt ist. Es ist genauso deutlich, dass bestimmte Grundstrukturen stets gegeben sind, und daran kann sich das Wissensmanagement generell orientieren.

Es ist wichtig, dass Wissensmanagement im Projekt Verantwortung übernimmt. Eine rein beratende Funktion, ein beobachtendes Besserwissen, eine nur für das Projektmanagement ansprechbare weitere administrative Funktion wäre das Gegenteil dessen, was im Projekt erfolgreich sein könnte. Der/die Wissensmanager*in darf im Projekt nicht wie das fünfte Rad am Wagen eine abermalige bürokratische Hürde darstellen, sondern muss antreten, konkrete Fragen des Projektes zu beantworten – vor allem die, die mit dem professionellen Umgang mit Wissen zu tun haben.

Es ist unerlässlich, dass der Wissensmanager eine deutlich sichtbare, ansprechbare Person ist, die Ownership für bestimmte zentrale Aufgaben und/oder Dokumente übernimmt. Das kann wie im oben beschriebenen Fall die Pflege und Weiterentwicklung der Wissenslandkarte sein. Viele andere Aufgabengebiete sind möglich. Ich wurde beispielsweise bei einem kniffligen Fall zur Vereinheitlichung von Sprachregelungen bei terminologischen Abweichungen herangezogen und konnte vermittelnd agieren. Wenn zwei oder mehr Parteien miteinander diskutieren und jeweils ihr Vokabular mitbringen, ist Fehlkommunikation vorprogrammiert, und genau dieser Fall war mehrfach aufgetreten: Wer A sagte, der meinte für den einen Projektnehmer B, was für den anderen als C genommen wurde. Ich konnte durch einen Thesaurus, eine „Übersetzungsmaschine" in Form einer einfachen Excel-Tabelle dafür sorgen, dass die verschiedenen Projektpartner und der Auftraggeber die Kommunikationshindernisse überwanden. Klärungen sind oftmals Aufgabe des Wissensmanagements, und die Wissensmanagerin kann wie eine Schiedsperson agieren, weil sie nicht zu sehr involviert ist in die parteiliche Gemengelage.

Wichtig ist, dass Projekt-Wissensmanagement präsent und sichtbar ist, und das nicht nur da, wo Klärungsbedarf zwischen zwei oder drei Parteien herrscht. So sollte Wissensmanagement für Projektbeteiligte stets ansprechbar sein, wenn es um konkrete Hilfestellungen in Wissensfragen geht. Beispiele hierfür sind die zügige Reaktion und das Reparieren eines nicht funktionierenden Links, der von einem Projektmitglied entdeckt wird, oder sich zu kümmern, wenn eine wichtige Quelle - aus welchem Grund auch immer - nicht erreichbar ist. Hilfe für neue Mitglieder im Projektteam ebenso wie Entlastung ihrer Personalverantwortlichen ist die Einführung in die Projekt- und Ablagestrukturen, die der Wissensmanager geben sollte.

Entscheidend ist, dass der/die Wissensmanager*in sich selbst im Projekt positiv verankert, ohne in einer reinen Dienstleistungsfunktion aufzugehen. Hilfe wird in herausfordernden Situationen stets gern angenommen – Projektsituationen gehören sicher dazu. Doch bleibt das Credo des kollaborativen Wissensmanagements auch in Projektkontexten bestehen. Wissen kann nicht von einer Person, dem oder der Wissensmanager*in, verantwortet werden: Dies ist eine Gemeinschaftsarbeit. Projekte haben oft ein immenses Potenzial, Wissen zu akkumulieren! Berater*innen sind in der komfortablen Situation, dafür bezahlt zu werden, zu recherchieren, sich in neue Themen einzudenken, innovative Methoden zu testen – dieser Schatz darf nicht ungehoben bleiben. Es ist Aufgabe des Projektmanagements, das allen Projektmitgliedern zu verdeutlichen. Die Arbeit des/der Wissensmanager*in ist es, die Voraussetzungen und Strukturen zu schaffen, dass dies effizient und reibungsfrei für das gesamte Projektteam geschehen kann.

Transformation und Neugestaltung von dysfunktionalem Wissensmanagement

Einleitung

Erfolgreiches Wissensmanagement ist möglich. Damit es gelingt, braucht es einige Voraussetzungen und eine generelle Herangehensweise, die im Kapitel Grundlagen als *kollaboratives Wissensmanagement* beschrieben wurden.

Wissensmanagement ist und bleibt Gemeinschaftsaufgabe. Es ist schlicht nicht akzeptabel, weiterhin Versuche zu unterstützen, zu fördern, ja zu tolerieren, die aus dem Wissensmanager einen Wissensknecht machen, aus der Wissensmanagerin eine Wissensdienerin. Nie haben diese Ansätze funktioniert, nie werden sie funktionieren. Wir konnten erklären, woraus die Fehleinschätzungen historisch und soziologisch gesehen entstanden sind – die großen Unternehmensberatungen und vor allem der Beratungshabitus der 80er und 90er, ja sogar noch der 2000er Jahre haben hier einiges auf dem Gewissen. Eine andere Entwicklung wäre grundsätzlich möglich gewesen; dass es jedoch so lange dauerte, modernes Wissensmanagement in seiner kollaborativen Ausprägung zu etablieren, scheint vor allem den konservativen Kräften geschuldet, die das Hergekommene für das Weiterzuführende nahmen.

Gesellschaftlich stehen wir mitten in einem Wandel. Die Führungspositionen werden besetzt von einer Generation von Managern, deren Söhne und Töchter selbstverständlich bei den „Fridays for Future"-Demonstrationen mitlaufen, die vegetarisches und veganes Essen in ihren Familien durchsetzen. Ein „weiter so" ist immer weniger zu sehen, das Bild des autoritären Chefs, der über Wohl und Wehe seiner Mitarbeiter nach Gutsherrenart entscheidet und auch die Firmengeschicke auf diese Weise leitet, ist hoffentlich bald *passé*. Mit den neuen Gegebenheiten kann ein neues Wissensmanagement Fuß fassen, das sich nicht mehr autoritären, autokratischen, rein finanzgetriebenen, obrigkeitshörigen, meist patriarchal geprägten Strukturen und Denkweisen beugen muss.

R. Grasshoff, *Kollaboratives Wissensmanagement*, https://doi.org/10.1007/978-3-658-40503-8_4

Modernes Wissensmanagement trägt demokratische Züge: Viele beteiligen sich. Es wird von einer breiten Basis gewünscht und wird gemeinsam mit dem Management konzeptioniert. Es fußt auf gegenseitigem Vertrauen, auf Respekt, auf der Einsicht, dass Unterschiede und Abweichungen Stärken sind. So ist es von Anfang an ausgelegt auf ein Miteinander. Modernes Wissensmanagement ist kollaborativ.

Die Erkenntnisse aus zwei Fallbeispielen

Der Gang durch die zwei Fallbeispiele hat gezeigt, wie Wissensmanagement auf Basis des kollaborativen Ansatzes geplant und eingeführt werden kann. Kollaboratives Wissensmanagement ist keine Theorie, sondern Praxis! Die verschiedensten Facetten konnten in den Fallstudien herausgearbeitet werden. Der grundsätzliche Ansatz ist deutlich geworden: Es geht um ein Wissensmanagement, das auf einer breiten Basis steht und das daher von vielen – bestenfalls von den meisten (in den seltensten Fällen von allen) – getragen wird.

Egal, ob wir über die Einführung einer Wissenslandkarte oder einer Expertendatenbank, die Erneuerung des Intranets oder die Erweiterung externer Quellen sprachen: Immer wurden die Bedarfe von der Belegschaft entweder definiert, oder die Belegschaft wurde in der frühen Konzeptionsphase konsultiert. Auch bei den Arbeitspaketen, die seitens des Führungspersonals formuliert wurden (und zu Recht kann und soll die Führungsebene durchaus andere strategische und langfristige Firmenziele verfolgen und daraus Aufgaben für das Wissensmanagement ableiten), hat das Wissensmanagement frühzeitig eine breite Basis mit einbezogen, um auch deren Bedarfe zu dem spezifischen Thema zu erfassen und zu berücksichtigen. Wenn niemand als das Top-Management Interesse an einem Thema hat, hat sich die Aufgabe für das kollaborative Wissensmanagement diskreditiert. Dann mögen andere Einheiten oder Personen beauftragt werden: der kollaborativ arbeitende Wissensmanager muss solcherlei Aufträge von sich fernhalten.

Nicht nur bei der Planung, auch bei der Umsetzung ist die Beteiligung von einem großen Teil der Belegschaft über diverse Hierarchieebene hinweg notwendig. Erfolgreich umgesetzte Wissensmanagement-Projekte wären vermutlich gescheitert, wären sie ohne eine breite Basis vorangetrieben worden. Gegenbeispiele konnte ich glücklicherweise in den hier beschriebenen Cases nicht nennen, kenne sie jedoch aus zahlreichen selbst erlebten Fällen. Experten-Datenbanken, die boykottiert werden! Intranets, über die man lachen, aber in denen man niemals die richtige Information finden kann! Wissens-Wegweiser, bei denen die Hälfte der Links ins digitale Nirvana – *404 - page not found* – führt! Und Wissensmanager*innen, die enthusiastisch starten, um nach einigen Monaten frustriert aufzugeben.

Derlei geschieht, wenn die Grundvoraussetzungen die falschen sind: In diesen Fällen ist die Stimmung schlecht und die Parteien stehen sich feindlich gesinnt gegenüber. Auf der einen Seite die Belegschaft mit all ihrem Wissen und ihrer gebündelten

Expertise sowie ihrer schieren Arbeitskraft, auf der anderen Seite das Management mit hochtrabenden Ideen und mit einem auf Effizienzsteigerung und Produktivität ausgerichteten Wissensmanagement. Hier lässt ich wenig retten, das Wissensmanagement wird scheitern. Aber genau diese Situation ist gelebter Wissensmanagement-Alltag. Wie kann man dieser toxischen Situation, die für alle Beteiligten äußerst unbefriedigend und für Unternehmen höchst unproduktiv ist, entrinnen?

Positiv gewendet: Produktives Wissensmanagement für die Belegschaft, für das Management und schließlich für den/die Wissensmanager*in ist möglich! Es ist notwendig, sich dies vor Augen zu führen, gerade angesichts der vielen negativen Beispiele, die derzeit vorherrschen und mit Argwohn, Skepsis, teils mit Spott und Hohn bedacht werden.

Die beiden positiven Fallbeispiele haben sich mit der Erstkonzeption und der Ersteinführung eines Wissensmanagements beschäftigt: Im ersten Fall hatte das Unternehmen noch kein professionelles Wissensmanagement, im zweiten wurde das Wissensmanagement für das Großprojekt neu konzipiert. Allerdings werden in Unternehmen nicht nur neue Wissensmanagements aufgesetzt und entwickelt, in vielen großen und mittelgroßen Unternehmen existiert bereits eine Knowledge Management-Abteilung. Um diese steht es jedoch in den seltensten Fällen wirklich gut, insbesondere, wenn sie – manchmal schon vor Jahrzehnten – unter falschen Prämissen konzipiert wurden. Wie kann man mit dieser Situation umgehen? Die Antwort auf diese Frage wird in den nächsten Abschnitten geklärt.

Knowledge Management Restructuring – Raus aus der Sackgasse

Wissensmanagement kann „auf der grünen Wiese" und von Grund auf geplant werden, wenn es keine Vorläufer gibt – in unseren Fallbeispielen haben wir das gesehen. Was aber, wenn ein Unternehmen ein Wissensmanagement implementiert hat, wenn es bereits eine Abteilung Knowledge Management gibt, aber weder die Belegschaft die Dienstleistungen und Angebote des Wissensmanagements sonderlich schätzt, die Führungsebene Wissensmanagement als Sorgenkind wahrnimmt und die Wissensmanager*innen selbst über die Diskrepanz zwischen Anspruch und Realität der Wissensarbeit ernüchtert sind? In diesem Fall muss die Situation geändert werden, doch fragt sich, wie das zu bewerkstelligen ist. Vielfach habe ich gesehen, wie die Hoffnung auf ein neues Tool, eine neue Supersuchmaschine oder eine schicke neue Kollaborationsplattform gelegt wurde, nur um abermals enttäuscht zu werden. In manchen Fällen wurde das Personal ausgewechselt oder ein internes Projekt zum „Knowledge Management Restructuring" aufgesetzt, hier und da sah ich einzelne, oft sehr fokussierte und nicht das große Ganze in den Blick nehmende Optimierungsinitiativen. Selten ist ein nachhaltiger positiver Wandel gelungen.

Transformation ist möglich

Über zwei Jahrzehnte arbeite ich als Wissensmanager, und habe nicht nur verschiedene Unternehmen sondern auch divergierende Ansätze und unterschiedlichste Ausrichtungen kennengelernt. Über mein Netzwerk an Wissensmanagerinnen und Wissensmanagern, mit denen ich mich regelmäßig austausche, habe ich über die Jahre erlebt, wie sich Schwerpunkte in der Diskussion wandelten, wie das Thema Wissensmanagement auch Moden unterworfen ist und Trends folgt. Dies ist zunächst eine gute Nachricht. Wissensmanagement ist kein starres Gebilde, sondern entwickelt sich weiter, hat adaptive Fähigkeiten, kann sich neuen Gegebenheiten und Bedarfen anpassen. Diese Flexibilität tut Not, bedeutet auf der positiven Seite einen großen Gestaltungsspielraum. Aufgaben aus meiner Anfangszeit als Wissensmanager, etwa das Einscannen von analog verfassten Abschlussberichten oder das Schreiben von Abstracts für Dokumente, die noch nicht per Volltextsuche durchsucht werden konnten, sind durch technischen Fortschritt längst verschwunden. Andere Aufgaben sind hinzugekommen, die wiederum vor ein paar Jahren noch als schwierig galten wie etwa die Aufzeichnung (und anschließende Bearbeitung und Verwaltung) von Online-Seminaren im mp4-Format.

Doch wie sieht es mit den generellen Ansätzen aus: Haben sich diese ebenfalls so stark gewandelt wie die konkreten Aufgaben? Das scheint weniger klar zu sein. In der Theoriebildung haben Betrachtungen, die das Wissensmanagement in seiner Gänze in den Blick genommen haben und nehmen, weiterhin durchaus Berechtigung und Geltung, weil sie allgemeingültig sind. Denken wir an die bereits in den Grundlagen genannten acht Dimensionen des Wissensmanagements, wie sie Ende der 90er Jahre von Probst et al. (1997)[1] formuliert wurden. Durch ihren hohen Abstraktionsgrad bleiben sie durchaus gültig: Es wird im Wissensmanagement immer um das Identifizieren, Sammeln, Speichern, Verteilen von Wissen gehen und darum, das verfügbare Wissen in seiner Qualität zu sichern (aktuell zu halten) oder zu veredeln, den Mitarbeitenden möglichst einfach zur Verfügung zu stellen und die Anwendung des Wissens zu fördern. Aber, und das ist der entscheidende Punkt an dieser Stelle, die Art und Weise, wie dies geschieht, hat sich grundlegend gewandelt, und (um das oben genannte Beispiel nochmal aufzugreifen) kaum ein Wissensmanager wird heute noch Abstracts zu Dokumenten schreiben, um der Belegschaft das Lesen der Dokumente schmackhaft zu machen und so die Wissensanwendung zu fördern.

Die Frage, die wir uns stellen müssen, zielt auf einen anderen Aspekt. Hat sich der Blick auf das Wissensmanagement in seinen Ansätzen gewandelt? Gibt es die grundsätzliche Einsicht, dass Wissensmanagement eine Gemeinschaftsaufgabe ist, dass die Wissensmanagerin die Aufgabe nicht für, sondern mit Management und Belegschaft umsetzen kann? Hier fällt die Antwort differenzierter, ernüchternder aus. Es gibt die Einsicht, und die beiden in den Case Studies beschriebenen Fälle sind nicht die einzigen. Doch sind sie in ihrer Konsequenz und Gradlinigkeit durchaus eine Ausnahme.

---

[1] Probst G., Raub S., Romhardt K.: Wissen managen. Gabler 1997.

Die meisten Wissensmanagements wurden nicht in den letzten ein oder zwei Jahren geplant, sondern vor vielen Jahren, in Unternehmensberatungen sogar schon vor Jahrzehnten konzeptioniert. Damals war der Trend sehr ausgeprägt, das Wissensmanagement als Service-Einheit zu verstehen und den Wissensmanager als Wissensdiener, die Wissensmanagerin als Wissensdienerin. Kollaborative Ansätze wurden nicht oder in nur sehr geringem Maße berücksichtigt, obwohl innerhalb des Systems Jahr für Jahr Optimierungen v. a. in den Bereichen Personal, Ressourcen und Technologie vorgenommen wurden.

Drei herkömmliche Wege, um auf Defizite im Wissensmanagement zu reagieren

Personalwechsel?

Wenn ein Wissensmanagement nicht halten kann, was es verspricht – wird oftmals der Wissensmanager dafür verantwortlich gemacht. Das liegt in der Logik des Unternehmens nahe, doch ist es ungerecht: Wenn vom Management falsche Vorgaben gemacht werden, die Rahmenbedingungen falsch gesetzt sind, wird jeder Wissensmanager daran scheitern. Diese Erkenntnis scheint allerdings nicht einfach zu sein, beinhaltet sie ja die Notwendigkeit, dass der zuständige Manager zugeben müsste, selbst Planungsfehler gemacht zu haben. In einem Fall musste ich beobachten, wie fünf Wissensmanager*innen in weniger als drei Jahren verschlissen wurden, und so ging es munter weiter. Das Wissensmanagement konnte nie Fuß fassen. Doch die Idee, dass das vielfache Scheitern nicht am unfähigen Personal, sondern an der vollkommen fehlerhaften Konzeptionierung des Wissensmanagements lag, ließ der autokratische Manager nicht zu: Seine Vorstellungen vom Wissensmanagement mussten die richtigen sein – es waren ja schließlich seine…

More of the same?

Eine zweite Möglichkeit, auf unbefriedigende Resultate zu reagieren, ist die personelle Aufstockung. Das ist durchaus üblich, und in Unternehmensberatungen gibt es meist eine Wissensmanagement-Abteilung, in der mehrere Wissensmanager ihre Support-Services anbieten. Je nach Firmengröße variieren die Zahlen deutlich, Großunternehmen können auf mehr als einhundert Knowledge Manager kommen, wenn diese obendrein international verteilt, in Länderorganisationen organisiert sind etc. Ob ein solches Wissensmanagement vom Charakter her kollaborativ aufgebaut ist, wird hingegen nicht ersichtlich. Die meisten Wissensmanagement-Ansätze in Beratungsunternehmen sind weiterhin dem Service-Gedanken verpflichtet: Das Wissensmanagement soll die Berater*innen in Wissensfragen unterstützen und entlasten, Wissensarbeit wird intern von den Beraterinnen weg und hin in die Wissensmanagement-Abteilung ausgelagert. Häufig ist es eine für beide Seiten, Belegschaft und Wissensmanagement, defizitär empfundene Situation, die nicht mit mehr Wissensmanagement-Personal aufzulösen ist.

Neue Technik

Dass technische Lösungen helfen können, die Wissensarbeit zu unterstützen, steht außer Frage. Doch wird oft zu viel Hoffnung in sie gesetzt. Die Einführung einer neuen Lösung, sei es eine neue Datenbank, eine neue Intranetlösung oder ein anderes System, wird oft von denjenigen, die sie beschlossen und eingeführt haben, geradezu euphorisch begrüßt. Die Belegschaft, die sie langfristig nutzen soll, bleibt meist abwartend bis skeptisch und liegt damit in den allermeisten Fällen richtig. Neue technische Instrumente allein werden die Defizite eines auf falschen Prämissen aufgebauten Wissensmanagement nicht beseitigen, bestenfalls kaschieren. Eine Softwarelösung kann helfen, Datensätze leichter zu managen. Sie bietet jedoch keine Patentrezepte, ja meist nicht einmal Ansatzpunkte, wie ein dysfunktionales Wissensmanagement in ein modernes kollaboratives Wissensmanagement transformiert werden kann. Das muss auf anderer Ebene geschehen.

Ideen für eine Wendung zum kollaborativen Wissensmanagement

Positive, kollaborative Elemente des bestehenden Wissensmanagements identifizieren

Allerdings, und das ist eine gute Nachricht, werden die allermeisten bestehenden Wissensmanagements Ansätze der Kollaboration aufweisen. Sie wurden bisher übersehen, weil sie nie in den Fokus gerückt waren. Dabei sind sie gar nicht sonderlich schwer zu identifizieren: Schaut man, welche Aufgaben oder Teilaufgaben besonders reibungslos ablaufen, oder wo es stets positiv konnotierte Interaktionen zwischen den Wissensmanagern und der Belegschaft gibt, kommt man schnell auf diese Elemente, denn sie sind es, bei denen beide Seiten sich wohlfühlen und die Sinnhaftigkeit der Aufgaben erkennen und nicht als unproduktiv oder als lästige Pflicht empfunden werden.

Dabei können es einzelne Gruppen sein, die unterschiedliche Präferenzen haben. Zum Beispiel kann das Intranet insgesamt unaufgeräumt und an den meisten Stellen mit veralteten Informationen gespickt sein. Es kann aber innerhalb des Intranets Bereiche geben, die gepflegt werden, um die sich eine Person verantwortlich kümmert und beispielsweise neue Management-Updates einspeist und alte archiviert, dass die HR-Abteilung eine für ihren Bereich vorbildliche Intranetseite pflegt, auf der alle wichtigen Information thematisch übersichtlich geordnet sind und auf der man leicht die richtigen Ansprechpartner*innen für die jeweiligen Themen findet. Zu fragen wäre in solchen Fällen, warum es an dieser Stelle funktioniert und für alle Parteien günstig ist: Also die Personalabteilung genau wie die Belegschaft von diesen Intranetseiten profitieren, dies aber an so vielen anderen Stellen nicht gelingt.

Ein anderes Beispiel: Warum gelingt es einigen Gruppen, ihre Fähigkeiten und Kompetenzen innerhalb des Teams klar und strukturiert darzulegen, sodass alle Teammitglieder profitieren und es zu einem regen Austausch zwischen teaminternen Expert*innen und wissensdurstigen Teammitgliedern kommt, während dieselben Expert*innen für die

Belegschaft außerhalb des Teams praktisch unsichtbar sind? Es mag dafür gute Gründe geben, doch steckt in diesen versteckten *Best Practices* ein hohes Potenzial. Selbst wenn in diesem beispielhaften Fall eine Skalierbarkeit vom Team auf das ganze Unternehmen zumindest im ersten Schritt nicht realistisch sein wird, könnte eine Wissensmanagerin sehr wohl anderen Teams nahelegen, einen solchen teaminternen Wissensaustausch zu pflegen.

Diese Beispiele zeigen erste Ansatzpunkte – diverse andere Möglichkeiten bestehen und sollten genutzt werden. Dazu ist aber eine Sensibilisierung des Wissensmanagements sowie des Managements vonnöten. Wenn sie verstanden haben, dass weder mit Personalaustausch noch mit mehr zu investierender Arbeitskraft noch mit heilsversprechenden IT-Lösungen auf Missstände zu reagieren ist, sondern dass ein Umdenken hin zu einem kooperativen Wissensmanagement der Lösungsweg sein kann, kann dieser Weg beschritten werden.

Umdenken

Dieses Umdenken bei Wissensmanager*in und Management wird wahrscheinlich in einem schmerzhaften Moment ausgelöst, wenn „mal wieder alles nicht geklappt hat", wenn sich eine ranghohe Kollegin beim Management beschwert, wenn eine Person aus dem Top-Management von Defiziten erfährt, die ihre Arbeit direkt beeinflusst, weil beispielsweise ein entscheidendes Dokument oder eine heikle, höchst relevante Information nicht zu finden ist. Dann wird vermutlich ein Impuls ausgelöst, und dann kann sich vieles zum Besseren wandeln.

Dazu braucht es auf der einen Seite aufgeschlossene Manager. Menschen, die der Idee zugewandt sind, fast, aber nicht ganz richtig gelegen zu haben, als sie ein Wissensmanagement einforderten, etablierten, dafür verantwortlich zeichneten. Wenn eine positive Fehlerkultur im Unternehmen herrscht und die Manager bereit sind, neu zu denken und dabei sicher geglaubte Annahmen infrage zu stellen: klappt es höchstwahrscheinlich. Aber nicht nur der Manager, sondern auch der Wissensmanager muss umdenken. Es ist nicht leicht, neue Rollen und Verantwortlichkeiten anzunehmen, wenn diese über Jahre eingeübt sind und sich zu Gewohnheiten entwickelt haben. Doch es ist den Versuch wert, den Schritt vom Dienstleister – der sich bestens mit den Wissensthemen des Unternehmens auskennt – zum Koordinator des Großprojektes „Wissensmanagement" zu wagen. Dafür braucht es durchaus Courage: Die Aufgaben werden flexibler, weniger definierbar an vielen Stellen, auch wird das Selbstverständnis tangiert. Kann, soll, darf ich nun wirklich eigene Ideen einbringen, kann ich gestaltend ins Wissensmanagement eingreifen, darf und soll ich die Belegschaft nicht nur bitten, sondern auffordern, sich zu beteiligen? Dies scheint tatsächlich ein Grat zu sein, an dem eine Trennung stattfindet: Von denen, die dies als Chance begreifen, und denen, die sich überfordert fühlen und das Weite suchen.

Die Belegschaft einbeziehen

Der entscheidende Punkt ist, die Belegschaft frühzeitig einzubeziehen. Nur so kann kollaboratives Wissensmanagement gelingen. Es kann auf unterschiedlichste Art und Weise geschehen und muss in der akuten Situation mit Fingerspitzengefühl voran-

getrieben werden. Eine Meldung des Top-Managements: „ab heute wird alles anders!"
wäre sicher nicht geeignet. Vorgespräche müssen geführt und einzelne Meinungs-
träger mit ins Boot geholt werden. Bevor Umfragen in größerem Stil stattfinden, muss
ein neues Verständnis des zukünftigen Wissensmanagement vermittelt werden. Sonst
enden die Umfragen schnell in Forderungen seitens der Belegschaft an das Wissensmanagement, und der ungute Kreislauf an Verantwortungsabgabe und Überforderung
kann nicht durchbrochen werden.

Evaluationen des „As-is", des Ist-Zustandes des Wissensmanagements sind ebenfalls wenig zielführend. Dass die Situation verfahren ist, ist auch ohne Abfrage bekannt.
Es braucht andere Instrumente, die sich vor allem am klassischen Veränderungsmanagement, am Change Management, orientieren.

Veränderungsmanagement im Wissensmanagement

Es können z. B. Instrumente wie der „Knowledge Management Radar" oder das
„Knowledge Management Change Assessment" eingesetzt werden, um mehr über die
Möglichkeiten zu erfahren, Wissensmanagement aus der defizitär agierenden Service-
Einheit hin zum Koordinator für Wissensfragen des Unternehmens zu wandeln. Die
Instrumente sind angelehnt an den Change Radar und das Cultural Change Assessment.[2]
Ich habe sie spezifisch für Fragen des Wissensmanagements weiterentwickelt und auf
den Wandel hin zum kollaborativen Wissensmanagement ausgelegt.

Darüber hinaus gilt, dass professionelles Veränderungsmanagement helfen kann, doch
eben nicht ohne die spezifische Ausrichtung auf das Wissensmanagement, insbesondere,
wenn über Jahre oder Jahrzehnte die falschen Prämissen im Wissensmanagement
herrschten.

---

[2] Einen sehr guten Überblick über die verschiedenen Instrumente des Change Managements gibt
Martin Claßen: Change Management aktiv gestalten, Luchterhand 2013.

Instrumente für die Erfolgsmessung im Wissensmanagement

Die Frage, wie Erfolg im Wissensmanagement nicht nur qualitativ, sondern quantitativ zu messen sei, wird seit Jahrzehnten diskutiert. Dabei stehen insbesondere bei den in Unternehmensberatungen angesiedelten Wissensmanagements *Key Performance Indicators (KPI's)* und *Benchmarks* als mögliche Instrumente zur Erfolgsmessung im Raum.

KPI's im Wissensmanagement

Wie kann ein Kennzahlensystem für Wissensmanagement aussehen? An welchen Zahlen lässt sich der Erfolg von Wissensmanagement messen? Wie kann quantitativ erfasst werden, ob Wissensmanagement wirkt – oder eben nicht? Diese Fragen treiben die Knowledge Management-Community seit Jahren um, und doch bleibt die Frage unbeantwortet.

Was können Indikatoren für die Performance, für den Wirkungsgrad sein? Es gibt objektiv messbare Zahlen, etwa die Anzahl der Mitarbeitenden, die auf bestimmte Tools zugreifen, die das Intranet nutzen, die an Veranstaltungen zur Wissensweitergabe aktiv oder passiv teilnehmen. Prozentual gemessen werden kann auch der Anteil der abgeschlossenen Projekte, die durch das Wissensmanagement erfasst und mit einem „Project Knowledge Capturing Workshop" bedacht worden sind. Noch andere Kennzahlen ließen sich entwickeln: die Anzahl der zur Verfügung gestellten Vorlagen, die Zahl der aufgerufenen Dokumente.

Für eine Bestandsaufnahme, für das Tracking über die Zeit hinweg können solche Zahlen hilfreich sein. Gerade bei Zielvereinbarungen und der Messung der Zielerreichung ist es angebracht, möglichst konkret zu sein und eine Zahlenbasis

R. Grasshoff, *Kollaboratives Wissensmanagement*, https://doi.org/10.1007/978-3-658-40503-8_5

heranzuziehen. Insofern haben Key Performance Indicators ihre Berechtigung und sind nichts, dem sich ein Wissensmanagement grundsätzlich verweigern sollte.

Allerdings wird, beschäftigt man sich etwas eingehender mit der Thematik und macht sogar erste Versuche, ein KPI-System zu etablieren, schnell klar, dass beim Wissensmanagement sich die Qualität nicht ohne weiteres mit quantitativen Aussagen stützen lässt. Es können viele Project Knowledge Capturings stattgefunden haben und somit der Performance Indicator „Anzahl der Capturings" erfüllt und übererfüllt sein, ohne dass ein merklicher Mehrwert für die Mitarbeitenden entstanden ist. Die schiere Zahl von Besucher*innen einer Veranstaltung zum Wissensaustausch ist in keiner Weise ein Beleg dafür, dass die Teilnehmer*innen wichtige Erkenntnisse mitgenommen haben oder dass ihnen Fähigkeiten vermittelt wurden, die sie bei nächster Gelegenheit produktiv ihn ihren Arbeitsabläufen integrieren können. Darum ist es oft eine Mischung aus qualitativen und quantitativen Parametern, die zur Erfolgsmessung von Wissensmanagement herangezogen werden – mit einem deutlichen Übergewicht an qualitativen Aussagen. Umfragen haben sich bewährt, und wenn sie in regelmäßigen Abständen wiederholt werden, zeichnen sich darin Trends ab, die in ihrer Aussagekraft über die reine Zahlenbasis hinausgehen.

Manager, die zahlengetrieben ein *KPI-Regime* für Wissensmanagement einführen wollen, sollten sich dessen bewusst sein und die reinen Zahlen mit Fingerspitzengefühl interpretieren, nicht überbewerten und auf jeden Fall mit qualitativen Aussagen flankieren. Es gibt Fälle, in denen Wissensmanagements in Unternehmen kollabiert sind, nachdem sie drei Jahre hintereinander auf der reinen Zahlenbasis eine gute Performance nachweisen konnten. Doch wenn es nur noch um die quantitativ messbaren Fakten geht, gerät der „menschliche Faktor", der mitbestimmend ist für ein gutes Wissensmanagement, in den Hintergrund. Es geht nicht nur darum, dass möglichst viele Personen in der Belegschaft geschult, besonders viele Dokumente eingesammelt wurden, sondern um deutlich mehr.

Ein letzter kritischer Punkt sei hier genannt: KPIs verändern die Arbeitsweise, setzen Anreize und Prioritäten für den/die Wissensmanager*in – und nicht immer zum Guten. Auch dessen sollten sich KPI-affine Manager*innen bewusst sein. Ist etwa ein Jahresziel auf Zahlenbasis bereits im Oktober erreicht, wird das Thema posteriorisiert, was aus Firmensicht nicht unbedingt sinnvoll ist. Fehlen hingegen zur Zielerreichung, zur Erreichung der Kennzahlen noch große Teile, dann kann es gut sein, dass diese fast unvernünftig hochpriorisiert werden – auf Kosten anderer Arbeit, die vielleicht sogar wichtiger ist, aber im KPI-System nicht gemessen wird.

Zusammengefasst: Das Messen von Key Performance Indicators im Wissensmanagement kann sinnvoll sein, wenn es flankiert wird durch ausreichend qualitative Daten. Es muss auf diesem Gebiet stets mit Vorsicht und Augenmaß agiert werden, damit die vermeintlich gewonnene Objektivität und Transparenz nicht ins Gegenteil umschlagen. Das kann insbesondere dann geschehen, wenn die falschen Kennzahlen gewählt werden, die an der Realität des zu betrachtenden und zu bewertenden Wissensmanagements vorbeigehen.

Benchmarks? – meist nicht die Lösung

▶   **Benchmarks** sind Vergleichszahlen und Vergleichsgrößen, die herangezogen
    werden, um zu messen, ob ein Unternehmen besser dasteht als ein anderes in
    Bezug auf einen bestimmten Aspekt. Das können die Sekunden oder Minuten
    sein, die eine Kundin warten muss, bis sie in der Service Hotline mit einem Mit-
    arbeiter spricht; das kann der Prozentsatz der gewonnenen Proposals auf Grund-
    lage der eingereichten Angebote sein; oder die Anzahl der Außendienstmitarbeiter
    pro 100 Kunden. Zehntausende andere Benchmarks sind denkbar und werden von
    professionellen Benchmarking-Firmen gesammelt und verkauft.

Die Krux mit Benchmarks ist, dass oft Unterschiedliches miteinander verglichen wird.
Dass ein Unternehmen, das Maschinen und technische Geräte herstellt und vertreibt,
mehr Personal für Wartungsarbeiten im Außendienst beschäftigt als ein Hersteller von
Butterkeksen, ist evident und birgt keinen Mehrwert an Erkenntnis. Versucht man dies
auszuschließen über etwa dieselben Branchen, so steht man auf anderer Ebene vor einem
ähnlichen Problem. Bleiben wir beim Beispiel des Maschinenbaus: Der eine Maschinen-
hersteller vertreibt robuste, fast unverwüstliche Produkte, ein anderer hat in seinen
Produkten viel Elektronik verbaut, ein dritter, der hochsensible Messtechnik herstellt,
muss spätestens alle 3 Monate die Geräte bei seinen Kunden vor Ort inspizieren und
kalibrieren. Keines der hier vorgestellten Unternehmen wäre gut beraten, auf die Bench-
marking-Zahlen der jeweils anderen Unternehmen zu schielen und daraus Einsparungs-
potenziale oder Investitionsbedarfe abzuleiten.

Dieses Bild ist für den Bereich des Wissensmanagements noch verstärkt. Wie schon
mehrfach erwähnt, braucht es für jedes Unternehmen eine maßgeschneiderte Wissens-
management-Lösung – und aus dieser ergeben sich alle weiteren Ableitungen. Die Frage
nach der Größe des Wissensmanagements, die ja durchaus gestellt und diskutiert werden
soll, kann nur intern beantwortet werden. Die Aussage, dass ein Großunternehmen
mit über 100.000 Mitarbeitenden etwa 100 Wissensmanager hat, hilft einem anderen
Großunternehmen mit einer ähnlichen Größe – rein gar nicht. Wie wissensintensiv ist
die Branche, welche Aufgaben nehmen die Wissensmanager*innen wahr, wie sind sie
in die Organisationsstrukturen eingebunden – all das sind Fragen, die viel wichtiger
sind als die schiere Zahl. Gänzlich absurd wird es, wenn nun ein kleines oder mittel-
ständisches Unternehmen sich daran misst: Wäre für eine Firma mit 300 Mitarbeitenden
- mathematisch kokrrekt abgeleitet - ein Drittel Wissensmanager angemessen?

Benchmarks im Wissensmanagement sind vernachlässigbar. Spannende Aussagen
über Firmengrenzen hinweg hingegen sind damit nicht gleich vom Tisch. Bei der Frage
etwa, wo im Unternehmen das Wissensmanagement angesiedelt sein sollte, kann durchaus ein Blick auf verschiedene Organigramme von Mitbewerbern hilfreich sein. Die
Fragen, auf welche Weise andere Firmen die Belegschaft motivieren, sich aktiv im
Wissensmanagement einzubringen, die Frage nach Good Practices, nach möglicherweise nachahmenswerten Ansätzen zur Wissensverteilung, können relevant und wichtig

sein. Ich diskutiere solche Fragen mit Wissensmanagern anderer Unternehmen, die ich bei Kongressen kennenlernte und die nun Teil meines Netzwerkes sind. Es gibt diverse *Communities of Practice*, denen man sich anschließen kann, um dann regelmäßig (und meist moderiert und zu einem spezifischen Thema) mit Gleichgesinnten Herausforderungen zu besprechen. Auch die Gesellschaft für Wissensmanagement (gfwm) lädt in unterschiedlichen Städten in Deutschland immer wieder zu Veranstaltungen ein. Dieser Austausch, dieser Blick über den eigenen Tellerrand hinaus kann fruchtbar sein. Doch es bleibt dabei: Pauschallösungen wird man auch hier nicht finden, denn ein Wissensmanagement kann nicht *Copy/Paste* von einem Unternehmen auf ein anderes übertragen werden.

Benchmarks nicht, KPI's schwierig – was dann?

Es wäre unfair, an dieser Stelle nur zu benennen, was nicht funktioniert. Es gibt Alternativen zu *Benchmarks* und *Key Performance Indicators*, die den Anspruch auf Messbarkeit und Objektivierbarkeit erfüllen, und die mehr leisten können als die rein zahlengetriebenen Ansätze.

Je nachdem, wie viele strategische Ziele das Wissensmanagement verfolgt und verfolgen soll, bietet sich ein zwei- oder dreidimensionales Koordinatensystem an, in dem Arbeitspakete und deren Zielerreichung festgehalten werden. (Hier zeigt sich abermals der Unterschied zum meist eindimensional gedachten Ansatz des klassischen Wissensmanagements, das dem Zweck dienen soll, einfach einen Teil der Belegschaft, die Manager, zu entlasten und falsch verstandene Effizienz propagiert.) Im Fall der ersten Fallstudie waren es die Koordinaten Produktivität und Kohäsion, in denen die Arbeitspakete eingetragen wurden. Würde eines der wichtigsten (also im Koordinatensystem auf x- und y-Achse hoch stehenden) Arbeitspakete eine schwache Performance aufweisen, wären hier nur kleine Fortschritte zu vermelden oder gäbe es grobe Einwände, wäre dies ein sicherer Hinweis: Es muss nachgefragt, wahrscheinlich nachgesteuert werden!

Doch, und das ist noch einmal ein Aufruf zum genauen Hinschauen und Hinhören, wird höchstwahrscheinlich kein Lämpchen auf einem Management-Dashboard auf Rot springen, wenn im Wissensmanagement etwas nicht rund läuft. Diese Information muss anders eingefangen werden – Management und Wissensmanagement sollten gleichsam daran Interesse haben und an einem Strang ziehen. Dazu braucht es zunächst eine klare und konkrete Zieldefinition auf Ebene der Arbeitspakete, die sich im Nachgang überprüfen lässt. Wenn zudem bereits festgelegt ist, welche strategischen Ziele Wissensmanagement im Unternehmen verfolgt, sind nicht nur die einzelnen Maßnahmen oder Arbeitspakete daran zu messen, sondern in einer qualitativen (und mit quantitativen Elementen gespickten) Auswertung kann deutlich geklärt werden, ob man diesen Zielen nähergekommen ist oder nicht, ob man sich im schlechtesten Fall sogar von ihnen entfernt hat.

Nützlicher als generelle Umfragen unter der Belegschaft (die zudem zeitlich aufwendig sind), ist das Einrichten eines „Sounding Boards". Dabei handelt es sich um eine

Gruppe von mindestens 5 bis maximal 12 Kolleginnen und Kollegen, denen das Thema Wissensmanagement besonders am Herzen liegt, die sich schon in der Vergangenheit mit Impulsen auf diesem Gebiet hervorgetan haben, die die strategische Bedeutung erkannt oder die sich schlicht für Wissensmanagement oder einen Teilaspekt davon interessieren. Ein solches Sounding Board kann als Gremium dienen, aktuelle Fragen zu diskutieren, die Bedarfe aus der Belegschaft zu artikulieren, aber eben auch, um eine solide Einschätzung zu geben, wie es um das Wissensmanagement steht. Dieses Board sollte derart besetzt sein dass die Diversität und Heterogenität der Belegschaft repräsentiert ist, denn nur so kann dieses Gremium die Breite des Unternehmens widerspiegeln. Die Einschätzung des Wissensmanagers, der Wissensmanagerin selbst kann korrigiert werden, sofern es Abweichungen gibt. Oftmals gibt es große Schnittmengen, wenn auch keine exakte Kongruenz in der Zeichnung des Bildes vom aktuellen Stand des Wissensmanagements. Wenn die Einschätzung in einem kurzen Statement zusammengefasst wird, hat das Top-Management meist eine bessere Übersicht und Grundlage für etwaige Entscheidungen als mit ausführlichen Umfrageergebnissen, die ihrerseits wieder interpretiert werden müssen. Das setzt ein Vertrauen des Managements in den/die Wissensmanager*in sowie in die Belegschaft und das sich aus der Belegschaft rekrutierende Sounding Board voraus – und genau das ist es, was in Wissensfragen in einem Unternehmen generell angebracht ist: ein allgemeiner Vertrauensvorschuss den anderen Kolleginnen und Kollegen gegenüber, kein Misstrauen. In diesem Umfeld lässt sich Wissen managen, kann es produktiv werden. Damit sind wir bereits bei einem letzten großen Thema angelangt, das noch einmal in den Mittelpunkt rücken soll: die Frage nach Firmenkultur und generellen Werten.

Werte und Firmenkultur

Ob derzeitig oder zukünftig: Es gibt einige Grundvoraussetzungen, ohne die Wissensmanagement, wie wir es in seinem zeitgemäßen, kollaborativen Antlitz vorgestellt haben, nicht gelingen kann. Diese Grundvoraussetzungen sind immaterieller Natur. Weder braucht kollaboratives Wissensmanagement eine breite finanzielle Ausstattung, noch sind größere Mengen dezidiert fürs Wissensmanagement bereitgestellte personelle Ressourcen nötig; es müssen auch nicht Unmengen in neue Technologien investiert werden. Selbstverständlich sollten Budgets für Ressourcen und moderne Soft- und Hardware zur Verfügung stehen, doch hier liegt weder der Hebel, noch der Schlüssel zum Erfolg. Kollaboratives Wissensmanagement fußt auf Werten und Kultur, die in Projekten oder in Unternehmen gelebt wird.

Kollaboratives Wissensmanagement kann nicht in einem Umfeld fruchten, in dem es stark kompetitiv zugeht, wo das Management einsame Entscheidungen trifft, wo Misstrauen und Missgunst innerhalb der Belegschaft herrschen. Es wird nur dort gedeihen können, wo eine Kultur des Miteinanders existiert, wo Hilfsbereitschaft und Vertrauen verbreitet sind. Wo gegenseitiger Respekt und die positive Anerkennung von individuellen Unterschieden eine intellektuelle wie pragmatische Vielfalt fördern, kann sich Wissensmanagement in seiner gemeinschaftlich ausgeprägten Form geradezu organisch einbringen, sich rhizomatisch verflechten, Teil des Ganzen werden. Kultur und Wertekanon sind die Grundlage, auf der der Wertbeitrag des Wissensmanagements geleistet werden kann.

Wertbeitrag des Wissensmanagements

Produktivität

Wenn viele ihr Wissen teilen, profitieren alle davon. Das Bild von den Menschen, die jeweils ein Buch mitbringen und daraus eine kleine Bibliothek entstehen lassen, mag in Zeiten der E-Book-Reader und Netzines anachronistisch erscheinen, aber es zeigt: Gemeinsam wissen wir mehr, und lässt uns produktiver werden. Aber wieso sollte ich mein Wissen überhaupt teilen, mein Buch für die große Bibliothek zur Verfügung stellen? Es ist grundsätzlich eine Frage der Kultur, ob Wissensmanagement und das Teilen von Wissen gelingt. Wenn ich vermute, dass mein ungeteiltes Wissen nur mir allein Vorteile verschaffen wird, da bleibe ich skeptisch. Wenn ich hingegen weiß, dass andere das von mir eingebrachte Wissen respektierlich behandeln und mich als Autorin, als Expertin für dieses Wissen nicht übergehen, sondern wertschätzen, da ist es ein Leichtes, Wissen zu teilen. „Knowledge Sharing Culture" kann nicht verordnet werden. Eine Kultur des Teilens kann gelebt und sollte vorgelebt werden. In diesem Fall ist die Wahrscheinlichkeit groß, dass alle mitmachen, und das Wissensmanagement, das Teilen und der gute Umgang mit Wissen professionalisiert wird.

Kohäsion

Wenn bereits Zusammenhalt innerhalb der Belegschaft besteht, kann er vom Wissensmanagement gestärkt werden. Diese Aufgabe ist Teil des Wertbeitrags, den Wissensmanagement leisten kann, indem es Instrumente nutzt, die genau diesen Punkt tangieren: etwa, das Wir-Gefühl zu fördern, den Gemeinschaftssinn zu stimulieren. Wenn wir die vielen unterschiedlichen Expertisen feiern, die wir projekt- oder unternehmensweit haben, und dabei von den Experten noch etwas lernen können, hat das neben der Kostenersparnis, eine externe Expertin für ein Seminar oder eine Weiterbildung einzuladen, positive Auswirkungen auf die Selbstwahrnehmung. Man ist vielleicht beeindruckt von der Einzelleistung, der einzelnen Kompetenz, vor allem aber positiv gestimmt, Teil einer Gemeinschaft zu sein, die aus vielen einzelnen starken Individuen mit unterschiedlichen Fähigkeiten besteht. Fähigkeiten, von denen ich durch Wissensweitergabe profitieren kann und von der ich weiß, dass sie nur einen Telefonanruf oder ein Online-Meeting entfernt liegen wenn ich eine konkrete Nachfrage habe. Wissen aktiv managen: Das ist eben nicht nur produktiv oder effizienzsteigernd, sondern stärkt das Projektteam oder die Belegschaft in ihrer Einheit.

Wertbeitrag zur positiven Wertebildung und zur positiven Firmenkultur

Kollaboratives Wissensmanagement fußt auf positiven Werten und auf wertschätzender Kultur. Ankämpfen gegen eine schlechte Firmenkultur kann Wissensmanagement hingegen nicht: In einem feindlich gesinnten Umfeld mit kompetitiver Firmenkultur und austauschbaren Werten („Competence", „Excellence" etc.), die jenseits des humanistischen Wertekanons liegen, wird Wissensmanagement scheitern.

Wenn hingegen Wissensmanagement fruchten kann, leistet es nicht nur einen Beitrag zur positiven Wissenskultur, sondern auch die Fehlerkultur, für die ein sicheres Umfeld entscheidend ist, kann gestärkt werden. Wissensmanagement fördert inklusives Denken, indem es die Stärken der Einzelnen in den Mittelpunkt rückt. Es fördert letztlich eine demokratische Haltung, in der eine aufgeklärte Mehrheit entscheidet über das, was gemeinschaftlich geschehen soll. Wissensmanagement kann zum positiven Kulturwandel beitragen und die positiven Werte festigen, ja stärken. Kollaboratives Wissensmanagement ist somit nicht nur den (letztlich materiell getriggerten) Zielen verpflichtet, Wissen effizient zu nutzen, Doppelarbeit zu reduzieren etc., sondern steht auch für immaterielle Werte und eine positive Firmenkultur ein.

Der Mehrwert kollaborativen Wissensmanagements für Unternehmen und deren Belegschaft ist immens. Er übersteigt bei weitem, was die omnipräsenten Kostensenkungsprogramme an vermeintlicher Effizienzsteigerung versprechen und meist nur kurzfristig, in den allerseltensten Fällen nachhaltig, einlösen können. Nicht auf vermutete oder reelle Defizite richtet Wissensmanagement das Augenmerk, sondern auf die unbändige Kraft, die in gemeinschaftlicher produktiver Wissensarbeit für Unternehmen und Belegschaft steckt. Und diese Kraft wird nicht nur in der erhöhten Produktivität sichtbar, sondern genauso in der zweiten, ebenso wichtigen Dimension der positiven Firmenkultur.

Fazit und Ausblick

Wissensmanagement ist eine Gemeinschaftsaufgabe, und sie ist es von Anfang an, auch schon, bevor ein Unternehmen darüber nachdenkt, ein professionelles, institutionelles Wissensmanagement zu etablieren. Es ist ein Prozess, oder genauer gesagt ein ganzes Bündel an nicht weiter reflektierten Abläufen im Arbeitsalltag – Wissensmanagement geschieht, ohne dass es weiter thematisiert wird. Kolleginnen und Kollegen tauschen sich aus, teilen ihr Wissen, ihre Einsichten, ihre neuen Erkenntnisse in jederlei Hinsicht. Man spricht über Erfolge und Misserfolge der geleisteten Arbeit, Stärken und Schwächen eines Partners oder Auftraggebers, teilt wichtige Dokumente, nutzt eine gemeinsame Ablage. Das tägliche intensive Gespräch ist neben der gemeinsamen Arbeit am Produkt oder Projekt die Basis für Wissensflüsse unter den Mitarbeitenden. Man kennt die besonderen Fähigkeiten und Affinitäten der Kolleginnen und Kollegen, weiß, wer sich mit welchen Methoden oder IT-Tools auskennt und wird natürlich mit dem/der Expert*in sprechen, wenn diese Kompetenz gefragt ist.

All das wird im professionalisierten Wissensmanagement durch Tools und Prozesse gestützt, wenn Projekterfahrungen in *Project Knowledge Capturing Sessions* abgefragt und die Erkenntnisse in verschiedenen Datenbanken eingespeist werden, wenn in der Kompetenz-Datenbank die Fähigkeiten der Mitarbeitenden erfasst sind, wenn wichtige Dokumente in einem professionellen Dokumentenmanagement gepflegt werden. Doch bis dahin ist es meist ein weiter Weg, denn anders als z. B. die Finanz- oder die IT-Abteilung wird die Notwendigkeit für ein professionelles Wissensmanagement spät erkannt – weil sie erst spät entsteht.

Gerade in wissensintensiven Unternehmen wie Beratungen oder Denkfabriken ist Wissen nicht nur die zentrale Ressource, sondern auch das entscheidende Kapital der Firma; Mitgebrachtes und über Jahre weiter auf- und ausgebautes Wissen ist ein entscheidender Teil der Geschäftsgrundlage. Selbst wenn dies erkannt ist, muss es noch nicht dazu führen, ein Wissensmanagement einzuführen, eine Wissensmanagerin zu engagieren. Denn zunächst sind die Wissensflüsse noch beständig, das Wissen ist noch überschaubar.

Doch irgendwann kommt es zu einer Phase, in der den Gründer*innen und den langjährigen Mitarbeiter*innen bewusst wird, dass auch sie nicht mehr alles Wissen griffbereit haben, dass die Wissenslandschaft über die Jahre und durch die Menge an neuem Wissen unübersichtlich geworden ist. In der Regel wird dann reflexartig versucht, diesem Defizit „irgendwie" zu begegnen: Verbindliche Ablagestrukturen werden definiert, ein Intranet eingeführt, Standards für die Benennung von Dokumenten festgeschrieben etc. Das ist ein sinnvoller Impetus, und die Firma gewinnt (oder verliert, je nach Blickwinkel) auf diese Weise nochmal ein paar Jahre, bis eben die Entscheidung gefällt wird, dass ein professionelles Wissensmanagement aufgebaut, ein Wissensmanager eingestellt werden soll.

Die Art und Weise, wie Wissensmanagement professionalisiert wird, ist nun entscheidend für den langfristigen Erfolg oder Misserfolg des Wissensmanagements. Grob gesprochen gibt es zwei Richtungen, die eingeschlagen werden können. Entweder wird das Wissensmanagement als klassische Support-Funktion definiert, in der die/der Wissensmanager*in die Aufgabe hat, Management und Mitarbeiter*innen zu entlasten, ihnen Arbeit abzunehmen und die Wissensarbeit zu erledigen, so wie die IT sich um die Stabilität der Systeme kümmert oder die Buchhaltung dafür sorgt, dass die Abrechnungen stimmen und die Rechnungen bezahlt werden. Oder Wissensmanagement wird eher als ein gemeinschaftlich getragenes Großprojekt verstanden, der Wissensmanager als diejenige Person, die dieses Projekt koordiniert und Teile der Belegschaft als essenzielle Teile des Projektteams integriert. Er wird auf der einen Seite das Projekt in all seinen Dimensionen managen, es mit eigener Arbeitskraft planerisch und strategisch vorantreiben, auf der anderen Seite gemeinsam mit der Belegschaft auch operative Aufgaben übernehmen.

Diese grundsätzlich unterschiedlichen Ausrichtungen – Wissensmanagement als Support-Einheit und Wissensmanagement als Projekt – haben für den weiteren Fortgang erhebliche Folgen. Häufig (ja in einem Großteil der Fälle) begegnet man den Herausforderungen mit einem Wissensmanagement als institutionalisierter Support-Einheit. In der Folge möchten Management und Mitarbeitende Aufgaben rund um Wissensthemen abgeben, möchten, dass die Wissensmanagerin diese Arbeiten für sie erledigt. Je nachdem, wie ausgeprägt dieses Denken ist, wird die Wissensmanagerin schneller oder weniger schnell scheitern. Im Kapitel Grundlagen und in den Fallstudien wurde es bereits vorgestellt: Wissensmanagement ist und bleibt für ein Unternehmen und seine Mitarbeiter*innen eine Gemeinschaftsarbeit. Wenn dieser Grundsatz des kollaborativen Wissensmanagements nicht verfolgt wird, wird die Wissensmanagerin stets defizitär agieren, Enttäuschung und Frust entstehen schnell auf beiden Seiten: bei der ernüchterten Belegschaft sowie dem Management, aber eben auch bei der Wissensmanagerin selbst, die die ihr angetragene Aufgabe gar nicht bewältigen kann. Es handelt sich um den ungelenken Versuch, die mittlerweile als lästig, anstrengend und unproduktiv empfundenen Aufgaben rund um die Wissensarbeit an eine einzelne Person auszulagern. Oft hofft man, den früheren (und als glücklicher empfundenen) Zustand der kurzen Wege, des zwanglosen Austauschs, der „natürlichen" Wissensflüsse etc. wiederherzustellen – doch genau das geht nicht, und erst recht nicht, indem es an eine Person oder Abteilung abgegeben wird. Wissensmanagement als Support-Funktion, die die Wissensarbeit für das Unternehmen zu bewältigen versucht, ist zum Scheitern verurteilt.

Der andere Weg, den man einschlagen kann, ist der des Wissensmanagements als Projekt – und zwar eines, an dem größere Teile der Belegschaft beteiligt sind. Wenn dieser Ansatz gewählt wird, ist der Wissensmanager als Projektleiter und Koordinator des Großprojektes Wissensmanagement definiert. Dieser Ansatz ist deutlich erfolgversprechender, auch wenn – das muss klar benannt werden – er kein Garant für Erfolg ist.

Erfolgversprechender ist er, weil in diesem Setup der/die Wissensmanager*in die Gesamtverantwortung für das Projekt trägt, die Belegschaft, von der Top-Managerin bis zum Assistenten, aber nicht aus der Pflicht genommen sind, zum Gelingen des Projektes beizutragen. Ohne die aktive Beteiligung der Mitarbeiterinnen und Mitarbeiter ist gelingendes Wissensmanagement nicht möglich. Damit die Beteiligung aber fruchtbar ist, darf es nicht nur Pflichten, sondern muss es auch Rechte der Belegschaft geben, und das sind zu einem gewichtigen Teil die Rechte der Mitbestimmung. Genau hier setzt das kollaborative Wissensmanagement an. Kolleginnen und Kollegen werden nicht zur Mitarbeit gezwungen, sondern ihnen wird die Möglichkeit gegeben, sich am Entwurf und der Umsetzung eines kollegial und kooperativ gestalteten Wissensmanagements zu beteiligen – ein Wissensmanagement, das auf ihre Bedarfe reagiert, das ihre Wünsche erfüllt, das auf sie zugeschnitten ist. Darum ist es so wichtig und geradezu unverzichtbar, die Belegschaft von Anfang an in die Planung des zukünftigen Wissensmanagements einzubinden und nicht auf vorgefertigte Ideen zu setzen. Welche unterschiedlichen Möglichkeiten dafür bestehen, konnte in den Fallstudien aufgezeigt werden.

Kollaboratives Wissensmanagement definiert als groß angelegtes, das ganze Unternehmen betreffendes Projekt aktiviert und involviert dann für alle Teilprojekte die wichtigen Stakeholder, ja definiert sogar diese Teilprojekte gemeinsam mit den davon am meisten Betroffenen, die somit zu aktiv Mitgestaltenden werden. Auf diese Weise kann die Integration des Wissensmanagements im Unternehmen gelingen, wird nicht als „fünftes Rad am Wagen" oder als merkwürdig anorganisch angebundener Teil des Unternehmens empfunden.

Das Ziel des kollaborativen Wissensmanagements ist es, die Wissensarbeit, die von jedem und jeder in der Belegschaft geleistet wird und werden muss, bewusst zu machen und zugleich zu professionalisieren. Anders als im „unschuldigen Stadium" eines unbewussten und in der rein praktischen Handlung sich zeigenden Wissensmanagements, wenn in kleinen Unternehmen täglich Wissensmanagement einfach geschieht, indem Kolleginnen und Kollegen sich austauschen, sich gegenseitig helfen, einander um Rat fragen und neue Erkenntnisse teilen, hat das kollaborative Wissensmanagement einen durchaus aufklärerisch zu nennenden Anspruch. Was vormals an Wissensarbeit un- oder halbbewusst geleistet wurde, wird nun benannt und verstanden.

Wissensmanagement, also der professionelle Umgang mit Wissen, birgt große Potenziale, was mittlerweile seit Jahrzehnten bekannt ist. Die Theoriebildung wie die gelebte Praxis haben sich wie zu erwarten weiterentwickelt, Wissensmanagement hat mittlerweile als Studiengang oder Studienschwerpunkt an Universitäten und Fachhochschulen Einzug erhalten. Die Fragen nach Digitalisierung und Möglichkeiten des Einsatzes Künstlicher Intelligenz haben die Diskussionen der letzten Jahre bestimmt. Das ist nachvollziehbar, liegt auf diesen Gebieten sicher noch ungehobenes Potenzial. Was dabei aber in den Hintergrund gerückt ist, sind die Fragen nach dem Wie, nach der grundsätzlichen Ausrichtung und den dahinterstehenden Konzepten. In diesem Buch wurde nun gezeigt, wie mit kollaborativen Ansätzen ein erfolgreiches Wissensmanagement in Unternehmen und Projekten eingeführt und umgesetzt werden kann.

Sapere Aude! Wissensmanagement als Aufklärung

Es klingt so leicht und einleuchtend, und doch ist die Umsetzung sehr schwer: Es muss viel Überzeugungsarbeit geleistet werden, insbesondere, wenn über Jahre ein althergebrachtes, ja falsch interpretiertes Wissensmanagement herrschte, in dem die Wissensmanager*innen vornehmlich als Servicepersonal verstanden, das Wissensmanagement als zuliefernde Abteilung innerhalb des Unternehmens interpretiert wurde.

Auch andere Gründe, die oftmals in der Firmenkultur ihre Wurzeln haben, können hemmend sein für ein kollaboratives Wissensmanagement, manchmal sind es individuelle Gründe und psychologische Dispositionen, die einzelne Mitarbeitende davon abhalten, den Gedanken eines gemeinschaftlichen, eines kollaborativen Wissensmanagements zu goutieren. Nicht alle können vom Ansatz überzeugt werden, doch diejenigen, die argumentativ erreicht werden, denen lässt sich die Eigenverantwortlichkeit, die auf vielen Schultern verteilt sein muss, immer gut mit einem Gedanken beschreiben, der aufklärerische Züge trägt. Ich möchte ihn hier formulieren.

Wissensmanagement ist nie ein Selbstzweck. Wir managen unser Wissen im Arbeitskontext stets, indem wir uns mit anderen Austauschen, auf bereits vorhandenes Wissen zugreifen, neu erworbenes Wissen einsammeln, ablegen, bestenfalls mit anderen teilen, indem wir Wissen generieren und wiederverwenden. Wir tun dies nicht, weil es uns Spaß macht, nicht, weil wir dafür bezahlt werden und erst recht nicht, weil wir nichts anderes zu tun hätten: Wissensarbeit ist ein essenzieller Bestandteil in wissensintensiven Umgebungen, und der fahrlässige Umgang damit hat direkte oder indirekte negative Folgen auf jede/n Mitarbeiter*in. Wir alle managen Wissen, doch machen wir es in der Regel nicht bewusst: Das kollegiale Gespräch in der Kaffeepause würde kaum einer als Wissensarbeit bezeichnen, und auch wenn wichtige Information zu einem Projekt nochmal stichpunktartig zusammengefasst wird, würde man nicht von „Project Knowledge Capturing" sprechen. Unzählige andere Fälle kennt ein/e jede*r; Wissensmanagement „geschieht einfach" während der Arbeit, ohne dass wir darüber nachdenken würden.

Kollaboratives Wissensmanagement unterstützt die Mitarbeiterinnen und Mitarbeiter eines Unternehmens dabei, diesen bereits in ihrer eigenen Arbeit angelegten Umgang mit Wissen zu professionalisieren. Damit dies gelingen kann, ist aufklärerische Arbeit nötig – und nicht, wie oftmals gedacht, ein von außen aufoktroyiertes Regelwerk, das die Belegschaft verpflichtet, bestimmte Standards im Wissensmanagement zu erfüllen. Ein Regelwerk ist nichts Schlechtes, doch – und davon darf der/die kollaborative Wissensmanager*in nicht abweichen – muss es gemeinschaftlich entwickelt werden auf Grundlage dessen, was bereits an „informellem" Wissensmanagement im Unternehmen existiert. Informelles Wissensmanagement ist in den meisten Fällen der Schlüssel für die weitere Wissensarbeit.

Denn dieses informelle Wissensmanagement geschieht nur halbbewusst. Die Aufgabe des kollaborativen Wissensmanagers ist es, dieses Bündel aus wenig bewussten Handlungen, Prozessen, Vorgehensweisen, Praktiken im Umgang mit Wissen zu erkennen, zu verstehen, und dann zu spiegeln: *Seht her, ihr macht schon so viel und so gut! Die Aufgabe ist wichtig, sie ist entscheidend: deshalb will ich Euch helfen, sie noch besser zu machen! Ich will und kann Euch diese wichtige Aufgabe nicht abnehmen, aber mit Euch gemeinsam will ich dafür sorgen, sie zu professionalisieren!* Mit dieser Argumentation konnte ich den größten Teil der Belegschaft oder des Projektteams vom Wissensmanagement überzeugen, wie ich es verstehe und wie es erfolgreich werden kann. Die Überzeugungskraft rührt daher, dass dieses Statement geschmeidig an dem anknüpft, was jede/r einzelne bereits praktiziert. *Ich mache etwas, was bisher kaum aufgefallen ist – jetzt wird diese Arbeit zum ersten Mal benannt und damit auch zum ersten Mal explizit wertgeschätzt! Und ich erhalte obendrein ein Hilfsangebot, diese wichtige Arbeit weiter zu professionalisieren* – das hat völlig andere Konnotationen, Haupt- und Zwischentöne als es Mitarbeitende bei den althergebrachten Wissensmanagements hörten. Da standen die Defizite im Vordergrund: Wir bekommen es alleine nicht mehr hin, wir sind ineffizient in Wissensangelegenheiten, wir müssen jetzt jemanden haben (und bezahlen!), der das für uns macht, alle müssen sich jetzt an die neuen Regeln halten. Kein Wunder, dass der neue Wissensmanager von der Belegschaft selten mit offenen Armen empfangen wird.

Das Bewusstsein dafür zu schärfen, wie wichtig die Wissensarbeit ist und zugleich aufzuzeigen, dass diese bereits auf einer breiten Basis geleistet wird: Das ist das grundlegend aufklärerische Moment in der Arbeit der Wissensmanagerin. Eine nächste Stufe ist erreicht, wenn die Belegschaft die guten Gründe für ein gemeinschaftliches Wissensmanagement nicht nur verstanden, sondern derart aufgenommen hat, dass bestimmte Abläufe, die zuvor „einfach mitgemacht" wurden, als wichtiger Bestandteil der Arbeit reflektiert und teilweise – ein fast utopischer Gedanke – mit größter Selbstverständlichkeit vollzogen werden. Sollte sich dies ereignen, hat das kollaborative Wissensmanagement ganze Arbeit geleistet, kann der/die Wissensmanager*in tatsächlich Teilprojekte aus dem großen Wissensmanagement-Programm ins Unternehmen, an die Belegschaft zurückgeben. Wenn das geschieht, hat Wissensmanagement zum positiven Kulturwandel hin zu einer kollaborativen Wissenskultur beigetragen: Aus ehemals halb-

reflektierten, erratischen (Neben-)Handlungen sind bewusste Prozesse und Beiträge zu einer Wissens- und letztlich Firmenkultur geworden.

Sapere aude! Habe den Mut, Deinen Verstand zu nutzen! Das ist die Motivation, die das kollaborative Wissensmanagement allen zuruft, die nicht „irgendwie" mit Wissen umgehen, sondern es reflektiert, bewusst und selbstbewusst als entscheidende Ressource begreifen und es professionell handhaben wollen.

Die Zukunft des Wissensmanagements

Optimismus ist Pflicht! Dieses Diktum stammt vom Philosophen Karl Popper[1], der sicherlich nicht immer, aber in diesem speziellen Fall vollumfänglich Recht hatte. Wohin steuert das Wissensmanagement? Wird es weiter existieren oder zu einem Ende kommen, da seine Aufgaben von Künstlicher Intelligenz übernommen werden, weil sowieso bald Wissen als wichtigste Ressource abgelöst wird von anderen Größen?

Optimismus ist angemessen, denn bei allem Fortschritt in die hoffentlich richtige Richtung ist klar, dass grundsätzliche Paradigmen bestehen bleiben. Die Maschinen sind für die Menschen da, nicht umgekehrt (das müssen wir uns manchmal wiederholen). Genauso ist Wissensmanagement für Menschen gemacht, nicht die Menschen fürs Wissensmanagement. Zuerst gibt es Individuen, die etwas wissen und damit umgehen, später Mitarbeiterinnen und Mitarbeiter, die gemeinschaftlich ihr Wissen teilen, gegenseitig davon profitieren wollen zum Wohle der größeren Organisationseinheit, des Unternehmens. Und erst dann entsteht ein professionelles kollaboratives Wissensmanagement, das angewiesen ist auf kollektive Mitarbeit, ja das erst existieren kann durch diejenigen, die sich aktiv wie passiv beteiligen, beteiligen wollen.

Der menschenzentrierte Aspekt ist für mich der entscheidende, denn er stimmt mich für das Wissensmanagement optimistisch. Kollaboratives Wissensmanagement birgt so viele Chancen, dass sie die vermeintlichen (meist auf individueller Ebene sich abzeichnenden) Risiken überwiegen. Insbesondere das Moment der Kohäsion ist ein Pfund, mit dem das kollaborative Wissensmanagement wuchern kann. Dass es auch durch *Machine Learning* und Künstliche Intelligenz, durch neue Software und neue Updates von bereits eingesetzten Programmen zu weiteren Effizienzsteigerungen kommen kann und wird, ist wahrscheinlich, ist wünschenswert. Doch das Miteinander, das für die meisten von uns im Arbeitsleben ein so wichtiger, ja für viele der wichtigste Faktor, Quell der Motivation und Inspiration ist, kann durch Programme und Künstliche Intelligenz nicht ersetzt werden.

---

[1] Von der Notwendigkeit des Friedens (Rede anlässlich der Verleihung der Otto-Hahn-Friedensmedaille, 1993), in: Popper, Karl R.: Alles Leben ist Problemlösen. Über Erkenntnis, Geschichte und Politik, Piper 1996.

KI

Machen wir die Probe aufs Exempel, stellen wir uns vor, dass Künstliche Intelligenz (KI) – die wir durchaus begrüßen – endlich im Wissensmanagement auf breiter Front Fuß fasst. Stellen wir uns vor, KI könnte alle Fragen beantworten, die derzeit die Mitarbeiterinnen und Mitarbeiter umtreibt und für die sie sich jetzt an den Wissensmanager, an Kolleginnen wenden oder in den firmeninternen Ablagestrukturen nach der Information suchen. Kein abwegiger Gedanke, da die Maschine alle Wissensobjekte der Firma in Sekundenschnelle durchsuchen und auswerten und auf diese Weise auf das Unternehmenswissen zugreifen kann, wie dies keinem Menschen möglich ist. Man könnte also von einer wirklich hocheffizienten Art und Weise sprechen, jederzeit mit der firmenintern verfügbaren Information versorgt zu werden. Das ist die Vision, die einige Softwarehersteller versprechen und die durchaus bei Managern Anklang findet, die maßgeblich die Effizienz und Produktivität des Unternehmens im Blick haben.

Gegen Effizienz und Produktivität lässt sich wenig sagen – außer eben, dass dies nicht alles ist. Was das Arbeitsleben ausmacht, ist auch der innere Zusammenhalt, ist das Wir-Gefühl unter den Mitarbeiter*innen, ist das Vergnügen, Teil einer Gemeinschaft zu sein. Genau das kann die Maschine nicht liefern, das kollaborative Wissensmanagement hingegen in hohem Maße. Daher werden sich Wissensmanagementlösungen, die einzig nach Effizienz streben, möglichst automatisiert funktionieren und menschliche Faktoren unberücksichtigt lassen, nicht durchsetzen. Positiv gewendet: die Zukunft des kollaborativen Wissensmanagements ist garantiert, solange wir nicht als kleine Maschinen an einer großen Maschine hängen wollen.

NI und KI!

Künstliche Intelligenz und *Machine Learning* müssen stets mitgedacht werden, doch die Priorisierung, die das Thema über Jahre erfuhr, muss eingehegt werden in das große Ganze. Solange im Wissensmanagement nur ein (wenn auch wesentlicher) Teil von Künstlicher Intelligenz bedient werden kann, nämlich der der hohen Effizienz, solange kann es nicht die allein glücklich machende Lösung sein – auch nicht als Zielbild.

So scheint es deutlich sinnvoller, die oft so massiv vorhandene *natürliche Intelligenz* (NI) in Unternehmen zu nutzen, und dort, wo die natürliche Intelligenz - die geballte Schläue und Erfahrung der gesamten Belegschaft - an ihre Grenzen kommt zu überlegen, was möglicherweise Künstliche Intelligenz beisteuern kann. Die Entwicklungen auf dem Terrain Künstlicher Intelligenz werden an Geschwindigkeit zunehmen und in bestimmten Bereichen wie Big Data sicher Fortschritte erzielen, die ein Ignorieren seitens des Wissensmanagements geradezu fahrlässig erscheinen ließe. Schon heute nutzen wir wie selbstverständlich die Möglichkeiten intelligenter, komplexer Suchen, die Boolesche Operatoren und Eigenschaften der Dokumente berücksichtigen, die die Fähigkeiten einzelner Mitarbeiter*innen übersteigen: Wenn in vielen Millionen Dokumenten

BEI ALLEM FORTSCHRITT: der MENSCH im MITTELPUNKT

in nur wenigen Sekunden die drei relevantesten gefunden werden sollen, ist dies nur mithilfe von Computern möglich. Es sind Anwendungen, die längst existieren und vom Wissensmanagement genutzt und propagiert werden sollten.

Die Befähigung der Belegschaft, solche Möglichkeiten aktiv zu nutzen, ist eine wichtige Aufgabe; keine kollaborative Wissensmanagerin braucht Sorge zu haben, sich damit überflüssig zu machen – derlei Anwendungen geben die Freiheit, um sich auf andere Felder zu fokussieren, die nicht von Maschinen erledigt werden können. Kollaboratives Wissensmanagement – dies wurde im vorliegenden Buch deutlich – ist ein menschenzentrierter Ansatz, der offen ist für alle Neuerungen, wenn sie nicht zum Selbstzweck geraten, sondern dem gemeinsamen Wissensmanagement dienen.

Digitalisierung und Künstliche Intelligenz

Es vergeht kaum ein Tag, in dem wir nicht die Begriffe Digitalisierung und Künstliche Intelligenz hören oder lesen. Das Thema ist omnipräsent, es gibt einen milliardenschweren Digitalpakt der Bundesregierung, in den meisten Firmen eine Digitalisierungsstrategie, wir werden (als Gesellschaft wie als Individuen) ermahnt, den digitalen Anschluss nicht zu verpassen; und darüber hinaus wird immer wieder verkündet, das Künstliche Intelligenz bald der menschlichen überlegen sei, ja es jetzt schon ist, und je nach Genre widmen sich Bücher und Filme der Ausschmückung des Gedankens, dass Maschinen vielleicht bald das Kommando der Welt übernehmen, auf spielerische, ironische, sarkastische oder dystopische Weise.

Davon ist im Arbeitsalltag meist weniger zu spüren, da betten sich Digitalisierung und KI in Kontexte ein, die weit weniger spektakulär anmuten. Und auch die Definitionen gehen weit auseinander. Sind wir digital, wenn wir keine Notizzettel mehr in die Mülleimer unserer Büros werfen? Das Licht auf dem Klo automatisch nach fünf Minuten ausgeht? Der Kühlschrank piepst, wenn er nicht richtig zugemacht wurde? Wenn wir den Plagiatscheck über eine professionelle Software laufen lassen? Lieferanten sich nur noch auf unserer Procurement-Plattform bewerben können? Wir keine Drucker mehr haben, weil wir kein Papier mehr brauchen? Weil wir interne Prozesse automatisiert haben?

Sind wir der Künstlichen Intelligenz bereits verfallen, wenn wir eine Internetrecherche durchführen und uns dafür der Algorithmen großer Suchmaschinen bedienen? Wenn wir unsere Datenbanken vom Computer durchsuchen und sie in einer qualitativ verstandenen Trefferliste anzeigen lassen?

Bei der Frage der Digitalisierung kann es schnell polemisch werden. Was an Digitalisierung für ein Unternehmen Sinn macht, hängt wieder ganz und gar an den Umständen, an der jeweiligen Situation. Die Grundregel: Digitalisierung ist kein Selbstzweck, sondern dort fördernswert, wo sie zur Arbeitserleichterung und Produktivität beiträg - diese Grundregel, scheint auch fürs Wissensmanagement überzeugend. Andere für das kollaborative Wissensmanagement wesentliche Elemente wie das Erleben einer Gemeinschaft oder eines gemeinsamen Zusammenhalts unter Gleichgesinnten können KI und Digitalisierung hingegen nicht bieten.

The manufacturer's authorised representative in the EU is Springer
Nature Customer Service Centre GmbH, Europaplatz 3, 69115 Heidelberg,
Germany. If you have any concerns regarding our products, please
contact ProductSafety@springernature.com

Printed and bound by CPI Group (UK) Ltd, Croydon, CR0 4YY

24/04/2026

02096350-0001